JONGIEJUPGI GUIDEBOOK

한류를 창조하며 꿈, 사랑, 평화를 이루는

대한민국 종이접기강사

KOREA JONG IE JUPGI GANGSA
PAPER FOLDING INSTRUCTOR

지은이 **노영혜** • by Young-hye Rho

Creating Hallyu (the Korean Wave) and achieving dreams, love, and peace

학(107쪽)을 접은 후 펼치면 왼쪽면처럼 색종이에 나타난 선들이 그 자체로 예술이 됩니다. 감상해 보세요.

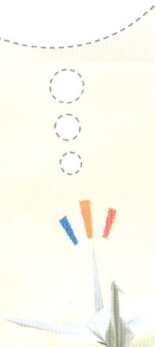

K종이접기의 세계화를 위하여!

노영혜

종이나라박물관 관장
종이문화재단·세계종이접기연합 이사장

인류 문명 확산의 매개체인 종이는 고구려 유민인 중국 당나라의 고선지 장군에 의해 서쪽 유럽으로, 고구려 담징 스님에 의해 동쪽 일본으로 전파되었습니다.

우리나라는 일찍이 삼국시대 이전부터 세계에서 유일하고 우리만의 독특한 기술에 의한 닥나무(楮)로 종이를 만들어 일상생활에서 다양하게 사용해 왔습니다. 이것이 우리 문화를 선도하는 견인차 역할을 해왔으며, 또한 우리 과학 문화의 우수성을 세계에 알린 모델이 되었습니다.

우리나라 사람들에게 있어 종이는 산 이와 죽은 이의 영혼을 이어주고, 인간과 신을 연결해 주는 매개체였습니다. 좋은 종이를 생산하고 잘 팔려 나가기를 기원하는 한지 고사로부터 경조사 때는 종이꽃 만들기, 무속에서는 고깔(삼신모자) 만들기와 종이접어 오리기, 불교의 종이등(燈), 유교에서는 제사 지내는 지방과 그것을 태우며 자연으로 돌아가는 의식을 담는 데 사용했습니다.

일상생활 속에서는 문과 벽, 천장 등에 종이를 사용한 나라는 있습니다만, 방바닥에까지 종이를 사용한 나라는 세계에서 우리나라 밖에 없습니다. 종이를 접고, 오리고, 꼬고, 뭉치는 등의 기법을 이용하여 의식주를 중심으로 생활 속에서 밀접하게 사용해 온 종이문화는 신앙의식, 문필용, 화필용, 생활용품 뿐아니라 제기차기, 딱지치기, 종이배, 연날리기, 칠교놀이 등 즐거운 놀이문화에 이르기까지 영향이 미치지 않은 곳이 없습니다.

이렇듯 훌륭한 우리의 전통 종이문화를 보존하고 더욱 발전시켜야 함은 오늘날 우리들의 과제이며, 시대적 소명입니다.

종이접기는 조상의 얼과 혼이 담긴 훌륭한 전통 무형 문화유산입니다. 우리나라 사람들은 누구나 고깔을 접어 소원을 빌고 종이배를 접어 소망을 담아 시냇물에 띄워 보내고, 딱지를 접어 꿈 따먹기 놀이를 했고, 종이비행기를 접어 희망을 담아 하늘에 날려 보낸 적이 있을 것입니다.

이와같이 꿈과 희망과 사랑과 평화를 주는 종이접기는 과학이고 수학이고 예술입니다. 종이접기를 통해 창의성, 예술성, 과학성은 물론 인성도 기를 수 있습니다.

우리 자신을 행복하게 하고 나아가서 남에게 행복을 주는 평화의 정신을 키우는 것은 오직 높은 문화의 힘이라야 합니다. 종이접기와 종이문화가 그 높은 문화의 힘과 근원이 되고, 모델이 되기를 저는 소망합니다.

종이는 나무에서 만들어지고 나무는 흙에 뿌리를 두고 자라납니다. 환경에 순응하며 자연으로 돌아가는 종이가 21세기 정보화시대에 가장 중요하게 요구되는 창의성, 인간성 회복, 정서함양, 환경 친화적인 소재로서 문화의 유행을 주도해 나갈 것입니다.

그러므로 평화를 상징하는 종이에 지혜를 담아 접어서 새로운 미래를 위해 활짝 펼쳐야 하겠습니다. 우리 모두 힘을 모아 세계인이 함께 즐겁고 행복해지는 종이접기문화와 예술로 발전시켜 나가야 하겠습니다.

끝으로 이 책을 펴내는 데 뜻을 같이 하고 수고해 주신 여러분께 깊은 감사를 드리며 발간사에 대신합니다.

고맙습니다.

K종이접기(KOREA JONGIE JUPGI) Paper Folding

▲겸재 정선(1676~1759) 「독서여가」 풍속도 속에 벽, 문, 장판, 책, 부채 등 종이와 종이접기를 이용한 자연 친화적인 소재가 가득하다.
In this genre picture, titled 「Book reader's off hours」 Gyeomjae Jeong Seon(1676~1759)'s painting 「Book reader's off hours」 is full of nature-friendly materials using paper and paper folding such as walls, doors, floorboards, books, and fans.

For the Globalization of KOREA JONG IE JUPGI (Paper folding art) Culture!

Young-hye, Rho

Executive Director of JONG IE NARA Museum
President of World Jongle Jupgi Organization
President of Korea Paper Culture Foundation

Paper, the medium of the proliferation of human civilization was spread westward to Europe by General Ko Sonji of Tang Dynasty of China, who used to be the migrant of Goguryeo, one of the Three Kingdoms of Ancient Korea and eastward to Japan by Buddhist monk Damjing in Goguryeo Kingdom.

We had made the paper from a tree, a genus of Broussonetia by our own unique skills since before Three Kingdoms of Ancient Korea and have been using it in a variety of ways in our daily life. Those skills also led to the development of Korean culture and became a means of introducing the excellence of Korean skills and science culture over the world.

For the Korean, the paper was served not only in connecting the souls of the dead and the living but also as mediator between the human being and God.

The Korean traditional paper, Hanji had been used for the rituals of wishing the better production of quality paper and the better sales promotion. Since then, it was used to make paper flowers at the time of congratulations and condolences, used in Shamanism to make a cone hat for three gods governing childbirth, paper folding & cutting, paper lanterns of Buddhism and used in Confucianism to spirit tablet used in ancestral rites in Korea and ceremonies burning it for signifying the return of man to nature.

There were some countries that used paper for doors, walls and ceilings in daily life, but Korea was only a country over the world where paper was applied even to floors. Paper culture was deeply associated with intimate aspects of our daily life food, clothing and shelter through various forms created by Paper folding, cutting, twisting and lumping together. In short, it left no places untouched in our necessities of life writing, painting, religious rites and even in our pastime, playing shuttlecocks or playing with picture cards or a game of slap match, kite flying and launching paper boats.

Therefore, it behooves us to make every effort to preserve our traditional paper culture and further develop the paper culture.

Paper folding is a traditional intangible culture heritage containing ancestors'spirit and soul. We used to make a traditional hats named'Gokkal'for our wishes, send paper boats into creeks with our wishes and hopes written, play a dream-winning game of slap match, or fly paper plane containing our wishes.

As above mentioned, Paper folding gives us hope, love, and peace and is considered as science, mathematics and art. We can nurture creativity, artistic quality, scientific mind and quality of human nature through the paper folding.

Only through the power of high level of culture, we can hope for nurturing the spirit of peace that first

대한제국 마지막 황태자 영친왕의 황태자비인 이방자 여사가 살았던 창덕궁 낙선재의 방 . 문과 벽, 천정, 방바닥까지 종이를 사용한 우리 민족의 생활문화가 잘 나타나 있다. 사진 김대벽 金大璧 작가
Room of Changgyeonggung(Palace)_ Photo by Dae-buck, Kim

makes us happy and gives happiness to others. It is my sincere hope that Paper folding and paper culture would serve as a means of getting at the roots and power of high culture.

Paper is made from tree and the tree grows with its roots under the ground. In the 21st century of information age that calls for the restoration of humanity and healthy sentiments as well as creativity, the paper returns to the nature accommodating to environment and would create a leading fashion of culture.

Therefore, we need to spread the paper culture with our wisdom put on the peace symbolizing paper for a new future and put all our efforts to develop it into paper-folding culture and arts making people over the world happy.

Finally, we would like to express our sincere gratitude to everyone who contributed to this book on behalf of publisher.

Thank you.

종이 이전의 세계

문자가 없는 아득한 옛날에도 사람들은 무언가 표현을 해왔다. 종이가 발명되기 이전에는 바위, 점토판, 금속, 동물의 가죽이나 뼈, 나무, 비단, 파피루스 등 다양한 재료가 그 대상이 되었다. 바위에 새겨진 그림은 당시 인류가 어떻게 생활했는지 그 사실을 알게 해준다. 이것은 종이나 문자가 탄생하기 이전에 인류가 기록을 남긴 귀중한 자료이다.

The world before the paper invention

Even in the ancient age when human beings didn't know any letter and literal record, they expressed something. In the age when they had no paper, they used stones, clay tablets, metal tablets, skin and bones of animals, wood, clothes, papyri and other various materials for expression. This picture engraved on a big stone illustrates on the life of human beings of the age. It is an important record of the people who lived without letter and paper.

종이의 발명과 전파

기록의 혁신을 일으킨 종이가 언제 처음 발명되었는지 확실히 알 수 없지만 오늘날에 이르는 종이가 동양에서 만들어졌다는 것은 잘 알려진 사실이다. 그중 고구려의 뛰어난 제지기술은 서쪽으로는 고구려 유민인 당나라 고선지 장군에 의해 실크로드를 따라 프랑스, 이탈리아, 독일 등에 전래되었고, 동쪽으로는 고구려 승려 담징이 일본에 그 기술을 전하는 등 제지술을 전세계로 전파하였다.

The paper invention and the spread of paper use

The time when the paper invention was made is not known But it is true that the paper invention brought a great innovation in the history of record. And many scholars argue that paper has been invented in Eastern countries first. Among them, Korea has played a pioneering role in imparting paper-making know-how to the world. For example, General Kosunji of Goguryeo of the ancient kingdoms of Korea passes on excellent paper manufacturing skills to Italy.
To the west via the Silk Road to France and Germany, to the east Goguryeo Buddhist monk Damjing passed on his paper manufacturing skills to the Japanese.

일본 호류사에 있는 '금당벽화'. 일본에 제지기술을 전해 준 승려 담징의 모습이 남아 있다.
The wall painting of "Gumdang"(Golden Shrine) in the Horyusa Buddhist temple in Japan. The Korean buddhist monk Damjing who have taught the paper manufacturing skill to Japanese appears in the painting

울산 천전리 암각화 (국보 147호) : 바위면을 쪼아 선사시대인의 생활, 종교, 미의식을 표현한 이 암각화는 세계적 걸작으로 꼽힌다.
(제작연대:신석기시대 중기~청동기시대 추정)
Ulsan Chunjun-ni Engraved picture on stone(national treasure No. 147) : This stone-engraved picture is recognized as the one of the oldest and most important cultural legacies of the pre-historic age(Neolithic age-Bronze age)

751년 무렵에 새긴 무구정광대다라니경(국보126호) 불탑공양 인쇄물
Mugu Jungkwang Darani-kyung(a kind of buddhist mantra scriptures):Printed in a. AD751(national treasure No. 126).
One of the some items that were preserved in the buddhist pagod

우리나라 종이문화의 역사

제지기술이 뛰어난 우리 민족의 종이문화는 신앙의식, 문필용. 생활필수품, 예술 창작용, 놀이도구 등 생활 전반에 밀접한 관계를 맺고 있으며 종이를 문, 벽, 천정, 방바닥에까지 사용한 나라는 세계에서 우리나라가 유일하다. 미국의 저명한 제지사가 다드 헌터(Dard Hunter)는 자서전에서 우리나라가 종이 원료 자체에 물을 들여 색종이를 만든 최초의 민족이며, '봉투' 라는 것을 처음 만들어 쓰기 시작한 민족이라는 것을 밝히고 있다.

The history of the paper culture of Korea

Korean people have a long tradition and an excellent skill in paper making. Therefore in Korea the paper has been used in many ways. In example, they have used it in religious rites, writing, art works, various daily necessaries, toys and etc. Also they has used paper in unique way for doors, windows, walls, ceilings and floors of rooms. As a result, Korean culture history can not be said enough without mention of Korean paper culture. A famous American historian of paper-manufacturing, Dard Hunter, said that the Korean is the first people in the world history who dyed the raw materials of paper and made color papers, and also they were the first innovators and users of 'envelope'.

종이의 현재와 미래

종이는 현재 엄청난 양을 생산하고 생활과 산업 곳곳에서 수없이 많은 용도로 사용하고 있지만 고도로 발달된 미래사회에서 그 쓰임새가 줄어들 것이라고 예단하는 의견도 있다. 하지만 친환경적이고 따뜻한 소재인 종이는 인류에게 창조적 문화예술의 척도로, 인류의 과거와 현재, 미래를 잇는 매체로, 세계의 평화를 지키는 소중한 소재로 영원할 것이다.

Today and future of paper

Now paper is manufactured in enormous quantity and used in many many ways. And some people guess its production and use will be decreased in the future high-tech society. However, because it is a pro-environmental and familiar material, it will be with our human beings permanently as a material for the creative culture and art, as a link material between the past, present and future of human history, and as a material contributing to the World Peace.

서울 자하문 밖 세검정에서 장판지 원지를 뜨는 모습
Room floor paper making processes at Segumjung village, north of Seoul.

색지와 봉투 : 우리나라는 종이 자체에 물을 들여 색종이를 뜨고, 봉투를 만들어 사용한 세계 최초의 민족이다.
Colored paper and envelopes : Korea is the first people in the world to make colored paper by pouring water into the paper itself and making envelopes.

세계적인 제지사가 다드 헌터 Dard Hunter
A famous American historian of paper manufacturing, Dard Hunter.

종이접기로 만든 한지등
A paper lamp made of paper folding

우리나라 전통 종이접기 문화
KOREAN TRADITIONAL JONG IE JUPGI (KOREA PAPER FOLDING CULTURE)

국립민속박물관 상설전시 「한국인의 일생전」에서 '삼신상'
삼신상 위 고깔 접기 : 「대한민국종이접기강사」(※page 66) 고깔 2

무신도

무신도 巫神圖의 〈삼불제적신〉 고깔 쓴 모습
Painting of Shamanistic Spirits
종이나라박물관 소장

종이접기는 종이가 발명된 이래 인간의 본능적 충동에 의해 시작되었을 것으로 추정한다. 기록에 의하면 우리나라는 4세기경부터 종이를 활발하게 사용한 것으로 미루어 볼 때 종이접기의 역사는 상당히 높이 올라간다.

Since the paper has entered into daily life of human beings, we guess, they have folded it and expressed something by their instinct desire. According to some Korean historical literatures, Korean people used paper from a. AD 4th century.

우리나라의 전통 종이접기 문화는 색종이 한 장을 기하학적으로 접거나 자르거나 해서 만든 것이 많다. 고깔, 지방, 반짇고리, 색실상자, 실첩, 노리개 상자, 빗접고비, 귀주머니, 담배쌈지, 합접선(부채), 갈모, 종이 우산, 종이 꽃, 종이옷(紙依), 갓집, 지갑, 그릇(紙器) 등 대부분 종이접기를 직간접으로 이용한 것들이다.

The KOREA JONG IE JUPGI(Paper folding) culture is often made by geometrically folding or cutting a sheet of colored paper. Most of them used paper folding directly or indirectly, such as Gokkal(pointed hat) Jibang(spirit tablet made of paper used in ancestral rites in Korea), Banjikori(sewing box), Seksil box(for colored threads box), Norigae box(Korean traditional ornaments worn by women), comb box, Kuijumoni(ear-shaped pouch), tobacco pouch, paper fan, Galmo(oiled paper hat), paper umbrella, paper flowers, paper clothes, box for gat(wide brimmed cylindrical hat), Jikap(wallet, pouch, poket book, moneybag).

국립민속박물관 상설전시 「한국인의 일생전」 첫 부분에 흰 한지로 고깔(삼신모자)을 접어 정갈하게 차려놓은 삼신상이다. 한국문화가 세계로 울려 퍼지고 있는 요즘 K문화의 원형이며 핵심가치인 '홍익인간 이념'이 회자되고 있다. '삼신', '천지인'을 나타내는 삼신상의 삼신신앙, 삼신사상에는 널리 인간을 이롭게 한다는 홍익인간 이념이 담겨있다.

At the beginning of 「Life of Koreans」, one of the permanent exhibitions of the National Folk Museum of Korea, is the statue of the Three Gods that is neatly arranged by folding a three-god cone hat with white Korean paper. These days, when Korean culture is resonating around the world, the 'Hongik Ingan Ideology', which is the original and core value of K-culture, is being talked about. The belief in the three gods, which represents the three gods and Cheonjiin, contains the Hongik ingan ideology that benefits widely people.

고깔을 쓴 기마 인물형 토기
Ceramic horse with
the rider wearing Gokkal hat
신라, 6C, 국립중앙박물관 소장

갈모를 쓴 체전부(우체부)
A postman wearing he 'Galmo' hat
18C, 영월책박물관 소장

갈모는 닥나무(楮)를 아흔아홉 번 손질하여 백 번째에 완성되는 '종이'에 기름을 먹여서 부채처럼 접어서 만들며 대나무로 살을 만든 후에 종이를 붙인다. 이 기름지를 손끝으로 접고 또 접은 후 펼쳐서 머리에 쓰는 보호장구로서 자연 친화적인 선조의 지혜가 고스란히 담긴 유물이다.

The Galmo hat is made from Hanji paper which comes from the mulberry tree which has been treated ninety nines and completed on the hundredth. The paper is impregnated with grease and then put on a fan shaped bamboo frame to complete the Galmo hat. It is protective head gear which can be put on after folding and unfolding by hand the greased paper a couple of times. It is regarded as a relic with the wisdom of our nature loving ancestors.

갈모 | A rain cover for a hat
종이나라박물관 소장품

갈모는 비가올 때 갓 위에 덮어쓰는 우장(雨帽)이다. 위가 뾰족하고 아래는 둥그스름하게 퍼져 있어 펼치면 고깔모양이 되고 접으면 홀쭉해서 쥘부채처럼 된다.

It was used to be worn over traditional hats to protect them from getting wet when it was raining. The end of the cone is a sharp point. The base of the cone forms a circle so that when the hat is folded flat it can be used as a fan.

종이우산 | Paper umbrella

신위 | 神位 | Ancestral Tablet

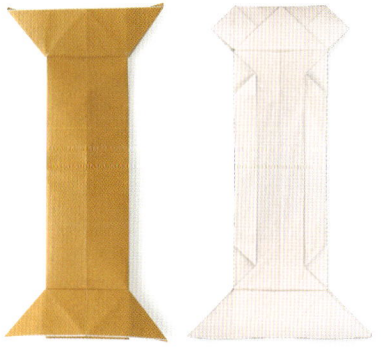

지방 | 紙榜 | Ancestral Tablet

흰 종이로 접은 바지저고리와 치마저고리는 신위로서 토속신앙, 불교 의식 등에서 죄를 씻어내는 의식(관욕제 灌浴祭)을 치른 후, 불에 태워 하늘에 올려 보낼 때 사용되어 오고 있다. 치마저고리와 바지저고리는 우리나라의 전통의상 한복(韓服)으로 평상시에 입는 옷이다(※ page 74~75).

As Shinwi*, Baji Jeogori and Chima Jeogori Folded in white paper have been burned to the sky which is the ceremony of washing away the sin like the ritual of Shamanistic beliefs, Buddhism etc. The Chima Jeogori and Baji Jeogori are Korean traditional clothes and are commonly worn everyday(※ page74~75).

※ Shinwi is the place where the soul of the dead will rest.

지방이란, 종이를 접어서 그 가운데 빈 곳에 신위(神位)를 써서 세워 모시는 것으로, 후손들이 선조의 제사나 차례, 장례를 지낼 때 준비한 예절의 하나다(※ page 67).

Ancestral tablet is a kind of name tag for ancestors at the funeral or memorial service. It is in upright position with the name written vertically on it. Descendants must know how to fold the ancestral tablet(※ page 67).

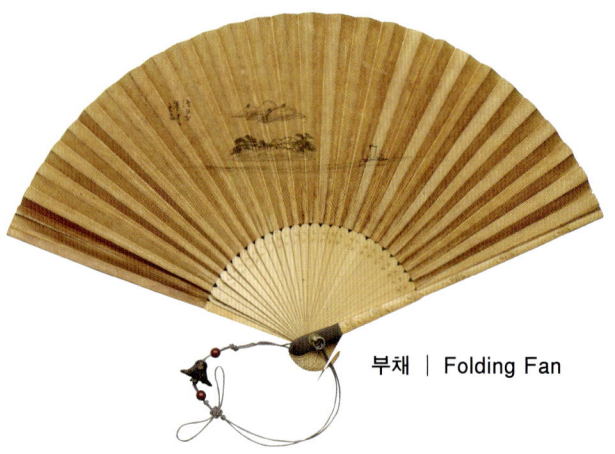

부채 | Folding Fan

백접선 | 百摺扇 | Baekjupseon

접는 부채의 기원설은 〈삼국사기:1145년 편찬〉의 기록 등에서 우리나라에서 시작되었다고 한다.

백접선은 백 번을 접어야 비로소 완성되는 부채로 여름을 견디는 데 가장 과학적인 생활도구였다. 백 번을 접으려면 촘촘히 접어야 하기에 종이가 얇으면서 질겨야 한다.

According to 〈Samguk Sagi : The History of The Three Kingdoms, 1145 A.D.〉, the folding fan was originated from Korea. Baekjupseon is a Korean traditional folding fan completed by folding paper hundred times. To fold hundred times, they used Hanji, a Korean traditional paper, which is thin, sturdy, and durable. The fan was an affordable and scientific tool for enduring hot and humid summer weather of Korea.

고려인들은 질 좋은 종이로 만든 부채를 들고 여름·겨울이나 계절에 상관없이 얼굴을 가리거나, 창이나 판소리, 시조를 읊을 때, 춤을 출 때, 외줄타기 등에 부채를 접었다 폈다하며 장단을 맞추는 등 다양한 용도로 사용했다. 또 대륜선은 크기가 양산만 하고 펼쳐서 가운데 고리에 걸면 양산으로도 사용할 수 있고 또 부채로도 사용할 수 있는데 마치 마차 바퀴모양 같다하여 윤선(輪扇)이라고도 한다.

윤선 | 輪扇 | Yunseon(Round Folding Fan)

The Goryeo Dynasty people, a Korean kingdom founded in 918 A.D., made a folding fan out of Hanji, a high quality Korean traditional paper, and used it in various ways. They covered their faces with the fan like a mask in western culture. The people also sang a song and danced on the single rope while folding and unfolding the fan. The size of Daeryunseon is the one of umbrella. It can be used not only a fan but also umbrella. It is called Yunseon, a wheel fan, because its shape looks like a wheel of carriage.

손잡이 등잔 | 燈盞 | Hand Lantern

프랑스 기메박물관 소장의 김홍도(1745~미상)의 여덟 폭 병풍에 등장하는 등잔이다. 등잔은 기름을 담아 등불을 켜는 데에 쓰는 그릇으로 야외에서 등불을 지키기 위해 종이를 접어서 펼쳐 사용하여 바람을 막았다.

A lamp in the eight-folding screen of Kim Hong-do (1745~unknown) being displayed at Guimet Museum in France. The lamp is a container used to light the lamplight with oil, for which paper was used to prevent the wind outdoors from putting the light out.

지갑 | Wallet(Jikap)

직지심체요절 | 直指心體要節(1377년) | 영인본 影印本
Jikji Simche Yojeol

2001년 9월 유네스코 세계기록유산으로 등재된 세계최초의 금속활자본 직지심체요절은 1377년 청주 흥덕사에서 간행되었으며 이는 1455년 인쇄된 서양 최초의 금속활자인쇄본 구텐베르크의 42행 성서보다 78년이나 앞선 것이다. 상권은 없고 현재 하권 1권만 유일하게 프랑스 국립도서관 동양문헌실에 있다. 직지는 견고히 만드는 오침안정법(五鍼眼訂法)으로 엮어서 만들었다. 중요한 것은 글이 새겨진 종이를 반으로 한 번 접어서 책을 만들었다는 사실이다. 종이접기를 함으로써 먹이 번지는 것을 방지하고 공기를 통하게 하여 보존성을 높였으며 책의 내용을 보강할 때 접었던 부분을 다시 펼쳐 뒤집어서 사용할 수 있게 하였다. 또한 낡고 훼손되도 뒷면에 종이를 덧대어 수리가 가능하도록 한 선조의 지혜가 담겨있다.

The world's first metal print book 'Jikji Simche Yojeol : Anthology of Great Buddhist Priests' Zen Teachings, which was listed as a UNESCO Memory of the World in September 2001. It was published by Heungdeoksa Temple in Cheongju in 1377, 78 years ahead of the 42-line Gutenberg Bible, the first metal printed book in the West in 1455. There is no the first volume and only second volume is now preserved at the National Library of France. Jikji was strongly made by weaving it with the five needle method. What's important is that the paper with the inscription was folded in half to make a book. By folding paper, the paper was prevented from smudging and the preservation was improved by passing through the air, and when the contents of the book were reinforced, the folded part was unfolded again and flipped for use. Also the wisdom of our ancestors on jikji, added paper to the back so that it could be repaired even if it was worn and damaged.

전통 책만들기 Making traditional books

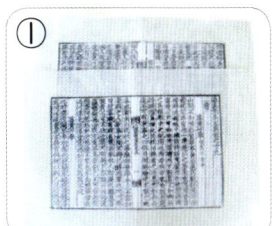

① 완성될 책 크기 두 배의 종이를 준비하여 인쇄한다.
Prepare double sized paper for the finished book and print.

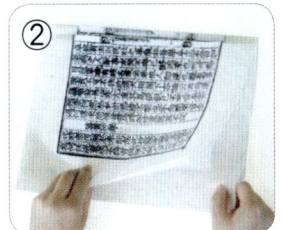

② 인쇄한 종이를 각각 반으로 접어 가지런하게 놓는다.
Fold the printed paper in half and arrange it carefully

③ 책앞표지와 뒷표지를 붙인 후, 송곳으로 구멍 다섯 개를 뚫고 끈으로 첫번째 구멍에 끼운 후 다시 통과시켜 뒤로 보낸다.
Make 5 holes with a pin and pass a string through the first hole to the rear of book.

④ 뒤쪽 끈의 끝을 책의 옆으로 돌려 다시 처음의 구멍으로 통과시켜 뒤로 보낸다.
Turn the string around and push it through the same hole at the rear.

⑤ 이와 같은 방법으로 구멍마다 끈을 꿰어 고정시킨 후 뒤쪽으로 당겨 놓는다.
In this way, push all the strings through the holes stitched and pull to the rear.

⑥ 책을 뒤집은 모습.
View of book turned over.

⑦ 책의 가운데를 들춰 첫 번째 구멍으로 끈 두 줄을 빼낸다.
Open the middle of book and pull two strings through the first hole.

⑧ 두 끈을 묶어 단단히 매듭지은 후, 가위로 끈을 짧게 잘라 정리한다.
Make a knot by tying two strings firmly together and arrange it with the string cut short by scissors.

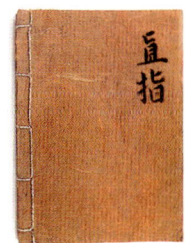

완성한 책모습.
Completed view.

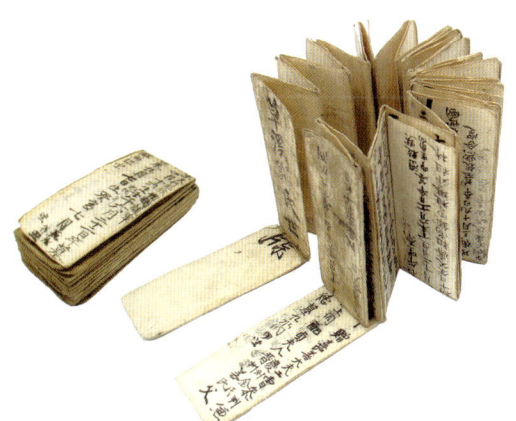

좁쌀책 | 수진본 袖珍本 | Miniature book(bijou book)

옷소매 속에 넣고 다닐 수 있게 작게 만든 책.
크기가 가로×세로, 3cm 정도 되도록 긴 종이를 반으로 접은 뒤, 계단접기를 하고 아랫단은 세로로 가위집을 내어 앞, 뒤, 아래, 위로 접었다 펼치면서 다양한 정보(집안의 족보, 의학상식 등)를 볼 수 있게 하였다.

'Sujinbon small sized book which could be carried in the sleeves of clothes. It was made with long papers which when folded measured approximately b 3cm×3cm. They were folded in half, step folded, and cut vertically by scissors at the bottom. The book includes various information such as the family tree, medical knowledge etc. which could be seen by folding and unfolding it back & forth, top & down.

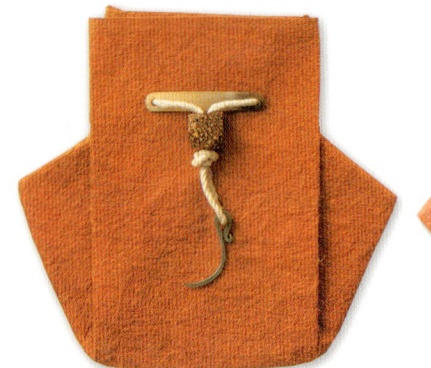  

종이로 접어 만든 복주머니 | Lucky Bag (Paper)

사진_국립민속박물관

천이나 종이로 만든 복주머니는 지갑, 쌈지, 장신구 등의 용도로 다양하게 활용되었다. 두들겨 만든 질좋은 닥종이 한 장을 네모지게 접은 다음, 입구 쪽 절반을 골로 접어 아래의 양쪽에 귀가 나오게 하면 귀주머니가 된다. 조그만 소지품이나 돈 등을 넣어 다니던 실용적인 장신구로서 남녀노소 누구나 지녔다.

「삼국유사」(1281~1283년)나 「고려도경」(1123년) 등의 기록과 조선시대 유물 등을 통해 우리 조상들이 귀주머니를 애용한 것을 알 수 있습니다. 복이 깃들라는 의미에서 '복(福)주머니'라 부른다 (※page 62).

A lucky bag made of cloth or paper was used for various purposes such as wallet, bag, and jewelry. Fold a high-quality Korean paper (Hanji) into a square shape, then fold half of the entrance and let the ears come out on both sides below, and it becomes an ear pocket. It used to be a practical accessory that carried small belongings or money for almost everyone in Korea in old days.

Records such as "The History of the Three Kingdoms"(1281-1283) and "Goryeo Sutra" (1123) and relics show that our ancestors used Lucky bag. "Lucky bag" is the meaning of blessings(※page 62).

매화 문양을 수 놓은 비단 복주머니 | Lucky Bag (Silk)

사진_국립민속박물관

복(福)주머니는 복을 불러들이는 우리나라 풍습으로 정초나 특별한 날에 선물로 주었던 주머니이며 지니면 일년내내 만복이 온다고 믿는 데서 비롯되었다. 이는 매우 귀하게 여긴 선물로서 부모님이나 집안 어른들이 복이 깃들라는 소망을 담아 덕담과 함께 좋은 글, 장신구, 돈 등을 넣어 주었던 주머니이다.

복주머니는 '아름답고 착한 징조'라는 뜻으로 운수가 좋을 징조, 좋은 일이 있을 조짐을 의미하는 '길상(吉祥)' 문양으로 장식하였는데 주로 십장생이나 나비 등의 소재로 구성된다. 왼쪽의 매화문양도 대표적 길상 문양으로 순결과 절개를 상징하며 장수의 상징물로도 여겼다.

In Korean tradition, the Lucky Bag was given on special occasions such as New year's day. It was derived from the belief that carrying Lucky Bag would bring great fortune throughout the year. The Lucky Bag has been a very precious gift from parents or elders, and it is given containing money or accessories along with words of blessing.

The lucky bag is decorated with a "Gil-Sang (Auspicious)" pattern, which means "beautiful and good luck sign," and embellished with paintings or embroidered patterns, which are composed of ten longevity and butterflies. The plum flower pattern on the left was also considered a symbol of longevity, symbolizing purity and incision.pattern on the left was also considered a symbol of longevity, symbolizing purity and incision.

우리 조상들은 종이를 많이 접으면 슬기로워진다하여 한 장으로 접은 딱지를
'지혜지(智慧紙)'부른다(※page 116).
Our ancestors have taught us that paper folding can develop our wisdom and creativity. Hence, it is called "Jihyeji" meaning wisdom paper. (※ page 116). Children used to play it as a game of slap-match.

딱지 | 智慧紙 | Ddakji

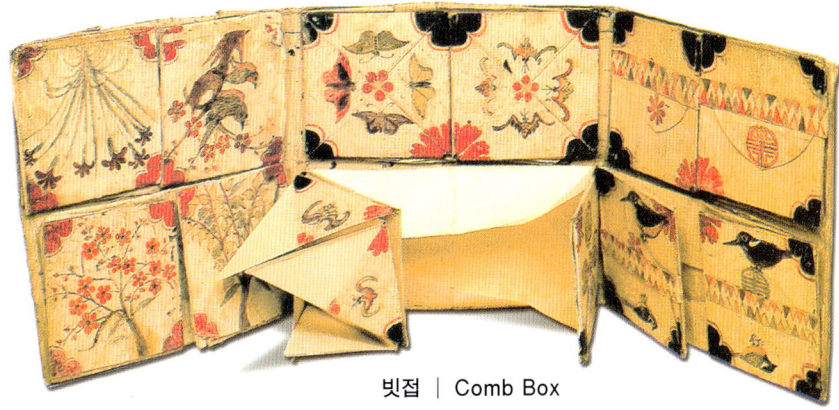

놀이 딱지를 크고 작게 여러 개 연결하면
빗이나 빗솔 등을 꽂는 빗접, 색실상자 등이 된다.
이 빗접은 빗이나 빗솔·빗치개·가르마꼬챙이·
뒤꽂이·동곳 등을 넣어 두는 용도로도 사용했다.
이처럼 우리 선조들은 놀이용
딱지 접기를 '지혜지(智慧紙)'라 부르며
생활용품으로 슬기롭게 이용했다.

When you assemble small and large Ddakjis, you can make a comb box for carrying combs, pins used in parting hair and cleaning a comb, and brushes for cleaning a comb. They also used this box as carrying needles and threads. It was a very important article essential to a marriage ceremony for the bride. From children's game to accessories for living, Koreans have utilized paper folding, especially "Jihyeji", in their everyday life.

빗접 | Comb Box

 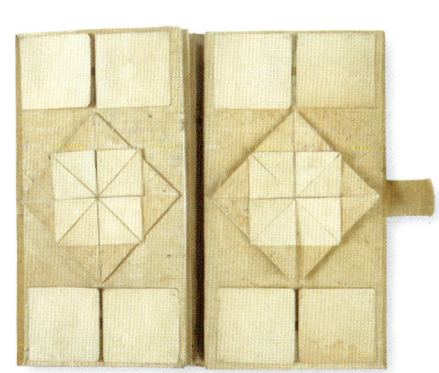 

색실첩 | 色紗帖 | Wallet for needles and thread

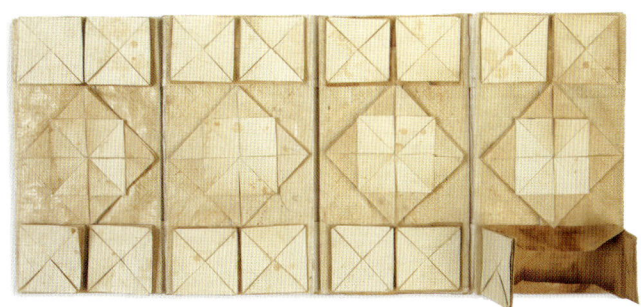

두껍고 질긴 기름칠 된 종이 장지(壯紙)를 지혜지(딱지) 접기 방법으로
여러 겹 접어 크고 작은 주머니를 만들었다. 이러한 색실첩은
조선시대 아녀자들이 색실, 바늘, 옷본, 보석, 장신구 등을 넣어
보관하는 데 사용했다.

Made from a thick, tough, oiled paper the pouch is constructed using the Dakgi (from the children's game) folding method which means folding over and over again. The ladies of the Chosun dynasty used this pouch to hold needles and thread. It was also used for keeping dress patterns, jewellery, ornaments and similar items.

승경도 | 陞卿圖 | Government Ministers Game
종이나라박물관 소장품

승경도는 조선초기 하륜 (1347~1415)이 창제한 놀이로서 가로세로로 촘촘히 접은 종이 위에 많은 벼슬의 이름을 써놓고 최고의 자리에 먼저 오르면 이기는 놀이이다.

This paper folding game was created in the early Chosun dynasty by Haryum(1347-1415). Paper was folded over vertically and horizontally to make the tight 'book' pattern shown. Then government ministers' names or positions were written on each of the exposed squares. The winner of the game was the person whose ministers' name or position came at the top when the paper was unfolded.

미국항공우주국(NASA)는 종이접기를 활용해 태양전지판을 10분의 1크기로 축소시킨 프로토타입(Prototype)을 만들었다. 태양전지판을 접었다 폈다 하는 원리는 승경도 놀이판을 접었다 폈다 하는 원리와 같다.

The U.S. National Aeronautics and Space Administration (NASA) created a prototype of which the solar panel by utilizing paper-folding was reduced to the 1/10. The principle of folding and unfolding solar panel is same as that of dealing with Seunggyeongdo play board.

승경도 접기 방법 How to fold the Government Ministers Game (Seunggyeongdo)

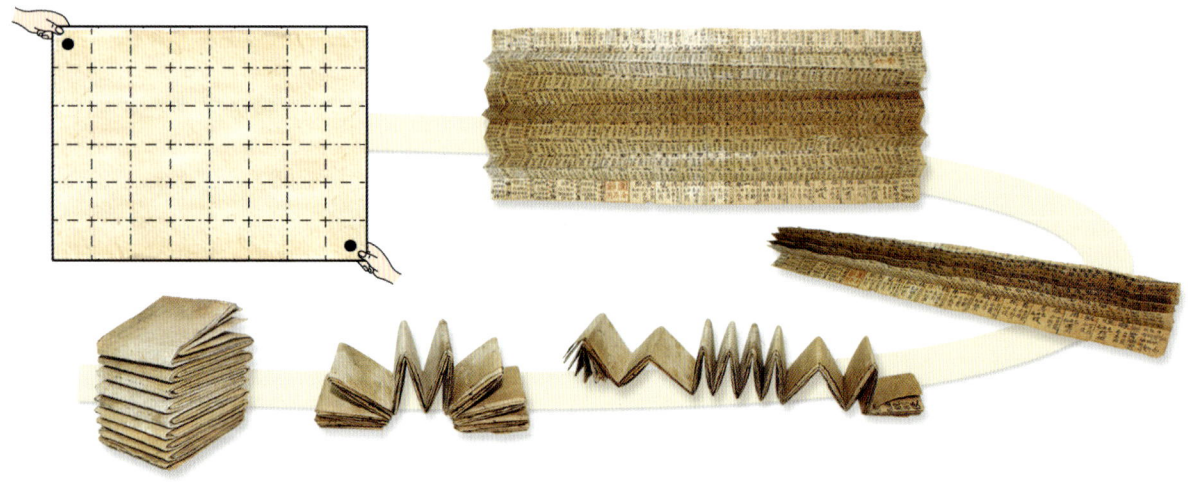

승경도 놀이의 접어놓은 모습(축소)과 펼쳐지는 과정 모습과 펼친 모습(확대)을 잘 살펴보며 수학적, 과학적 원리를 탐구해 봅시다.

Let's explore mathematical and scientific principles by closely taking a look at folding and unfolding process of the game. It can be easily folded and unfolded by grabbing two points of the paper as shown.

새로운 종이접기를 위하여
CREATIVE JONGIE JUPGI FOR THE NEW PAPER FOLDING

우리의 눈에 보이는 모든 사물의 형태는 면과 선의 굴절로 이루어져 있습니다. 이러한 형태들은 모두 종이접기로 표현할 수 있습니다. 우리들은 생활 속에서 자연의 아름다움을 보고, 놀라고 기뻐하며 자신의 손으로 그것을 재창조하려 합니다. 이때 예술 활동은 시작되는 것이며, 사람들은 그 일에서 삶의 가치를 발견하고 행복해 하기도 합니다.

정서적이고 지적인 취미로서의 종이접기에서 한 걸음 더 나아가 여러 각도로 조명하고 연구함으로써 더욱 더 발전된 모습을 갖출 수 있을 것입니다.

한 장의 종이를 앞에 놓고 이 한 장의 종이가 표현해 낼 수 있는 창조력, 아름다움, 또 그 조형미 안에 깃들어 있는 여러 가지 진리를 탐구해 봅시다.

종이접기를 사랑하는 여러분은 앞으로 종이접기 창작활동을 통하여 종이에 생명력을 불어 넣어 주는 신비한 매력을 더욱 더 가까이 접할 수 있을 것입니다. 모두 다함께 보다 차원 높은 종이접기의 새로운 계단을 즐겁게 밟아 올라가 보시기 바랍니다.

When one sees the beauty of nature, instilling joy and amazement, it is only natural to want to recreate it with one's own hands. One can express, by JONGIE JUPGI, all the things one can see because the shapes are made with curving lines and surfaces. It is through this creative process that an experience with creative art starts and some people have even found out what they value in life because of the experience. JONGIE JUPGI can become a intriguingly fulfilling activity, especially with continued in-depth searching and studying.

Let's study the imaginative possibilities to be created from a piece of paper and the beauty in knowing how to create such unique, crafty works. More than ever before, one can come to a more intimate understanding of the intriguing charm of JONGIE JUPGI folding.

I hope that each reader will experience the multi-dimensional realm of the JONGIE JUPGI creative world.

※ 정규일 지음, 종이나라 발행, 『조이! 365⁺ 대한민국대표 종이접기』, page 133 우주왕복선, page 134 탐험차, page 137 다단계 로켓

종이접기 색채놀이
JONGIE JUPGI AND PLAY WITH COLORS

색종이의 여러가지 색을 통해 색이름도 익혀보고 컵(39쪽)접기를 이용하여 재미있는 색채 작품을 꾸며보세요.

You will be able to accustomed to color's name through various colors of colored paper and decorate colored art works by making the cup fold on page 39.

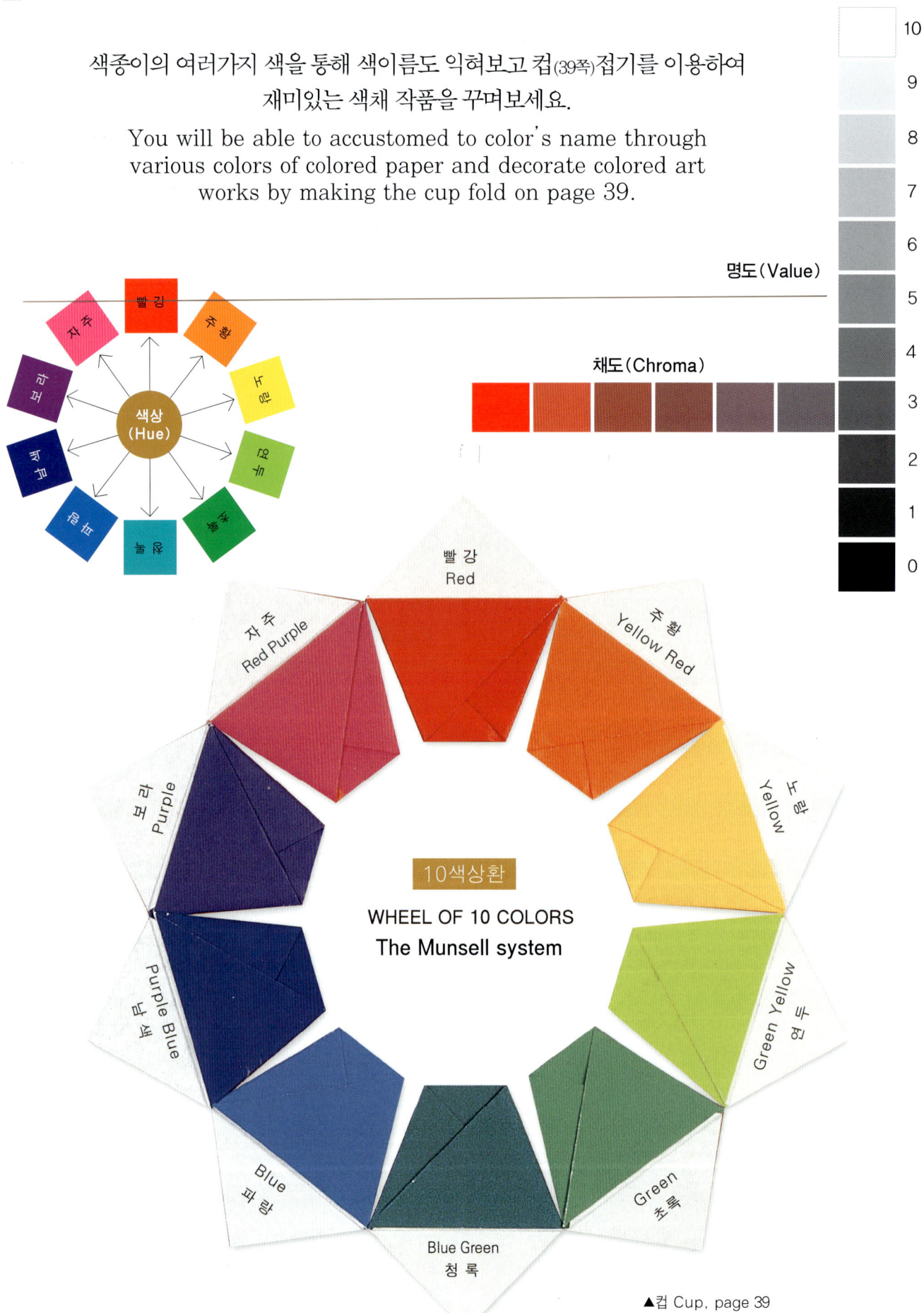

▲컵 Cup, page 39

다양한 색의 표현으로 나타나는 색의 감정
Emotions of colors by expressing lots of colors

▲물고기 Fish, page 36

따뜻한 느낌의 색 Warm color 	밝은 느낌의 색 Bright color 	밝고 어두운 색의 배색 Bright and dark 
차가운 느낌의 색 Cold color 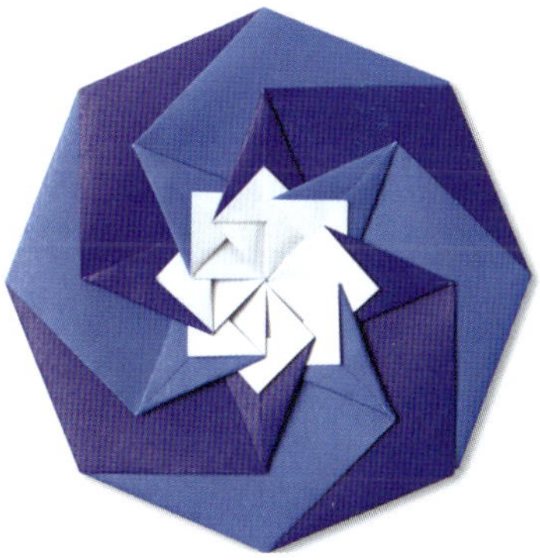	어두운 느낌의 색 Dark color 	반대 색끼리의 배색 Combination of contrasting colors 

▲컵받침 Coasters, page 40

종이접기 동화_종이나라

JONG IE JUPGI FAIRY TALE_JONG IE NARA PAPER LAND

동화_**선안나**(한국아동문학상 수상 작가)　　Fairy tale_**An-Na Sun**(Awarded Korea Children Literature Prize)
그림_**김미애**(종이나라박물관 조이봉사단)　　Picture_**Mi-Ae Kim**(Jong Ie Nara Museum, Joy Volunteers)

우리 조상들은 예로부터 고깔을 접어 삼신에게 소원을 빌어 왔습니다. 삼신신앙은 쌀을 담고 고깔을 씌우는 등 여러가지 형태로 산육(産育)이나 가족 생일, 명절, 제삿날 등에 기원을 올립니다. 그 고깔에서 변형되는 접기로 이야기를 만들었습니다. 여러분! 재미있는 이야기도 만들고 종이접기로 작품을 꾸며 보세요.

Our ancestors has prayed to Samsin after folding Goggal long time ago so far. Faith in Samsin is that people make a wish in various ways such as putting Goggal on after soaking rice on family birthday, notional holiday, anniversary for the dead or after giving a birth.
Let's decorate arts by folding paper and make a interesting story.

어느 마을에 아기 없는 부부가 있었어요.
아내는 고깔을 접어 쓰고 밤마다 빌었어요.
"삼신 할머니, 부디 옥동자를 낳게 해 주소서."
마침내 소원은 이루어져 달동이가 태어났어요.

In past times there was a village where there lived a childless couple who were longing the have a little one to add to their joy of life. The lonely wife cried every night and folded the magic Gokal hat and prayed to the 3 gods.
"Please give me a perfect son, please make me give birth a perfect son."
Eventually her wish came true and Taldangi was born.

달동이는 쑥쑥 자라 혼자 모험을 떠났어요.
"이 고깔은 건강과 행운을 줄거야."
어머니가 씌워준 모자는 달동이에게
용기와 힘을 주었어요.
토끼를 도와주고 마법 주문을 배우는
행운도 따랐어요.

Taldangi grew up quickly, and when he had become a young man, he decided to leave home and seek out new adventures. Before he left his mother said to him.
"Take this Gokal hat, it will bring luck and good health"
Then his mother put the hat on Taldangi's head which was to give him courage, power, the luck to help rabbits and to make magic spells.

▲ "동화_종이나라" 작품은 이 책에 실려 있는 종이접기들입니다.
　 Art works of "Fairy tale_Jongle Nara" are included in this book.

그러던 어느 날 무서운 도적을 만났어요.
"얄리얄리 얄랴셩. 모자야, 배로 변해라. 얍!"
달동이는 배를 타고 무사히 강을 건넜어요.
그런데 이번엔
괴물들이 쫓아오지 뭐예요?

One day on his travels he met a fearful
band of robbers, so he sang out
the magic words.
"Yalli! Yalli! Yalla! Song!"
And his magic hat changed into a sailing
boat and he was able to cross the river
and escape from the robbers. But after
that he was being followed by monsters.
What could he do?

"얄리얄리 얄라리….
배야, 종이비행기로 변해라. 얍!"
달동이는 종이비행기를 타고
휠휠 날았어요.
마을과 산을 지나
새롭고 넓은 땅에 다다랐어요.

"Yalli! Yalli! Yalleri….
The hat changed into a magic carpet
and Taldangi flew over mountains,
towns and rivers and eventually
arrived in a big
new country.

달동이는 그곳에
평화와 행복 가득한
'종이나라'를 다함께
만들었어요.
부모님을 모셔와
오래오래 행복하게 살았어요.
조이! 종이! Joy!

Taldangi had arrived in
Jong Ie Nara, the paper
country which is filled with
peace and happy. He
brought his parents there
and lived happily ever
after….
Joy! Joy! Joy!

조이 종이 JOY! '종이'란 말은 종이를 만드는 재료인 닥나무 '저(楮)'에서 '저 > 저이 > 조이'를 거쳐 오늘날의 '종이'가 되었습니다.
종이의 옛말인 '조이'가 영어 'JOY'와 발음이 같듯이 앞으로의 시대는 친환경적이며 즐겁고 행복한 종이문화가 삶을 리드하게 될 것입니다.
세계 제일의 종이문화나라의 전통을 이어 K종이접기로 새 한류를 창조하여 세계평화에 이바지해 나아가야 하겠습니다.
그 의미를 되새기며 지혜와 평화를 상징하는 종이접기로 작품을 완성하며 모두 함께 '조이 종이 JOY'를 외쳐 보시기 바랍니다.

창의성을 키우는 수학 종이접기 작품
GEOMETRIC JONG IE JUPGI WORKS TO FOSTER CREATIVITY

다면체 구성
The compositon of polyhedron

작품_곽정훈
By_ Jeong-Hun Kwak

▲ 육면체 Hexahedron, page 122
▲ 다각다면체 Polyhedron, page 123

육면체 3매 조립	정육면체 6매 조립	다각다면체 36매 조립	다각다면체 36매 조립	다각다면체 60매 조립	다각다면체 60매 조립	다각다면체 90매 조립	다각다면체 150매 조립	

종이접기 예술작품
JONG IE JUPGI ART WORKS

손에 손잡고 Hand in hand
작품_백창건, 유영주
by_Chang-Geon Baek
　　 Yeong-Ju Yu

▲ 별 Star, page 110

이 책의 특징과 사용 방법
THE KEYNOTE AND PRIMARY USE OF THIS BOOK

- 이 책은 종이접기를 처음 배우는 사람들이 기본적으로 익히는 지도서가 되도록 엮었습니다.

- 종이접기에 가장 많이 이용되는 정사각형의 색종이를 위주로 될 수 있는 한 자르지 않고 접는 것으로 100여 점의 작품들을 다양하게 실어 기본 접기법을 충분히 익히도록 되어 있습니다.

- 기본 접기법을 자세히 바르고 정확하게 익히도록 친절하게 설명되어 있으며 각 기본형으로부터의 발전된 작품들을 쉬운 것부터 단계적으로 새, 동물, 꽃 등 여러 가지로 전개되어 있습니다.

- 가능한 기본형이 같은 작품을 모아서 기본형들이 충분히 익혀지도록 하였으며 접어 가는 동안 접기법에 대한 비결을 알게 되도록 연구되어 있습니다.

- 작품들의 끝부분에는 기본형을 복합한 문양접기, 모빌, 입체조형물, 조립 등도 실어 종이접기의 새로운 방향도 조금 다루었습니다.

- 정리 부분에는 종이접기연구실을 두어 종이접기의 기하학적 탐구와 창작 종이접기에 흥미와 관심을 갖도록 하였습니다.

- 각 작품의 접기 도안은 접는 법을 잘 알 수 있도록 하기 위하여 잘 맞추어 겹치는 곳까지도 일부러 간격을 두고 그려져 있습니다. 그러나 접을 때는 꼭 맞추어 깨끗하고 예쁘게 접어 주십시오.

- 잘 접히지 않는 곳이나 어려운 부분에는 자세히 그림으로 된 설명도가 들어 있습니다. 종이접기의 즐거움은 마지막까지 접어 작품을 완성해야 맛볼 수 있으므로, 두번째 접을 때는 정확하게, 깔끔하게 접는 비결과 도면을 보면서 끝까지 완성해 보세요.

- This book is published as a basic guide for the beginning paper folder.

- There are over 100 various works that can be folded with a square piece of paper, without cutting, so that one can familiarize oneself with the basic principles of the paper folding method.

- The detailed explanations about the basic principles of paper folding allow one to learn correctly and precisely the art of paper folding in a step-by-step fashion going from easier projects to more complicated projects such as birds, animals, flowers, etc.

- Wherever possible, the works based upon similar methods of paper folding are combined in a section. This is useful in allowing one to become familiar with each method of paper folding.

- At the end are works of pattern folding, mobiles, and 3-dimensional formative works that can be assembled compiling multiple pieces folded according to a basic pattern.

- In the summary, there is a study of paper folding, intended to increase your interest and attention in geometrical design and the creative ideas of paper folding.

- There are diagrams that purposely show a gap in some places to demonstrate how one must fold. However, when one is actually folding the papers, please remember to fold cleanly and carefully with no gaps.

- There are detailed diagrams for difficult parts of a project. To enjoy the delights of one's completed paper folding works, make sure to carefully follow the diagrams and directions that explain precisely how to fold during each step of the project.

종이접기의 훌륭한 점에 대하여
MERITS OF JONGIE JUPGI

대단한 도구도 필요치 않고 색종이만 있으면 자동차, 기차, 비행기를 타고 있을 때, 또 음악을 들으면서 어떤 곳에서나 여러가지 작품을 만들며 즐길 수 있고 어른이나 아이나 서로 마주보고 앉아 함께 할 수 있는 종이접기는 다음과 같은 훌륭한 점이 있습니다.

1. 종이접기의 교육적 가치
(1) 두뇌를 활성화하고 개발시킨다.
(2) 창조성, 창작력을 키운다.
(3) 집중력을 길러준다.
(4) 손끝의 운동신경이 발달한다.
(5) 구조분석과 관찰력 상상력을 키운다.
(6) 수학적, 기하학적 관념을 심어준다.
(7) 정확한 것을 기뻐하게 된다.
(8) 모든 완성품에는 순서와 법칙이 있다는 것을 배운다.
(9) 작업의 즐거움을 알고 작업에 전념하는 습관을 키운다.
(10) 미적 정서를 키우며 행복한 삶을 만든다.
(11) 과학기술의 기초능력을 키운다.
(12) 자기 작품에 기쁨을 느끼며 자신감이 생긴다.

2. 종이접기의 의학적 가치
(1) 생각하며 손끝을 사용함으로 뇌의 신경세포가 발달한다.
(2) 창조적 의지와 능력을 자극해서 강화, 촉진시킨다.
(3) 노인, 신체장애자, 정신질환자 등에게 치료효과가 있다.

3. 종이접기의 생활 문화적 가치
(1) 간단한 재료로 시간과 공간에 구애없이 남녀 노소 누구나 즐길 수 있다.
(2) 부모와 자녀, 손자들간의 화목과 소통을 도모한다.
(3) 여가선용을 위한 취미생활, 환경미화와 정성이 담긴 선물로도 활용되어 민간외교 역할도 한다.

4. 종이접기의 예술적 가치
종이접기는 창작, 조립, 조직적 구성, 색채구성, 공간구성이 확대된 조형예술로서 창조적 활동이다.

5. 종이접기의 평화적 가치
(1) 종이접기를 통한 가족간의 대화는 인간성 회복을 도모한다.
(2) 병원, 재활원, 고아원, 노인정, 교도소 등에서 종이접기 봉사활동으로 기쁨과 사랑을 나눌 수 있다.
(3) 종이접기는 마음의 고향, 따뜻한 심성을 길러주는 평화의 상징!

JONG IE JUPGI hardly requires any materials or tools. Only if you have paper, you can fold it to make numerous shapes of things and living creatures; you can do it while riding a car, train, flying in an airplane or anywhere; you can enjoy the JONG IE JUPGI with grownups and children sitting together in a family. There in lies exactly the merits of the JONG IE JUPGI art.

1. Educational merits
(1) develops the children's brain capacity
(2) develops their creativity
(3) fosters their concentration capacity
(4) develops the motor nerves of the finger tips
(5) develops the power of structural analysis, observatory perception and imagination
(6) strengthens the mathematical, geometrical concept.
(7) relishes the precise work
(8) learns the truth that there are procedures and rules to every accomplished work of art.
(9) learns the joy of working and develops a habit of being engrossed in work
(10) foster aesthetic sense and make a happy life
(11) develops one's fundamental competence in science and technology
(12) gains confidence by enjoying one's own work of art

2. Medical value of paper folding
(1) Neural cells in the brain develop by thinking and using the fingertips.
(2) It stimulates and strengthens and promotes creative will and ability.
(3) It has a therapeutic effect on the elderly, the physically disabled, and the mentally ill.

3. Cultural merits in daily life
(1) Regardless of space and time, any one (male or female, young or old) can enjoy the paper folding if only you have a simple basic material (like paper)
(2) Paper folding will create good dialogs between parents and children and grandchildren
(3) It can yield a sound pastime and play a diplomatic role as a heart-warming gift to foreigners

4. Artistic merits
Paper folding is a creative activity as formative arts extended from creative acts of assembly, systematic composition, color matching and spacing

5. Peace-making merits
(1) Dialogs developed from paper folding among family members will promote the restoration of humanity
(2) At hospitals, institutes of physical therapy, orphanages and prisons, paper folding as a volunteer activity promotes joy and love among the members
(3) Paper folding symbolizes peace by imbuing people with warm hearts as in their hometown

차 례

이 책을 펴내며 ·············· 2
우리나라 전통 종이접기 문화 ·········· 8
새로운 종이접기를 위하여 ············ 15
종이접기 색채놀이 ············ 16
종이접기 동화_종이나라 ············ 18
창의성을 키우는 수학 종이접기 작품 ··· 20
종이접기 예술작품 ············ 21
이 책의 특징과 사용방법 ············ 22
종이접기의 훌륭한 점에 대하여 ········ 23
접기의 기본 기호와 약속 ············ 26
접기를 시작하기 전에 ············ 27
정확하게 종이접기 하는 방법 ··········· 28
종이접기의 기본형 ············ 30
종이접기 작품 스크랩하는 방법 ········ 32

기본형 1. 삼각접기 ·············· 34
튤립 ·············· 35
강아지, 토끼, 메뚜기, 매미 ·············· 36, 37
새, 비둘기, 참새, 컵 ·············· 38, 39
컵받침 ·············· 40, 41
모자 1, 모자 2, 거북, 금붕어 ·············· 42, 43
열대어, 동물 얼굴, 별 1 ·············· 44, 45

기본형 2. 아이스크림접기 ·············· 46
나무, 딱따구리 ·············· 47
백조, 앵무새, 비행기 1·2 ·············· 48, 49
별 2, 왕관, 초, 수선화 ·············· 50, 51

기본형 3. 문접기 ·············· 52
지갑, 돼지 ·············· 53
컵, 초롱(등), 집 1, 피아노 ·············· 54, 55
집 2, 연필병정 ·············· 56, 57
배, 여우 얼굴, 자동차 ·············· 58, 59
비행기, 팽이, 리본 ·············· 60, 61
복주머니 1, 복주머니 2 ·············· 62, 63
고깔 1, 배 ·············· 64, 65
고깔 2, 지팡 ·············· 66, 67
치마저고리 ·············· 68

기본형 4. 방석접기 ·············· 69
연꽃, 바람개비, 상자 ·············· 70, 71
종이바람총, 꽃팽이, 동서남북 ·············· 72, 73
바지저고리, 치마저고리 ·············· 74, 75
말하는 새 ·············· 76

기본형 5. 고기접기 ·············· 77
물개, 리스, 고래 ·············· 78, 79
개, 도깨비 ·············· 80, 81
티라노사우루스 ·············· 82

기본형 6. 쌍배접기 ·············· 83
요술배, 나비 ·············· 84, 85
모빌 ·············· 86, 87
보물선 ·············· 88

기본형 7. 삼각주머니접기 ·············· 89
풍선, 물고기, 토끼, 박쥐 ·············· 90, 91
교회, 모빌 ·············· 92, 93
개구리, 행운의 거북 ·············· 94, 95
남자아이, 여자아이 ·············· 96, 97

기본형 8. 사각주머니접기 ·············· 98
상자, 달맞이꽃 ·············· 99
꽃바구니, 상자 ·············· 100, 101
수국, 리스 ·············· 102, 103
장미, 기러기 ·············· 104, 105

기본형 9. 학접기 ·············· 106
학 ·············· 107
달팽이, 낙타, 말 ·············· 108, 109
별, 행운의 별, 나무 ·············· 110, 111

기본형 10. 꽃접기 ·············· 112
창포, 로켓 ·············· 113
초롱꽃, 개구리, 카네이션, 리본 ·············· 114, 115

여러 가지 기본형으로부터 복합된 종이접기 ·············· 116
딱지 ·············· 116, 117
휴지케이스, 셔츠·넥타이 ·············· 118, 119
무늬, 동백꽃 ·············· 120, 121
육면체, 다각다면체 ·············· 122, 123
산타클로스, 나무 ·············· 124, 125
꽃모빌, 도령과 아씨 ·············· 126, 127
한복입은 남자 ·············· 128, 129
한복입은 여자 ·············· 130, 131

종이접기 연구실 ·············· 132~142
종이접기응용·창작작품들 ·············· 144, 145

Index

On this publication	2
JONGIE JUPGI OF KOREA TRADITIONAL	8
Creative JONGIE JUPGI for the new paper folding	15
JONGIE JUPGI AND PLAY WITH COLORS	16
JONGIE JUPGI FAIRY TALE	18
GEOMETRIC JONGIE JUPGI WORKS TO FOSTER CREATIVITY	20
JONGIE JUPGI ART WORKS	21
The keynote and primary use of this book	22
Merits of JONGIE JUPGI(Paper Folding)	23
Basic symbols	26
Before you begin to fold	27
How to fold properly	28
Basic Patterns of JONGIE JUPGI (paper folding)	30
JONGIE JUPGI(Paper folding) scrap book	32

The basic pattern 1. SAMGAK JUPGI — 34

Tulip	35
Dog, Rabbit, Grasshopper, Cicada	36, 37
Bird, Pigeon, Sparrow, Cup	38, 39
Coaster	40, 41
Peaked hat, Cap, Turtle, Gold fish	42, 43
Tropical fish, Faces of animals, Star1	44, 45

The basic pattern 2. ICE-CREAM JUPGI — 46

Tree, Woodpecker	47
Swan, Parrot, Airplane 1, 2	48, 49
Star 2, Crown, Candle, Daffodil	50, 51

The basic pattern 3. MUN JUPGI — 52

Purse, Pig	53
Cup, Lantern, House 1, Piano	54, 55
House 2, Pencil soldier	56, 57
Boat, Fox face, Car	58, 59
Airplane, Top, Ribbon	60, 61
Lucky Bag 1, Lucky Bag 2	62, 63
Gokkal 1, Boat	64, 65
Gokkal 2, Ancestral tablet	66, 67
Chima Jeogori	68

The basic pattern 4. BANGSOK JUPGI — 69

Lotus blossm, Pinwheel, Box	70, 71
Wind gun, Flower Top, E·W·S·N	72, 73
Baji Jeogori, Chima Jeogori	74, 75
Talking bird	76

The basic pattern 5. GOGI JUPGI — 77

Seal, Wreath, Whale	78, 79
Dog, Hobgoblin	80, 81
Tyrannosaurus	82

The basic pattern 6. SSANGBAE JUPGI — 83

Magic boat, Butterfly	84, 85
Mobile	86, 87
Treasure boat	88

The basic pattern 7. SAMGAKJUMEONI JUPGI — 89

Ballon, Fish, Rabbit, Bat	90, 91
Church, Mobile	92, 93
Frog, Lucky turtle	94, 95
Boy, Girl	96, 97

The basic pattern 8. SAGAKJUMEONI JUPGI — 98

Box, Evering primrose	99
Flower basket, Box	100, 101
Hydrangea, Wreath	102, 103
Rose, Wild-goose	104, 105

The basic pattern 9. HAK JUPGI — 106

Crane	107
Snail, Camel, Horse	108, 109
Star, Lucky Star, Tree	110, 111

The basic pattern 10. KKOT JUPGI — 112

Iris, Rocket	113
Bellflower, Frog, Carnation, Ribbon	114, 115

Combined paper folding from basic patterns — 116

Ddakji	116, 117
Tissue Box, Shirt · Necktie	118, 119
Pattern, Camellia	120, 121
Hexahedron, Multigon	122, 123
Santa, Tree	124, 125
Flower mobile, Do ryeong and Assi	126, 127
A Men in Hanbok	128, 129
A Woman in Hanbok	130, 131
The institute for the JONGIE JUPGI(paper folding)	132~142
Application & creative works	144, 145

접기의 기본 기호와 약속 Basic Symbols

★ 다음 기호에 의하여 접는 방법이 표시되므로 기본 기호와 약속을 꼭 기억하세요.
★ Please remember these basic symbols below as we will use them throughout this book.

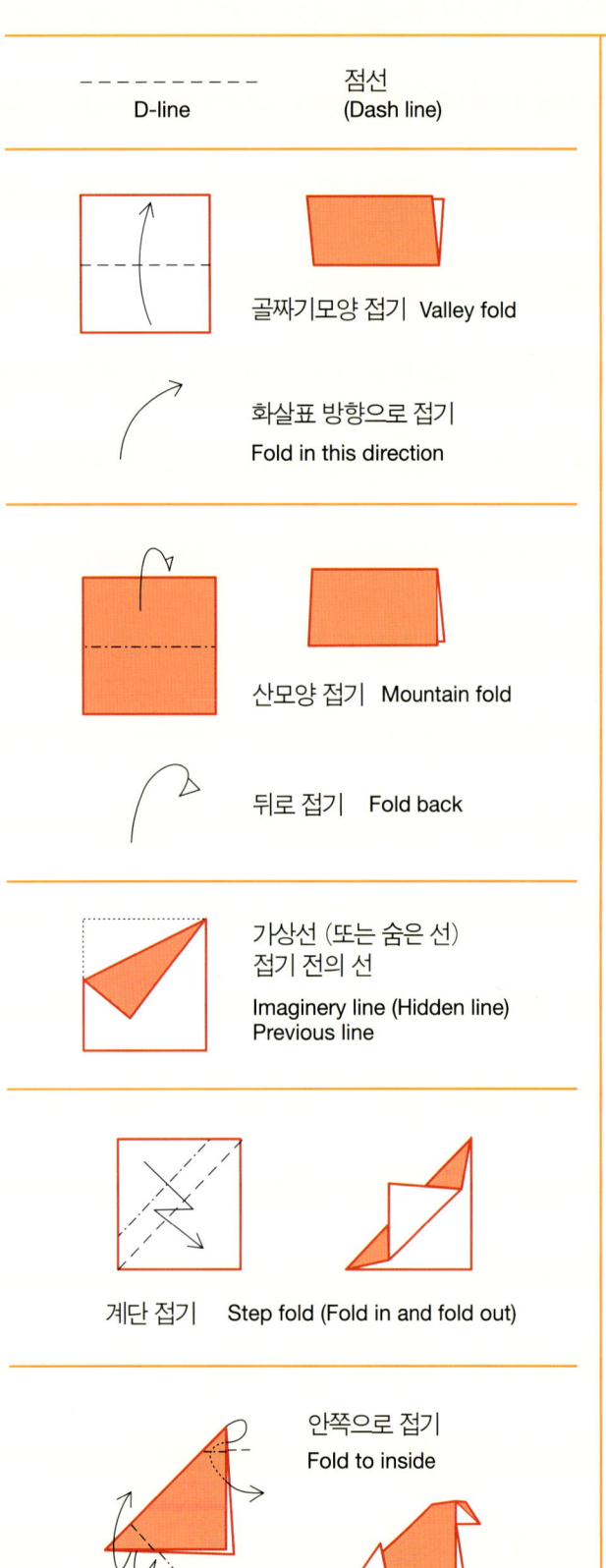

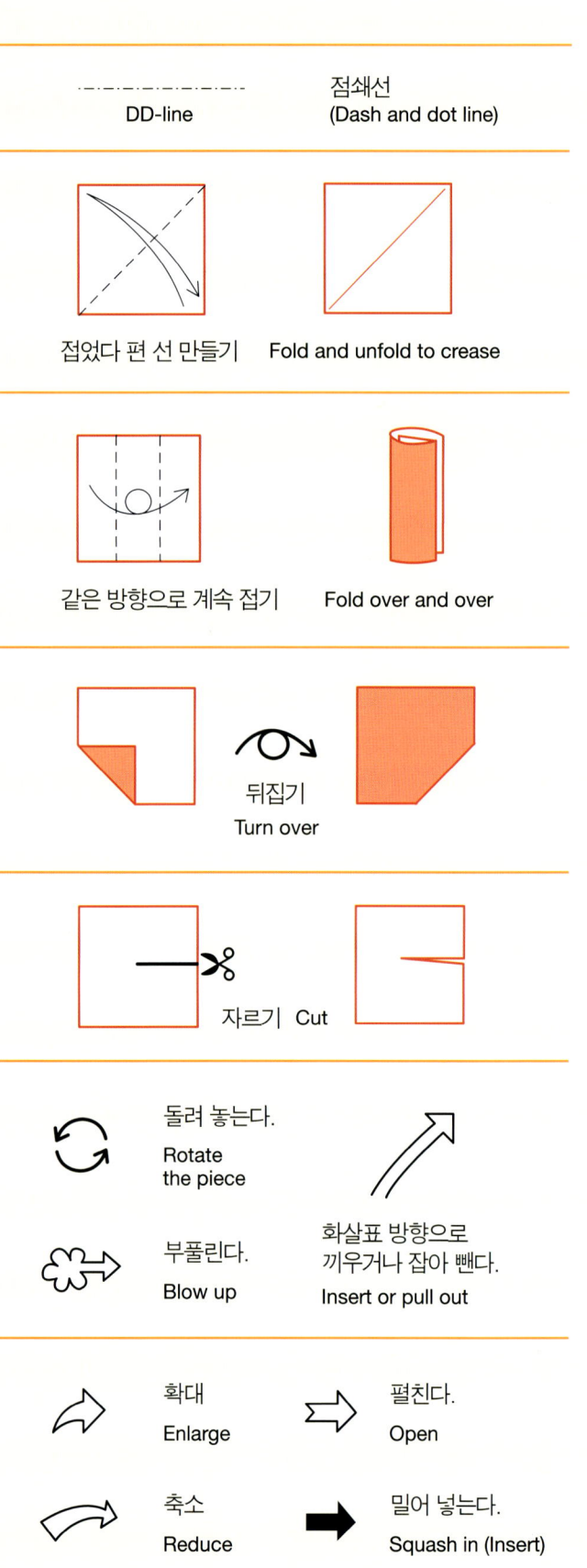

접기를 시작하기 전에 Before you begin to fold

★ 색종이의 선택

첫째 : 색종이는 접었을 때 각이 정확하게 맞아야 하며,
둘째 : 색종이의 탄력성이 좋아야 하며,
셋째 : 색상이 고와야 합니다.

색이 손에 묻어나거나 힘없이 찢어지는 종이는 좋지 않습니다. 종이접기 활동에 가장 적합한 15cm×15cm 크기의 정사각형 색종이 이외에 광고지나 포장지 등 주변에 있는 여러 가지 종이를 찾아서 연구해 봅시다.

★ 접기의 태도

접기를 시작하기 전에 제일 중요한 것은 먼저 손을 깨끗하게 씻은 다음, 색종이의 앞면과 뒷면을 잘 살펴서 책상 위에 반듯하게 놓고 정성스럽게 차례차례 접어 가는 것이 좋은 작품을 완성하는 지름길(기본)입니다.

★ Choice of colored paper

First : colored paper has to fold squarely in perfect alignment.
Second : colored paper has good flexibility.
Third : colored paper has beautiful color.

If the color of the paper smears in your hands or the paper tears easily, it is not a good choice. You may experiment with the 5.9inch(15cm each side) regular size of square colored paper or any others such as advertisement sheets or wrapping papers.

★ Attitude for paper folding

Before paper folding, first wash your hands clean. Then examine the quality of the paper on both sides, front and back, place it on the table carefully and proceed folding step by step with your heart in it.

색종이를 다루는 법 Tips for colored paper folding

※삼각접기를 할 때   When you fold the SAMGAK JUPGI

❶

❷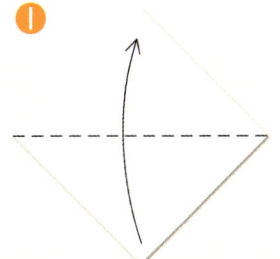

○와 ●를 정확하게 겹치세요.
Match one corner exactly on the other.

❸

겹친 곳을 왼손과 오른손으로 누르세요.
Press down the top corner with your fingers.

❹

왼손으로 전체를 누르고, 오른손으로 부드럽게 아래로 밀며 눌러 내리세요.
Holding down the entire surface with your left hand, smooth out sliding down with your right hand.

❺

손 끝이 밑변 끝까지 오면 그곳을 꼭 누르세요.
Keep it pressed on the base.

❻

오른손 끝을 오른쪽으로 움직여 반듯하게 잘 접어 나가세요.
Move your fingers to right pressing down the edge.

❼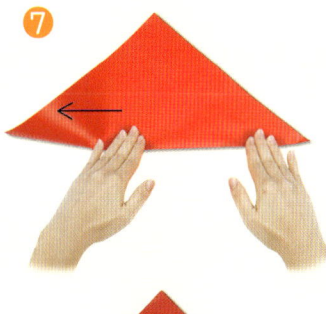

왼손을 왼쪽 종이 끝으로 움직여서 반듯하게 접기선을 만드세요.
Move your left hand fingers to left pressing down the edge.

삼각접기 완성
Completed form of a SAMGAK JUPGI.

KOREA JONGIE JUPGI 27

정확하게 종이접기 하는 방법

※ 아래에 그려져 있는 방법은 가장 많이 사용되는 접기를 알기 쉽게 그림으로 나타냈으므로, 여러 가지 작품을 접기 전에 종이를 꼭 맞추어 바르게 접는 법을 익혀 두면 아름다운 작품이 만들어질 것입니다.

※ The following diagrams are given so that you will understand easily how to fold different works. The most important part in JONG IE JUPGI (Paper folding) is to match the corners and sides of the paper in perfect alignment. If you do it right, you will get beautiful works of art without fail.

골짜기모양 접기
Valley fold (Fold up)

산모양 접기
Mountain fold (Fold back)

계단 접기(1)
Step fold (1) (Fold in and fold out)

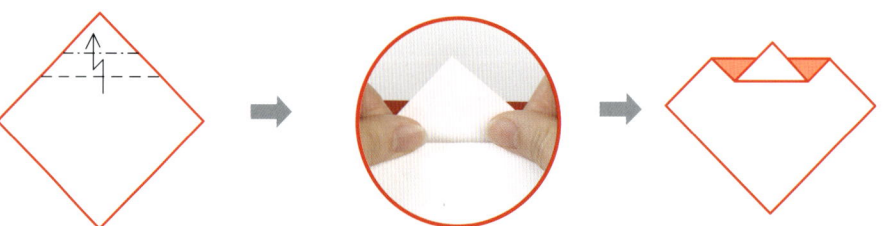

안쪽으로 접기(1)
Fold to inside (1)

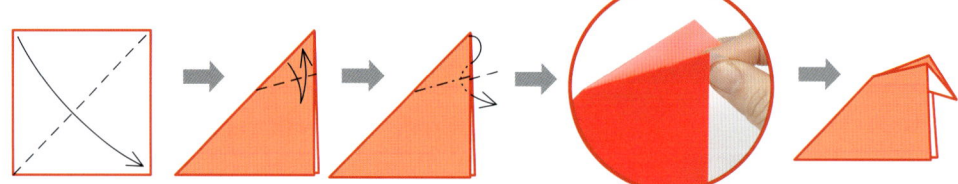

밖으로 뒤집어접기
Fold to outside

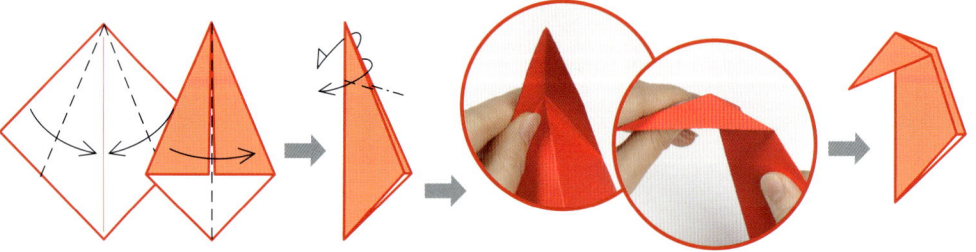

How to fold properly

※ 골짜기모양 접기에서 펼쳐눌러 접기(2)까지의 접는 방법은 각 기본형 접기 설명과 기본형 접기로부터 발전된 작품들을 접어 가는 과정에서 다시 자세하게 반복되어 있습니다.

※ The ways of how to proceed from valley fold to open and press flat fold (2) will be explained in detail again later in this book.

안쪽으로 접기(2)
Fold to inside (2)

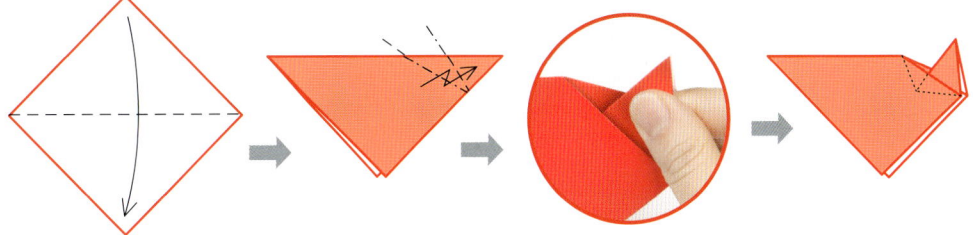

계단접기(2)
Step fold (2) (Fold in and fold out)

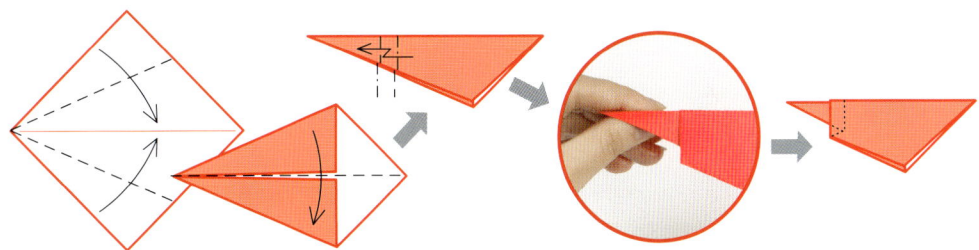

씌워접기
Cover fold

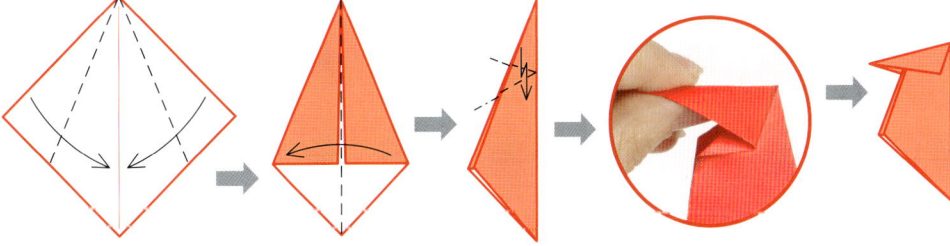

펼쳐눌러 접기(1)
Open and press flat fold (1)

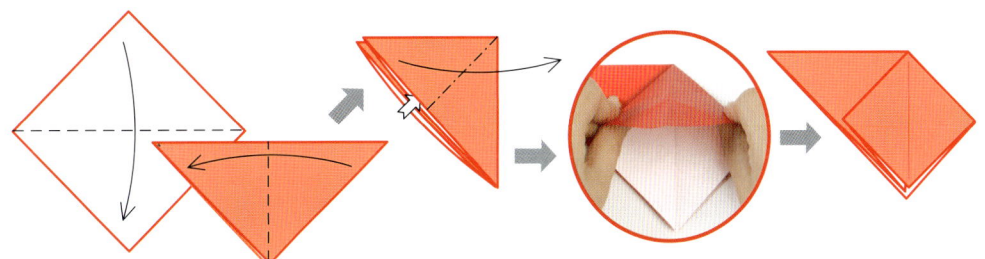

펼쳐눌러 접기(2)
Open and press flat fold (2)

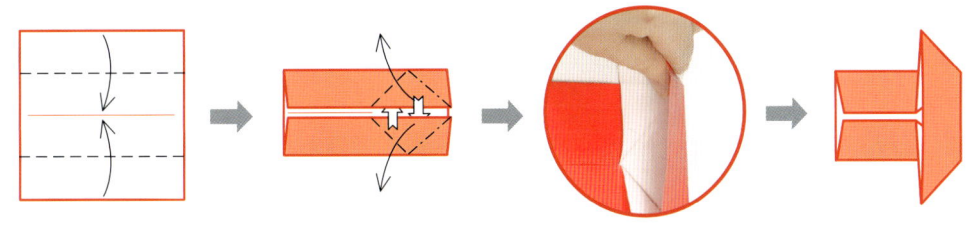

종이접기의 기본형
Basic Patterns of JONGIE JUPGI (Paper Folding)

※ 종이접기의 기본형에는 여러 가지가 있습니다. 그 중에서 흔히 사용되는 정사각형의 종이로 접는 기본형에는 아래와 같이 10가지가 있습니다. 즉, 삼각접기, 아이스크림접기, 문접기, 방석접기, 고기접기, 쌍배접기, 삼각주머니접기, 사각주머니접기, 학접기, 꽃접기입니다. 아래에 소개된 기본형은 종이접기의 기초 작업이므로 잘 익혀두기 바라며, 이 기본형은 여러분이 변형 발전시키는 창조적 작품 활동에 밑거름이 될 것입니다.

1. 삼각접기 SAMGAK JUPGI — Triangle fold
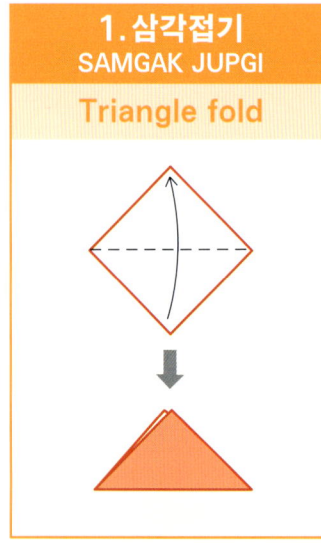

2. 아이스크림접기 ICE-CREAM JUPGI — Ice-cream fold
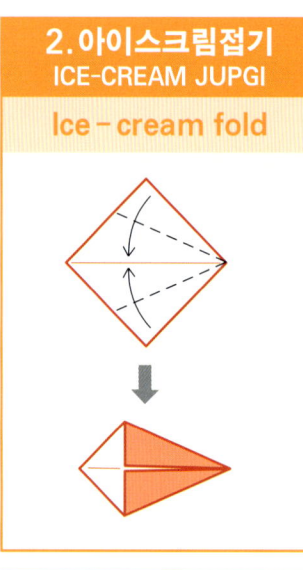

3. 문접기 MUN JUPGI — Door fold
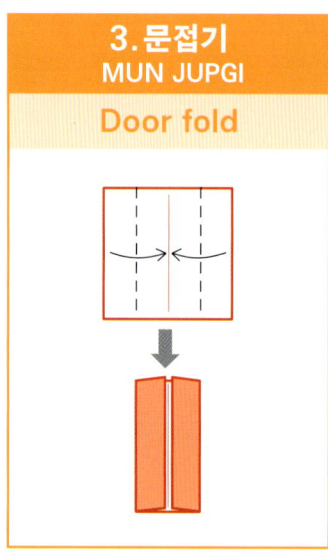

4. 방석접기 BANGSOK JUPGI — Bangsok fold
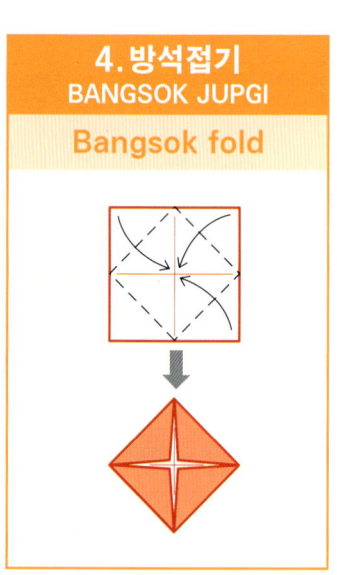

5. 고기접기 GOGI JUPGI — Fish fold

★ A, B 두 종류의 접는 방법이 있습니다.
★ There are two ways to fold as A and B

아이스크림 접기에서 시작하세요.
Start from 〈ICE-CREAM JUPGI〉.

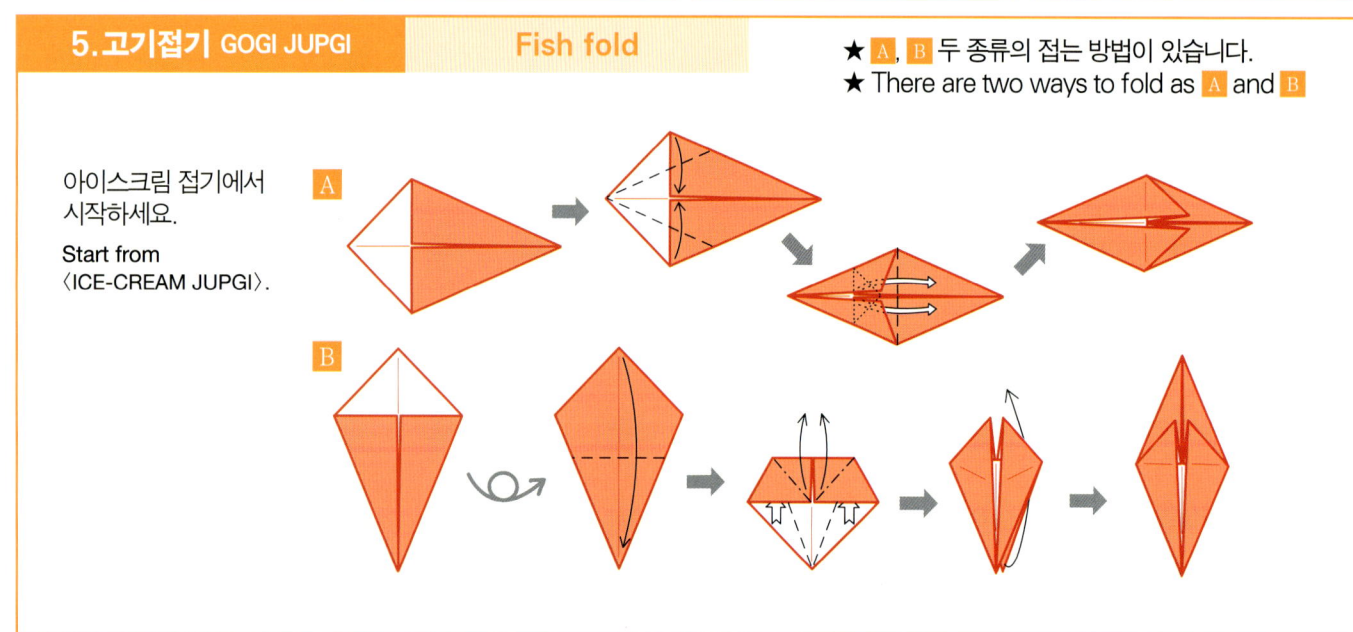

6. 쌍배접기 SSANGBAE JUPGI — Double boat fold

문접기 기본형에서 시작하세요.
Start from 〈MUN JUPGI〉.

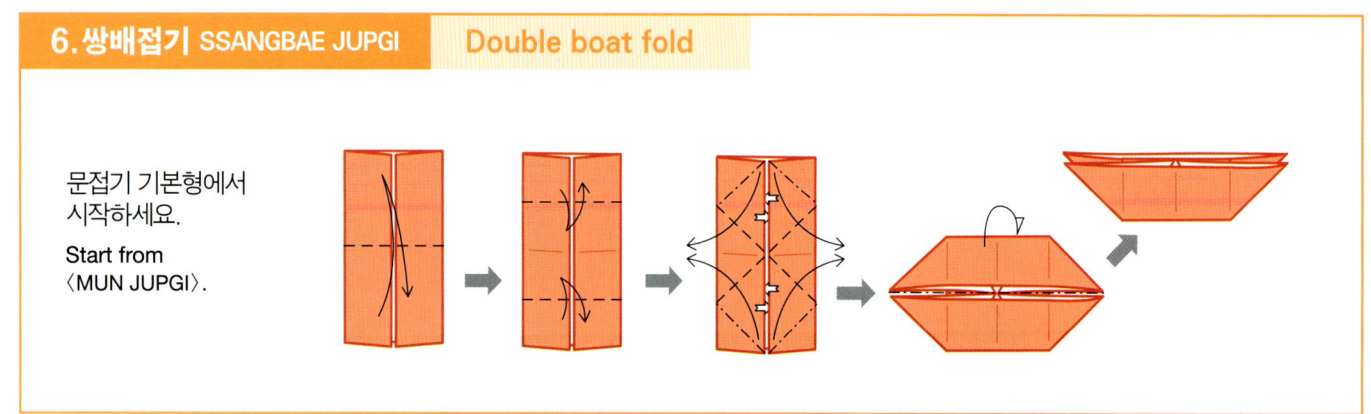

※ In **JONG IE JUPGI** (Paper folding), you will find many patterns. Among them the most frequently used paper shape is square. It introduces 10 different basic patterns, namely, **SAMGAK JUPGI**(Triangle fold), **ICE-CREAM JUPGI**(Ice-cream fold), **MUN JUPGI**(Door fold), **BANGSOK JUPGI**(Bangsok fold), **GOGI JUPGI**(Fish fold), **SSANGBAE JUPGI**(Double boat fold), **SAMGAKJUMEONI JUPGI**(Triangle pocket fold), **SAGAKJUMEONI JUPGI**(Square pocket fold), **HAK JUPGI**(Crane fold) and **KKOT JUPGI**(Flower fold), As the skill for these basics is the foundation for further creative activities, you should learn them thoroughly.

7. 삼각주머니접기 SAMGAKJUMEONI JUPGI — Triangle pocket fold

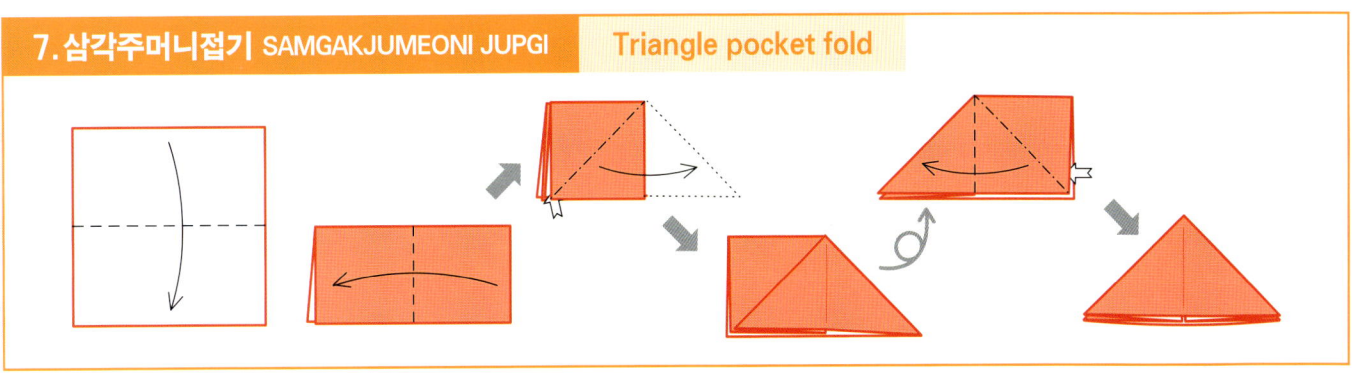

8. 사각주머니접기 SAGAKJUMEONI JUPGI — Square pocket fold

★ A, B 두 종류의 접는 방법이 있습니다.
★ There are two ways to fold as A and B

삼각접기 기본형에서 시작하세요.
Start from 〈SAMGAK JUPGI〉.

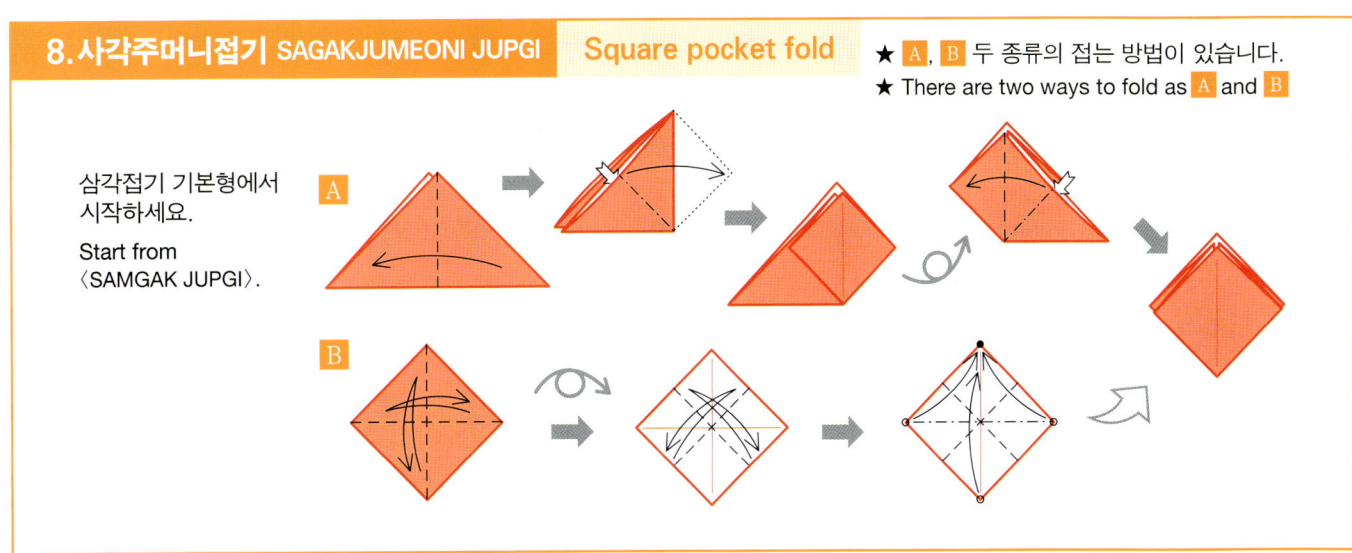

9. 학접기 HAK JUPGI — Crane fold

사각주머니접기 기본형에서 시작하세요.
Start from 〈SAGAKJUMEONI JUPGI〉.

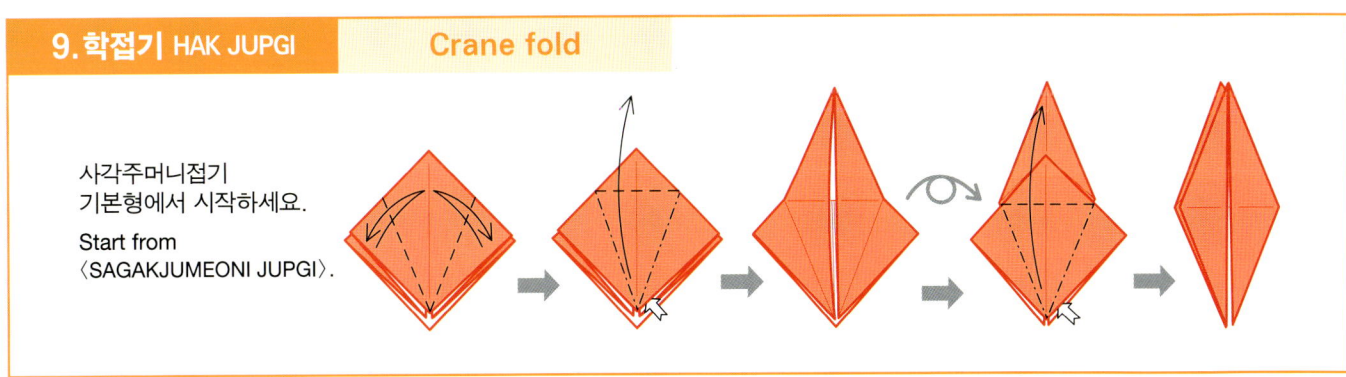

10. 꽃접기 KKOT JUPGI — Flower fold

사각주머니접기 기본형에서 시작하세요.
Start from 〈SAGAKJUMEONI JUPGI〉.

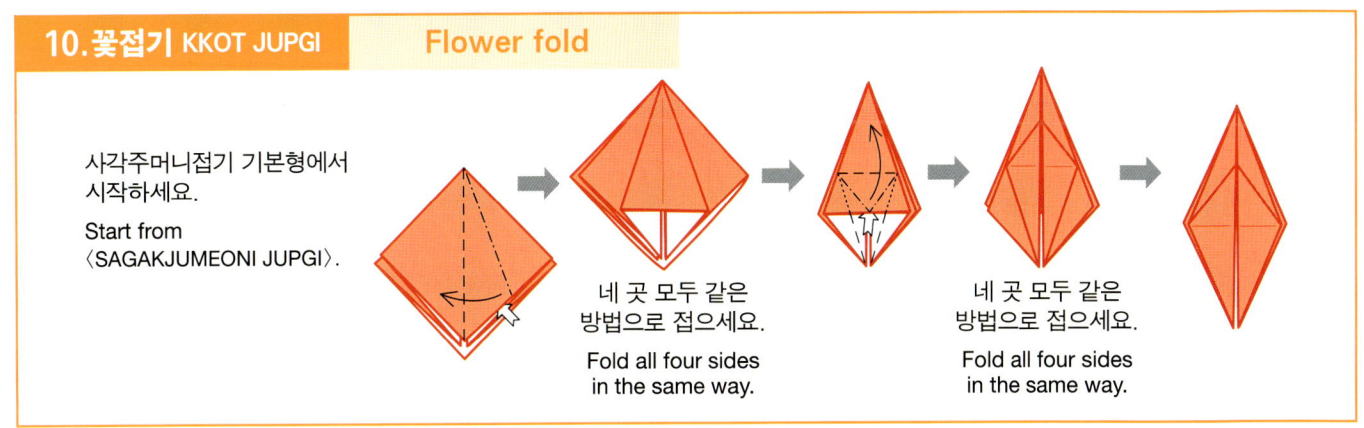

네 곳 모두 같은 방법으로 접으세요.
Fold all four sides in the same way.

네 곳 모두 같은 방법으로 접으세요.
Fold all four sides in the same way.

종이접기 작품 스크랩하는 방법

- 종이접기는 순서대로 하나하나 정확하게 접는 것이 아름다운 작품을 완성하는 지름길입니다.
- 종이접기 작품집(스크랩북)은 종이접기를 지도할 때 훌륭한 교본으로 활용할 수 있습니다.

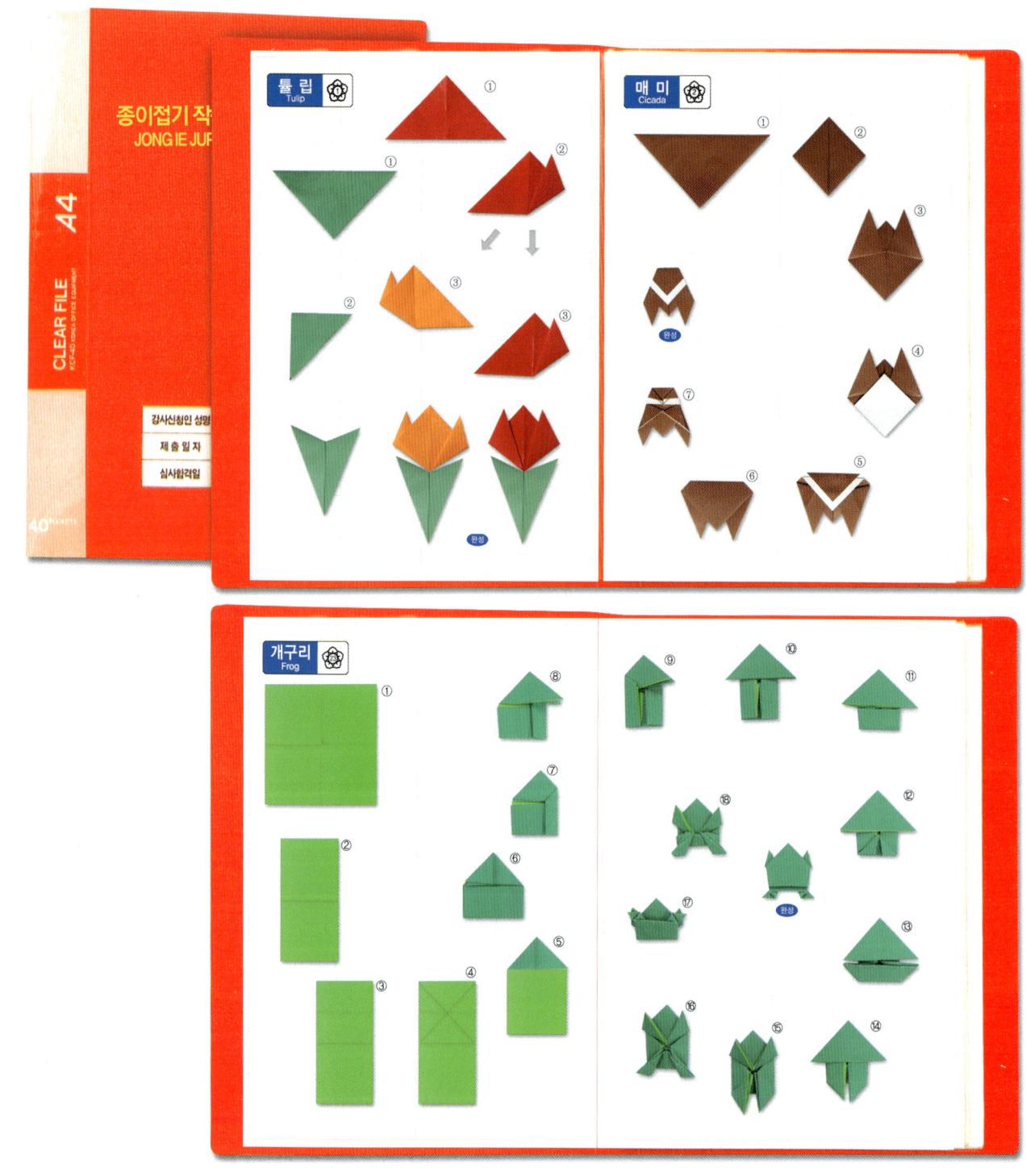

※ 스크랩용 색종이는 **종이나라 색종이** 6 × 6 cm 나 7.5 × 7.5 cm 크기의 제품을 사용하면 좋습니다.

JONG IE JUPGI (Paper folding) Scrap Book

- The knack of **JONG IE JUPGI** (Paper folding) is to follow the instructions step by step till you complete to get a beautiful piece.
- As a text, this **JONG IE JUPGI** (Paper folding) Scrap Book is very useful for teaching **JONG IE JUPGI** (Paper folding).

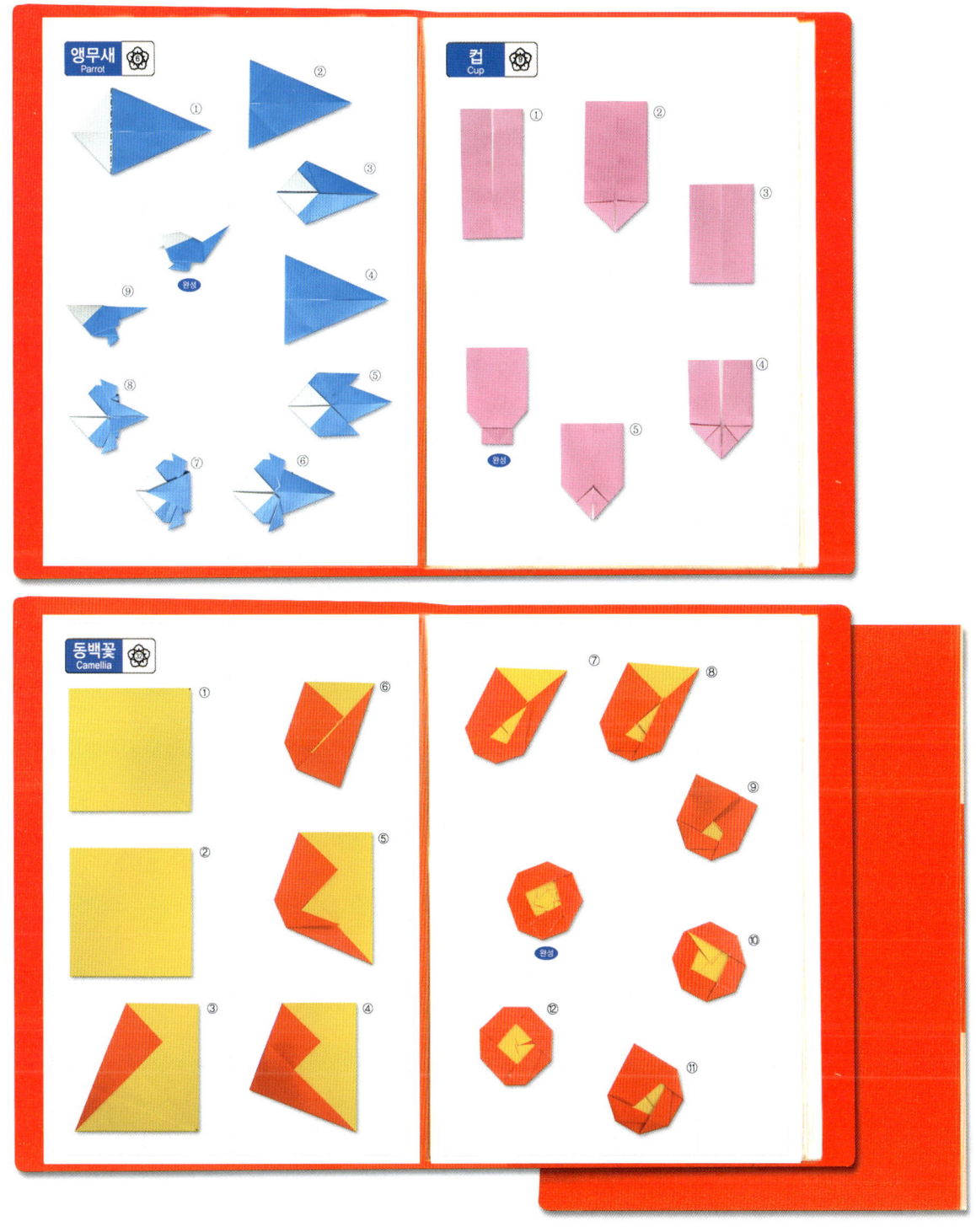

※ You can use either the Jongienara 6 × 6 cm or 7.5 × 7.5 cm colored papers in your Scrapbook.

기본형 1. 삼 각 접 기
The Basic Pattern Triangle fold 1. SAMGAK JUPGI

★ 삼각접기는 여러 가지 접기법의 가장 기초가 됩니다. 27쪽의 「색종이를 다루는 법」을 참고하세요.

★ SAMGAK JUPGI is the very basic form for all other patterns. Also, refer to "Tips for paper folding" (P.27)

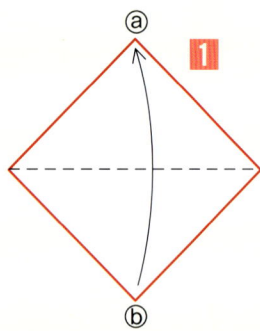

모서리 부분 ⓑ를 화살표 방향 ⓐ쪽으로 골짜기 모양접기 하세요.

Fold up ⓑ into ⓐ following the arrow in valley fold.

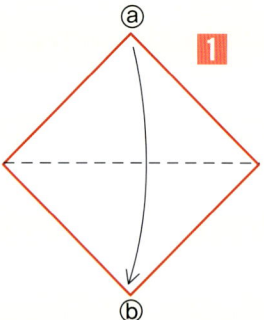

모서리 부분 ⓐ를 화살표 방향 ⓑ쪽으로 골짜기 모양접기 하세요.

Fold down ⓐ onto ⓑ following the arrow in mountain fold.

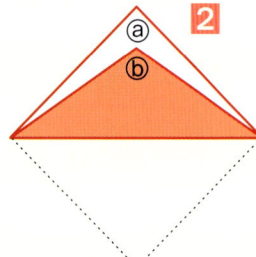

모서리 ⓐ와 화살표 방향 ⓑ를 빈틈없이 꼭 맞추어 잘 눌러 접으세요.

Fold ⓑ onto ⓐ exactly press down the entire surface.

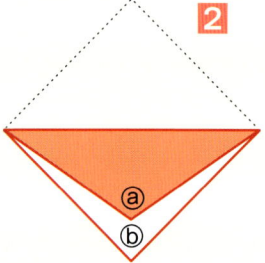

모서리 ⓐ와 ⓑ를 빈틈없이 꼭 맞추어 잘 눌러 접으세요.

Fold ⓐ onto ⓑ exactly press down the entire surface.

삼각접기 기본형 완성
Completed form of SAMGAK JUPGI

삼각접기 기본형 완성
Completed form of SAMGAK JUPGI

★ 한 가지 기본형으로 접는 방법에 따라 여러 가지 다른 작품으로 발전합니다.
★ Depending on the folding method, you can create many different works of art.

세모 한 번 접기 — Fold in half once as this triangle shape

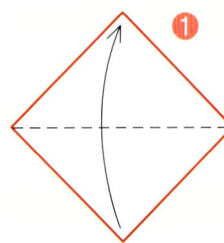 

반을 접으세요.
Fold in half.

네모(정사각형)가 두 개의 세모(삼각형)로 이루어져 있어요.
A square consists of two triangles.

세모 두 번 접기 — Fold in half twice to make triangle like this

 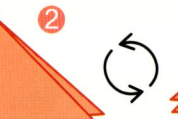  

세모 한 번 접기 완성에서 시작하세요.
Start from the completed triangle that was folded once.

네모(정사각형)를 세모 모양으로 두 번 접으면 똑같은 크기의 세모(삼각형) 네 개가 됩니다.
When you fold a square twice like this, you will see that a square can be made from four triangles of equal size and shape.

삼각접기로부터의 발전
SAMGAK JUPGI and its Variations

★ 종이접기의 대부분은 기본형에서 시작하여 많은 예각을 만들어서 그 만든 각을 접어 가면서 여러가지 모양을 표현하기 때문에 주제의 특징을 잘 파악하는 것이 무엇보다 중요합니다.

★ Most of the JONG IE JUPGI (Paper folding) activities begin with the 10 basic patterns of folding and develop into different variations. It is important, therefore, that you understand the exact nature of the theme to be expressed in your work.

튤 립 / Tulip ①

꽃 Flower

〈삼각접기 기본형〉에서 시작하세요.
Start from basic 〈SAMGAK JUPGI〉.

① 접었다 펴세요. Fold and unfold to crease.

② 접어 올리세요. Fold up.

③

④

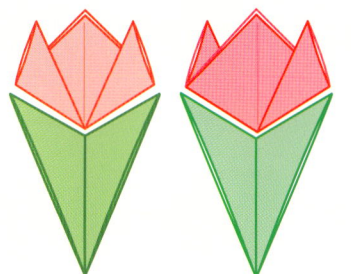

완성 Completion

꽃 완성 Flower Completion

잎 Leaf

〈삼각접기 기본형〉에서 시작하세요.
Start from basic 〈SAMGAK JUPGI〉.

①

②

잎 완성 Leaf Completion

정사각형의 면적을 $\frac{1}{2}$ 로 줄이는 접기방법들
A way to reduce a square's area by $\frac{1}{2}$

 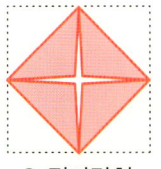 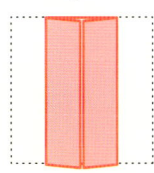  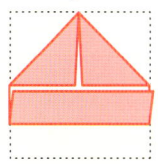 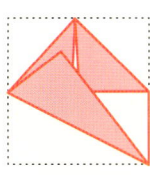

| A. 직사각형 rectangle | B. 이등변삼각형 isosceles triangle | C. 정사각형 square | D. 직사각형 rectangle | E. 평행사변형 parallelogram | F. 오각형 pentagon | G. 사각형 quadrangle |

정사각형 색종이 면적을 $\frac{1}{2}$ 로 줄이는 접기 방법은 일곱 가지가 있습니다. 위의 그림에서 처럼 A에서 D까지는 일반적인 도형으로 면적을 $\frac{1}{2}$ 로 줄이는 방법입니다. 그에 비해 E~G는 좀 더 발전된 방법이지요. 이와 같이 종이접기는 쉬운 방법으로 기하학, 수학에 접근할 수 있게 해줍니다.

There are 7 ways to reduce a square's area by $\frac{1}{2}$. As above, from A to D is a general way to reduce a square's area by $\frac{1}{2}$, but from E to G is more sophisticated. In this way paper folding can help people understand geomatery more easily.

★ 산모양접기, 골짜기모양 접기만으로 강아지와 고양이를 만들 수 있습니다.
★ You can make a dog and a cat by mountain fold and valley fold only.

〈삼각접기 기본형〉에서 시작하세요.
Start from basic 〈SAMGAK JUPGI〉.

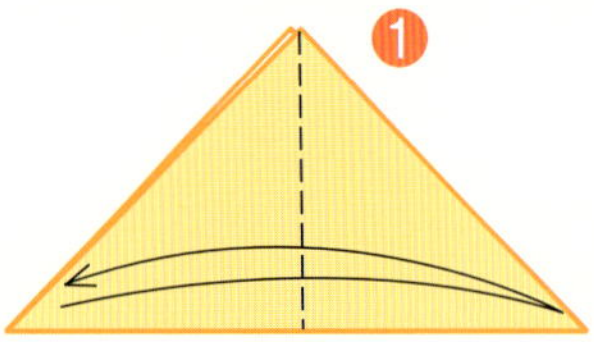

강아지 / Dog

1. 중심선을 만드세요.
   Making center line. 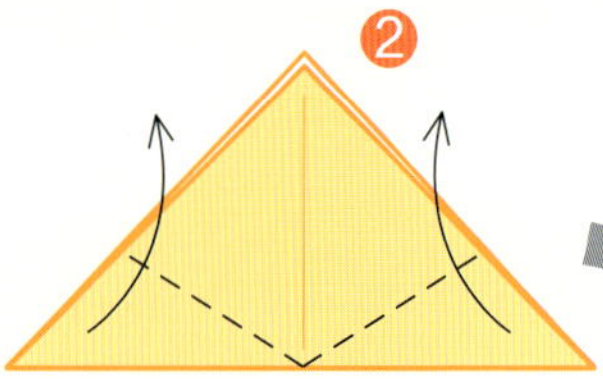
2. 비스듬히 접으세요.
   Fold along the D-lines. 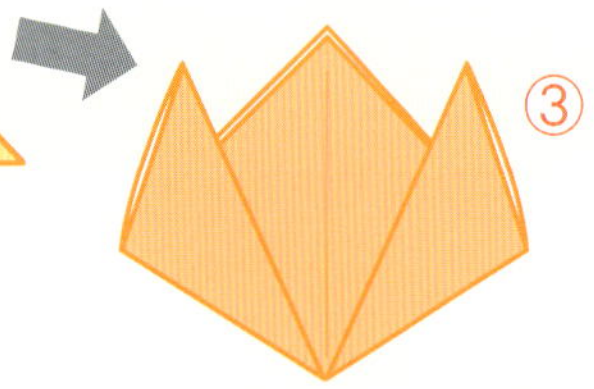 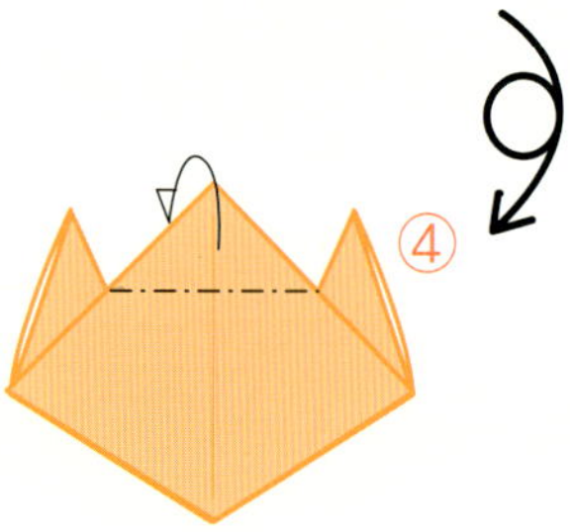
3. 뒤로 접으세요.
   Fold back the top corner.
4. 뒤로 접으세요.
   Fold back the top corner.

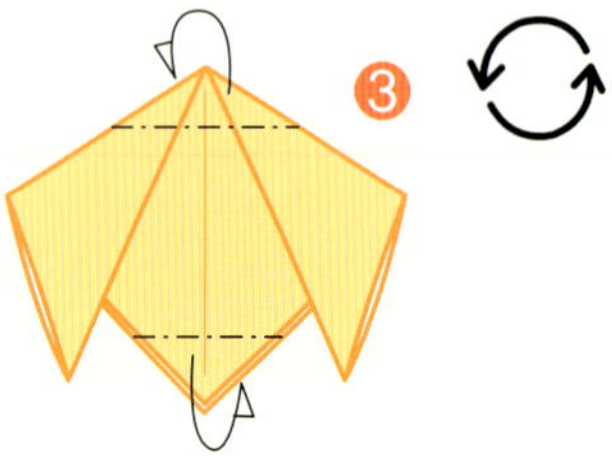

강아지 완성 / Dog Completion
고양이 완성 / Cat Completion

토끼 / Rabbit

〈삼각접기 기본형〉에서 시작하세요.
Start from basic 〈SAMGAK JUPGI〉.

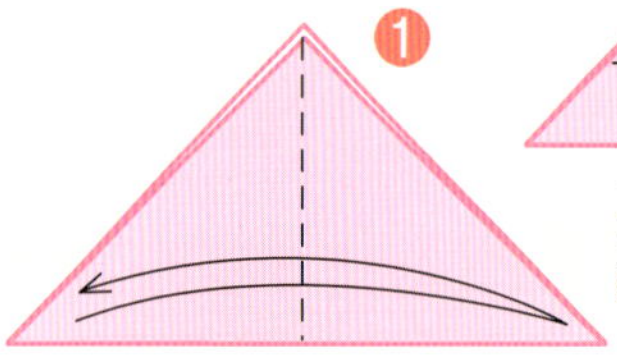

1. 접었다 펴세요.
   Fold and unfold to crease. 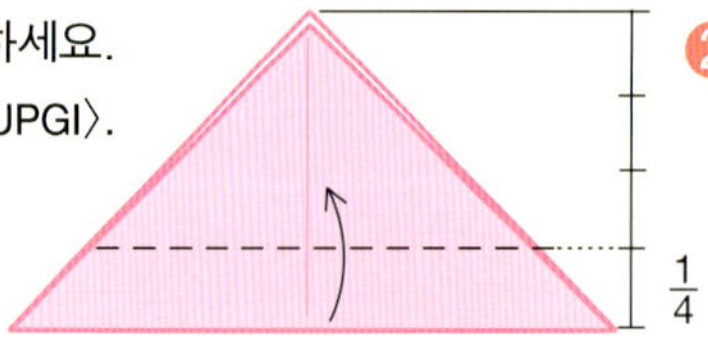
2. $\frac{1}{4}$을 접어 올리세요.
   Fold up the bottom $\frac{1}{4}$. 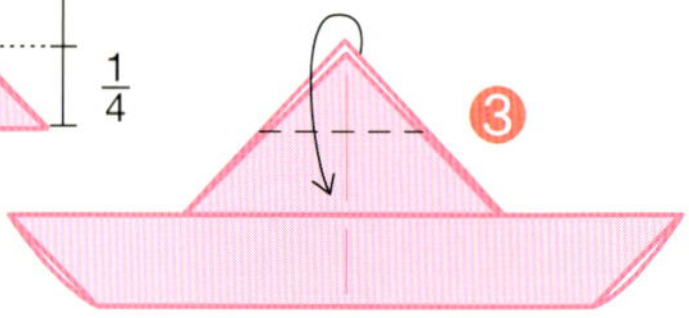
3. 두 장 모두 접어 내리세요.
   Fold down both of the top triangles. 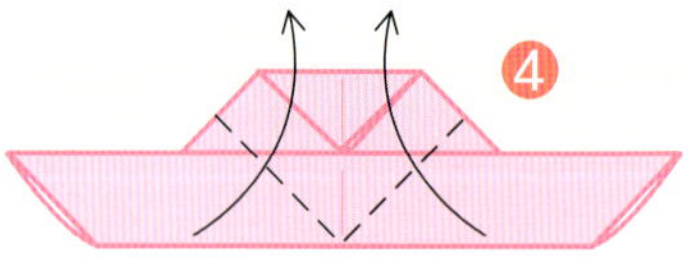
4. 중심선에 맞춰 접으세요.
   Fold up to the center line following the D-lines. 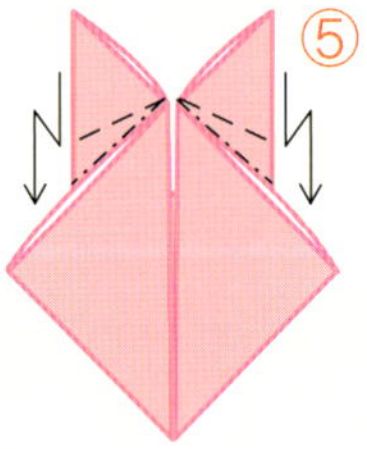
5. 계단접기하세요.
   Step fold.
6. 접어 올리세요.
   Fold up.

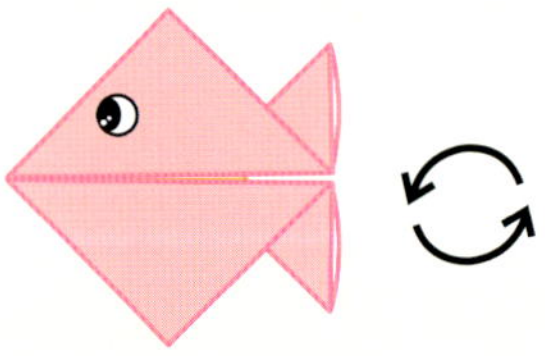

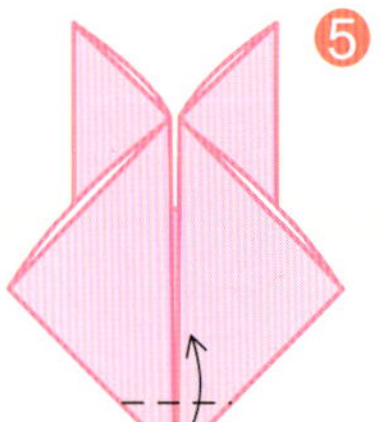

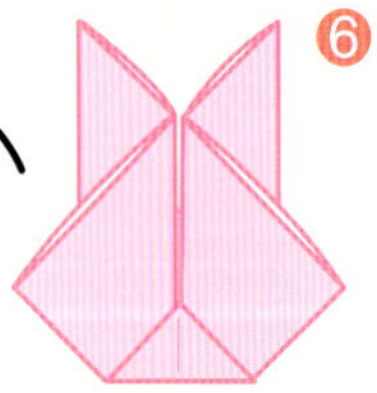

토끼 완성 / Rabbit Completion
물고기 완성 / Fish Completion

메뚜기 / Grasshopper

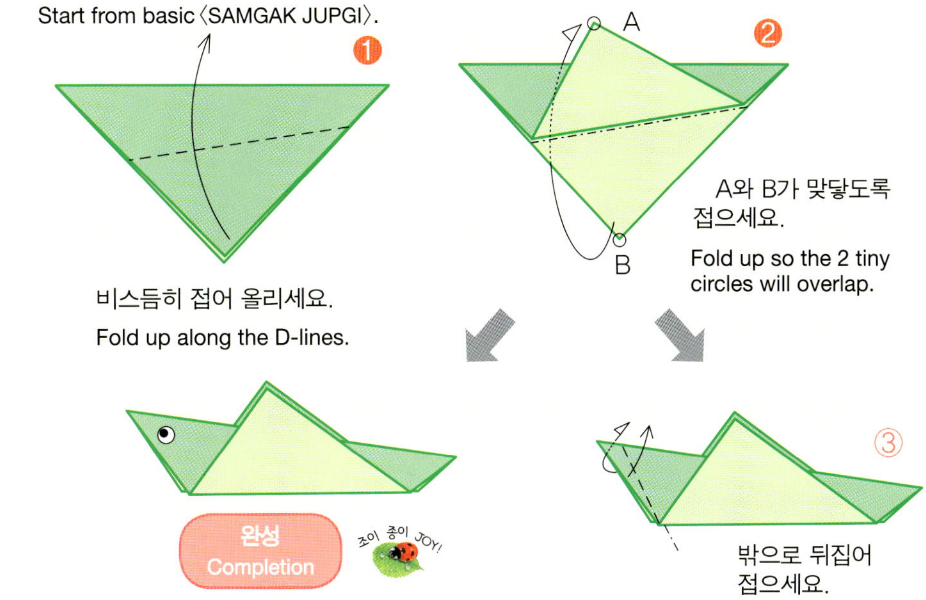

〈삼각접기 기본형〉에서 시작하세요.
Start from basic 〈SAMGAK JUPGI〉.

❶ 비스듬히 접어 올리세요.
Fold up along the D-lines.

❷ A와 B가 맞닿도록 접으세요.
Fold up so the 2 tiny circles will overlap.

완성 / Completion

❸ 밖으로 뒤집어 접으세요.
Fold to outside along the line.

완성 / Completion

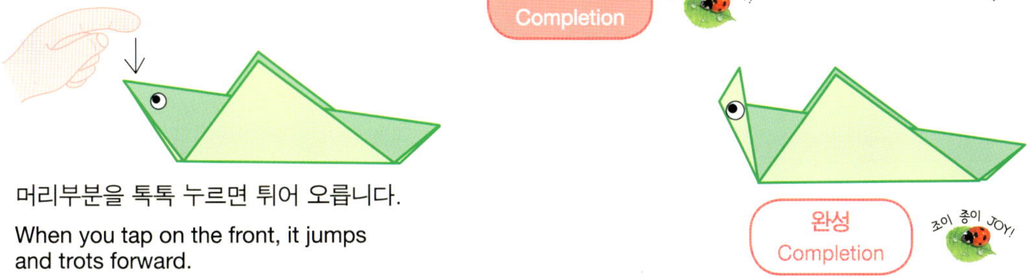

머리부분을 톡톡 누르면 튀어 오릅니다.
When you tap on the front, it jumps and trots forward.

매미 / Cicada

★ 어린이들에게 하나씩 만들게 하여 협동 작품으로 여름 벽면 구성에 이용해 보세요.
★ Have the children make a cicada individually and put them on the classroom wall as a collective group work.

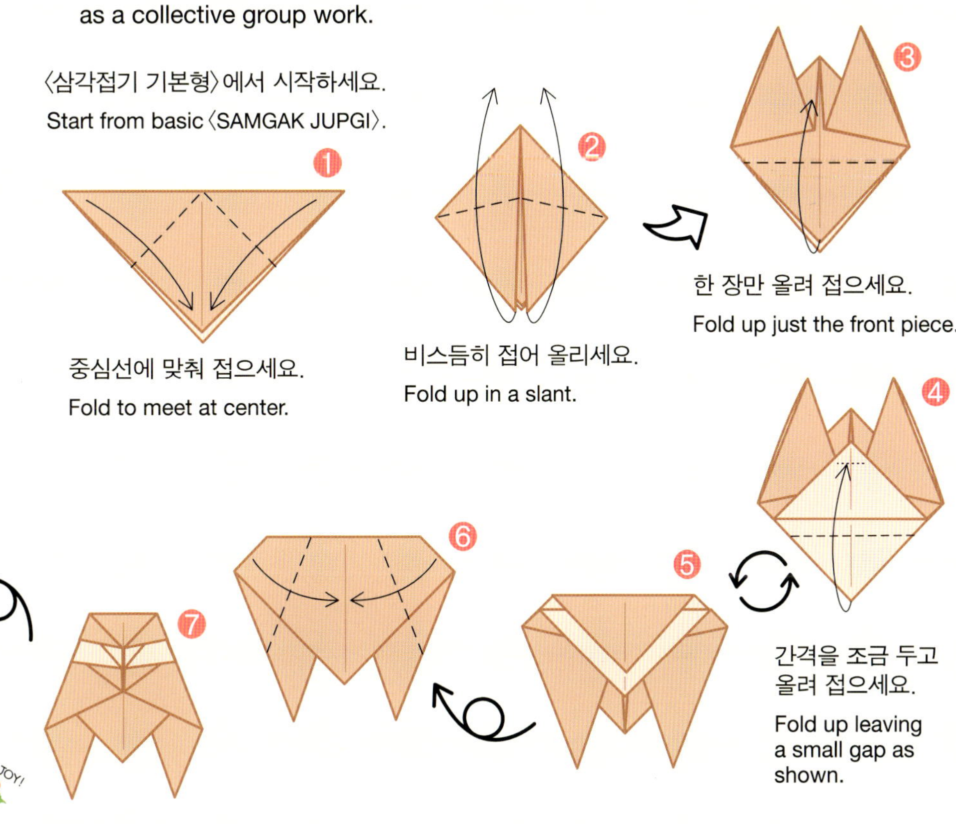

〈삼각접기 기본형〉에서 시작하세요.
Start from basic 〈SAMGAK JUPGI〉.

❶ 중심선에 맞춰 접으세요.
Fold to meet at center.

❷ 비스듬히 접어 올리세요.
Fold up in a slant.

❸ 한 장만 올려 접으세요.
Fold up just the front piece.

❹

❺ 간격을 조금 두고 올려 접으세요.
Fold up leaving a small gap as shown.

❻

❼

완성 / Completion

새 / Bird

★ 새를 접은 후 일어서서 손을 높이 올려 새를 놓기만 하면 빙글빙글 돌면서 떨어지고, 아래에서 위를 향해 살짝 날리면 빙글빙글 돌면서 내려오는 재미있는 새입니다.

★ After you complete making a bird, you can lift it into the air and let it go. The bird will come down making circles. If you fly it from the bottom into the air, then it will fall down making circles also. It is fun to watch this bird fly.

〈삼각접기 기본형〉에서 시작하세요.
Start from basic 〈SAMGAK JUPGI〉.

1 중심선을 만드세요.
Making center line.

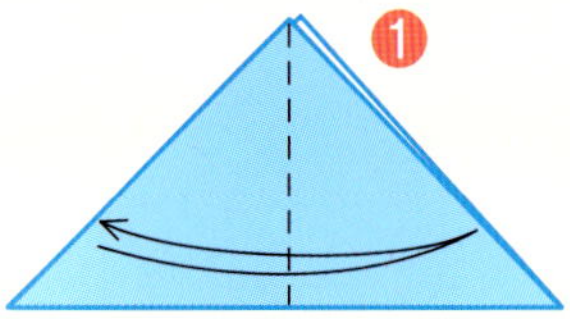

2 모서리가 조금 나오도록 두 장 모두 접으세요.
Fold the top corners in such a way that one edge sticks out a little.

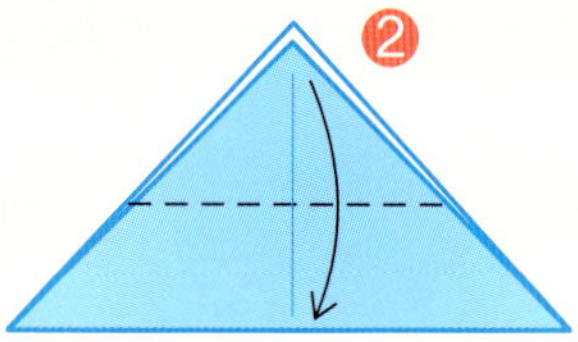

3 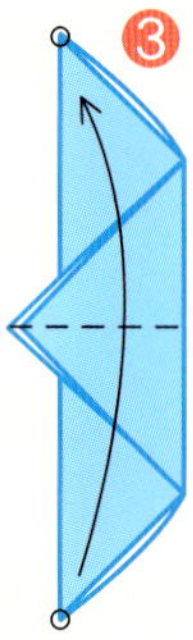 ○와 ○가 겹치도록 접으세요.
Fold side overlapping the 2 tiny circles.

4 접었다 펴세요.
Fold and unfold.

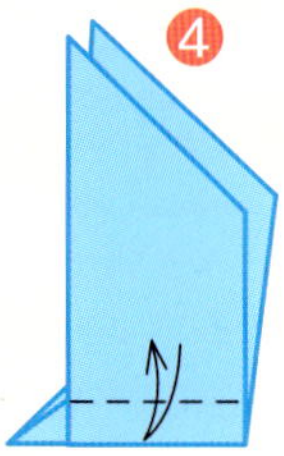

5 양쪽 날개가 수평이 되도록 펼치세요.
Open both wings horizontally.

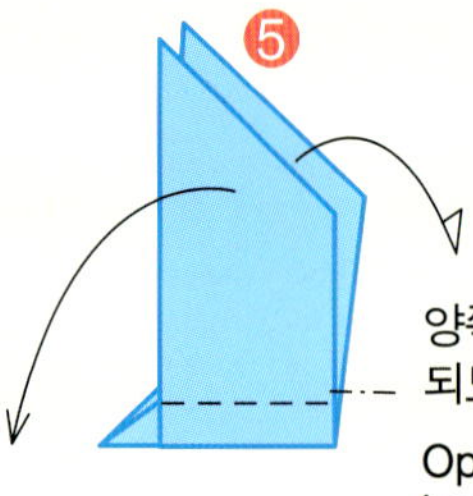

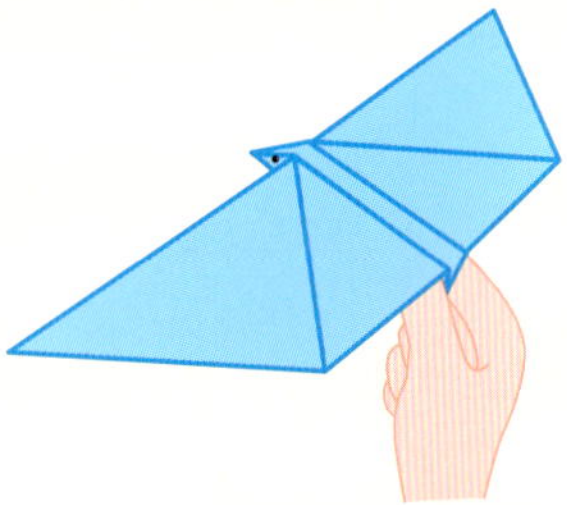

완성 / Completion

비둘기 / Pigeon

★ 크기와 색을 다르게 하여 매달면 모빌이 되는 재미있는 작품입니다.
★ It is fun to make a mobile of pigeons that have different sizes and colors.

〈삼각접기 기본형〉에서 시작하세요.
Start from basic 〈SAMGAK JUPGI〉.

1 접었다 펴세요.
Fold and unfold.

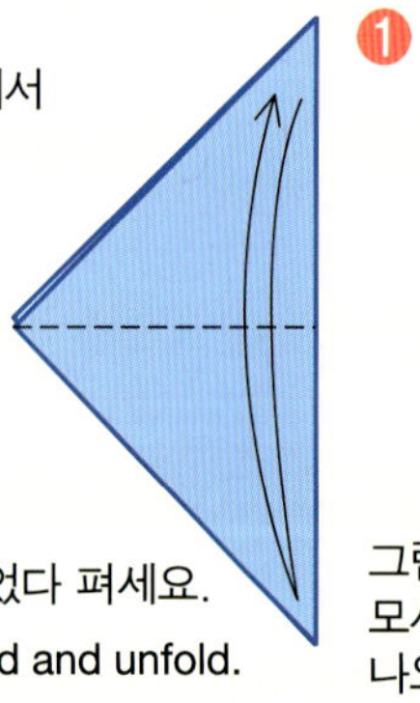

2 그림과 같이 모서리가 많이 나오도록 두장 모두 접으세요.
Fold along the line in such a way that one edge sticks out as much as pictures.

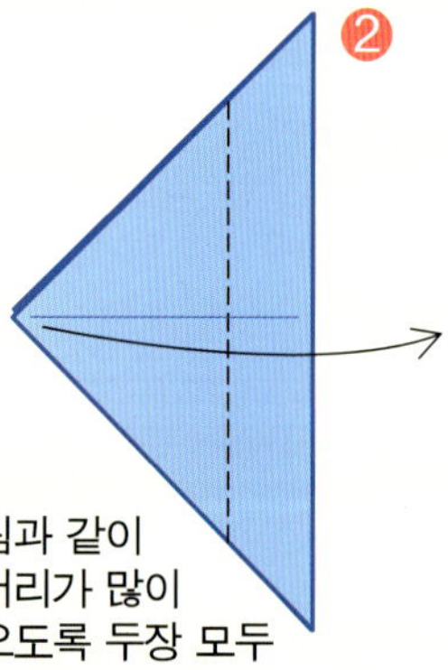

3 위의 한 장만 접으세요.
Fold just the upper part.

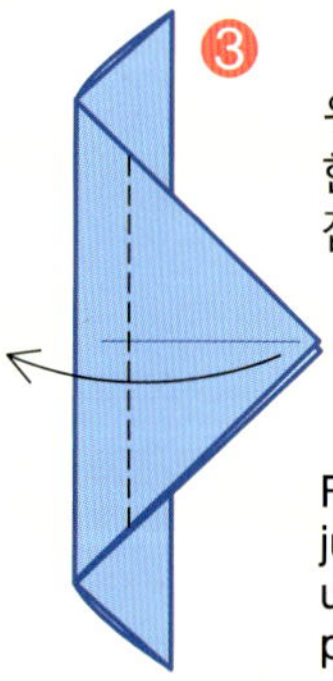

4 반을 접으세요.
Fold in half.

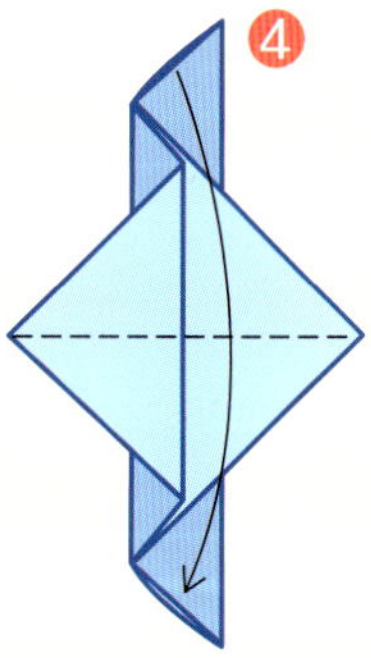

5 안쪽으로 접으세요.
Loosen up a little. And fold to inside.

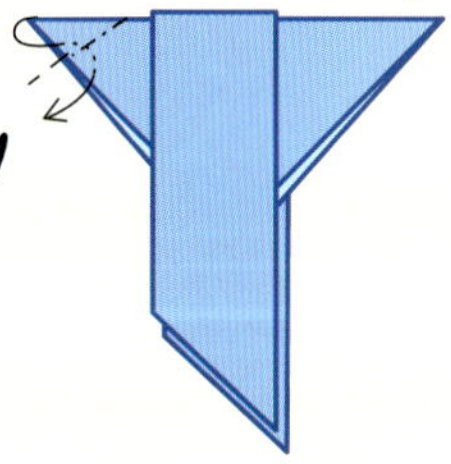

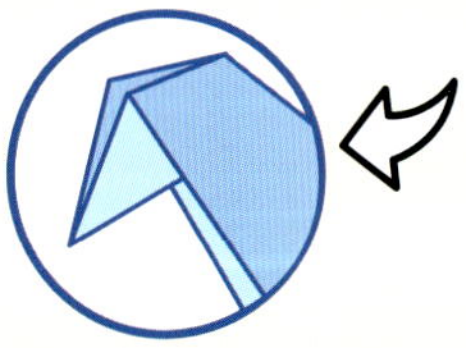

6 앞뒤 모두 비스듬히 접어 올리세요.
Fold both sides together along the slanted line.

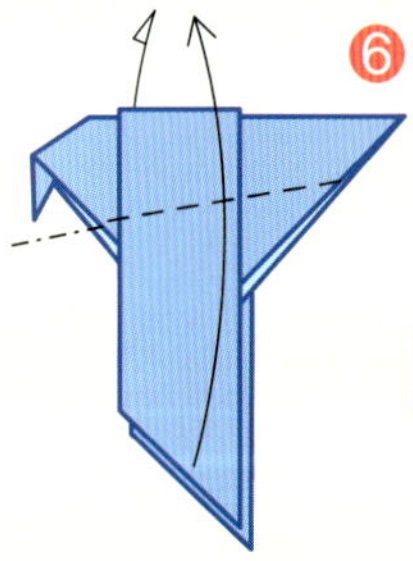

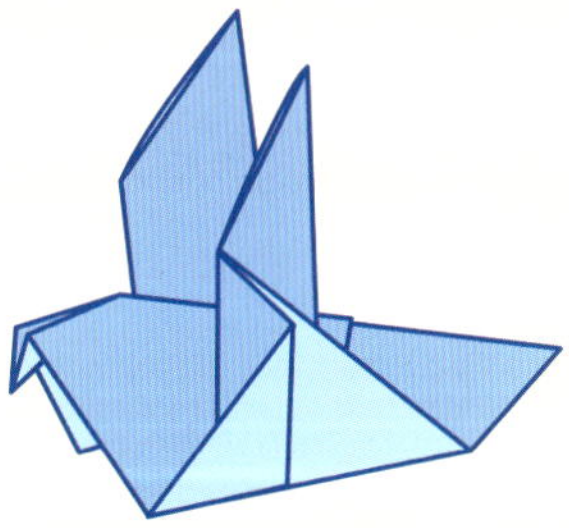

완성 / Completion

참새 / Sparrow

★ 안쪽으로 접기, 밖으로 뒤집어 접기를 이용한 것입니다.
★ This needs inside fold and outside fold.

〈삼각접기 기본형〉에서 시작하세요.
Start from basic 〈SAMGAK JUPGI〉.

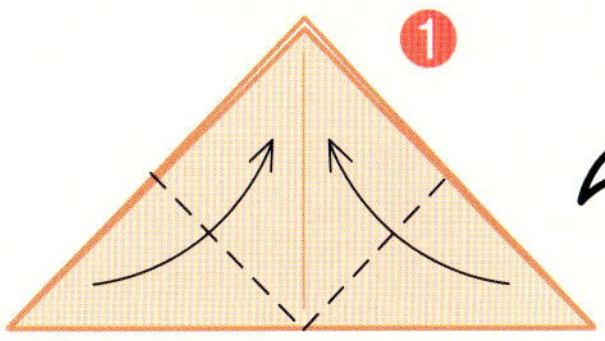

1 중심선에 맞춰 접으세요.
Fold along the D-lines to meet at center.

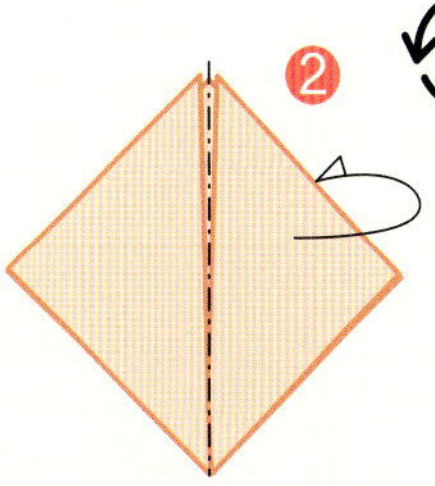

2 뒤로 반을 접으세요.
Fold back along the DD-line into half.

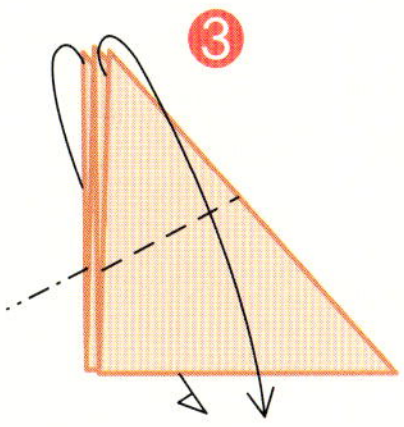

3 앞뒤 모두 접어 내리세요.
Fold down on both sides along the D-line following the arrow.

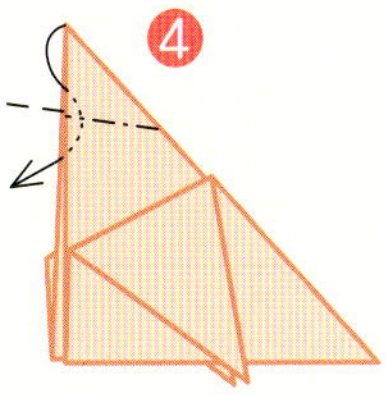

4 안쪽으로 접으세요.
Fold to inside along the DD-line.

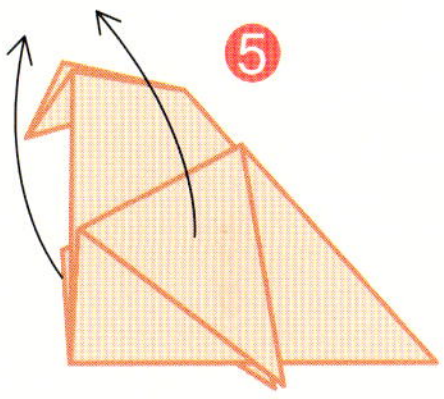

5 다시 펼치세요.
Fold up front and back again.

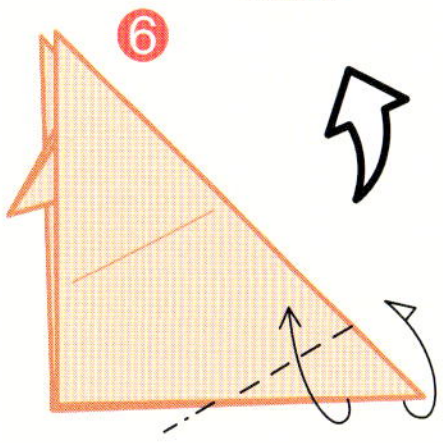

6 밖으로 뒤집어 접으세요.
Fold to outside along the line.

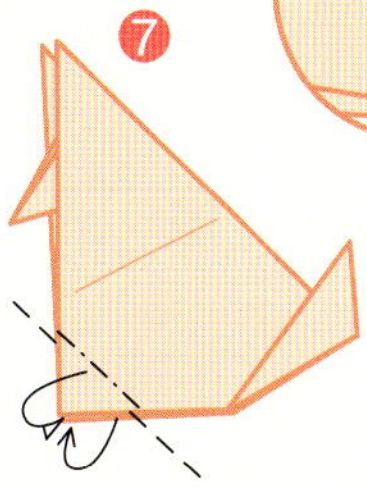

7 안쪽으로 접어 넣으세요.
Fold to inside along the DD-lines.

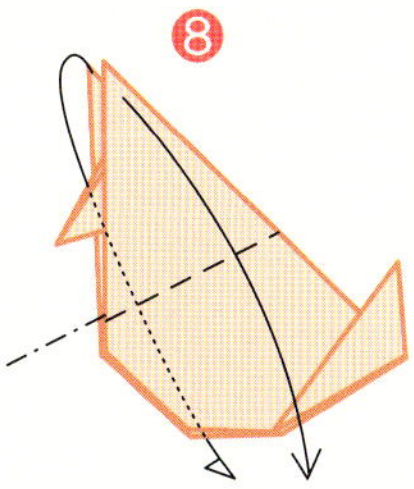

8 앞뒤 접어 내리세요.
Fold down the 2 outer parts along the D-line.

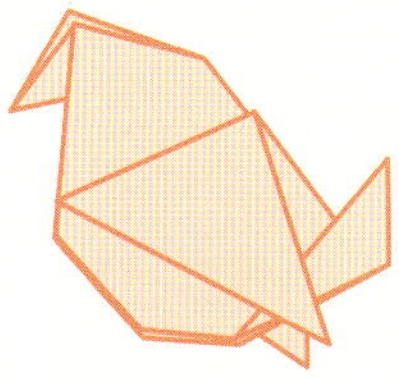

완성 / Completion

컵 / Cup

〈삼각접기 기본형〉에서 시작하세요.
Start from basic 〈SAMGAK JUPGI〉.

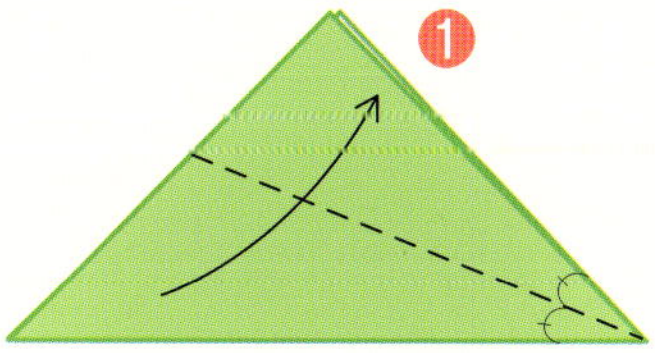

1 비스듬히 접으세요.
Fold diagonally along the D-line.

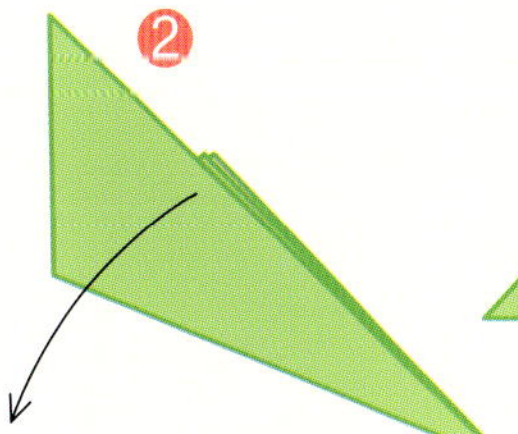

2 다시 펴세요.
Unfold it.

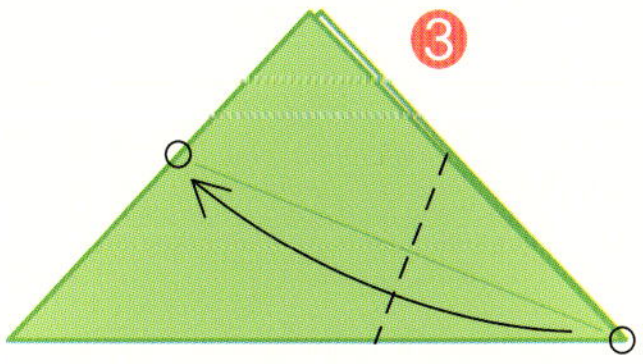

3 ○와 ○가 겹치도록 접으세요.
Fold along the d-line so the 2 tiny circles will overlap.

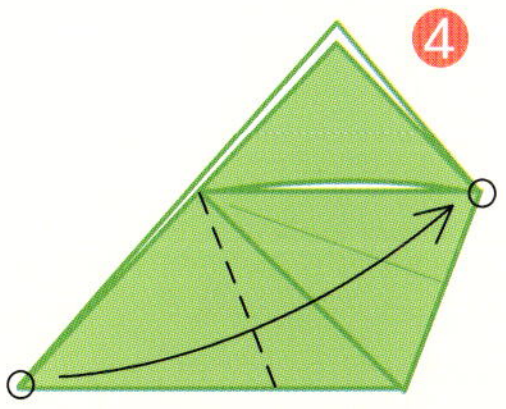

4 ○와 ○가 겹치도록 접으세요.
Fold along the d-line so the 2 tiny circles will overlap.

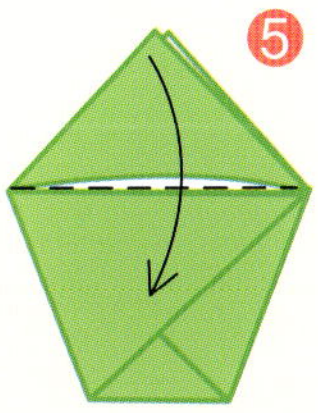

5 접어 내리세요.
Fold down just the front piece.

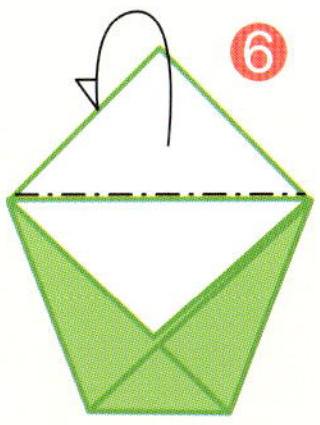

6 뒤로 접어 내리세요.
Fold back the remaining triangles as shown.

완성 / Completion

KOREA JONG IE JUPGI 39

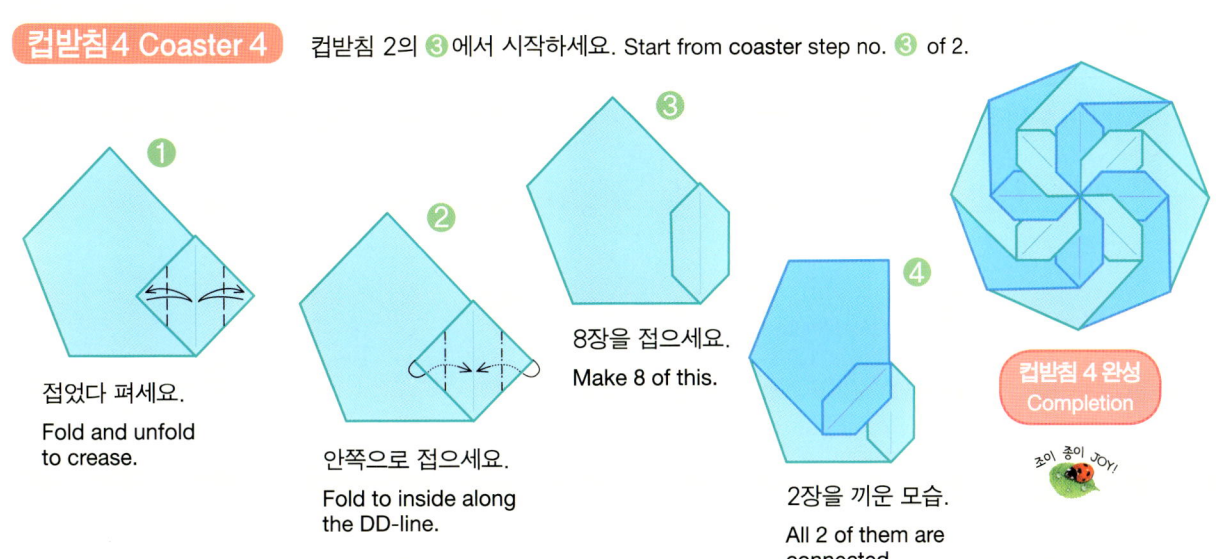

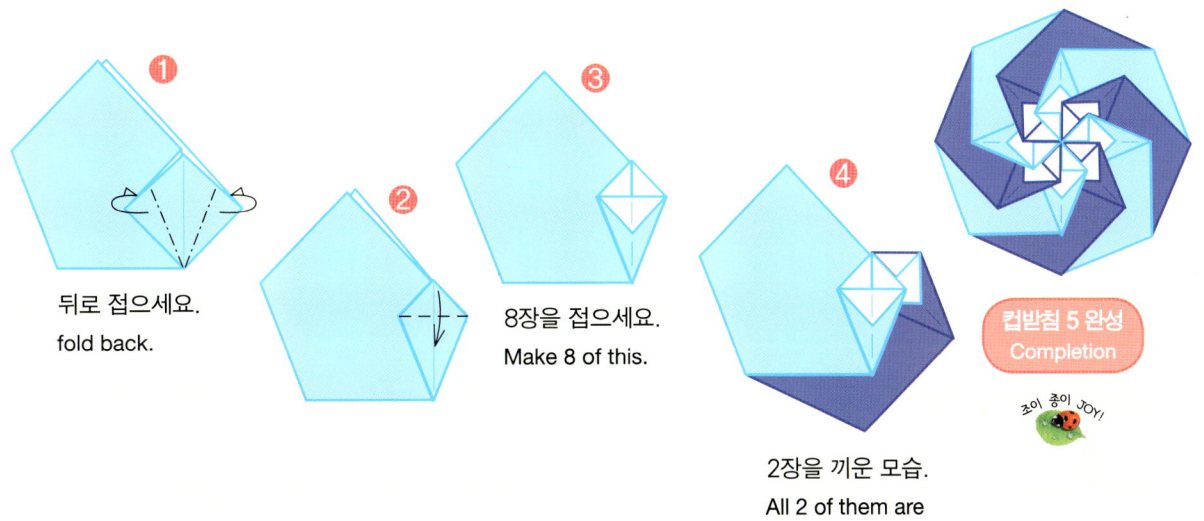

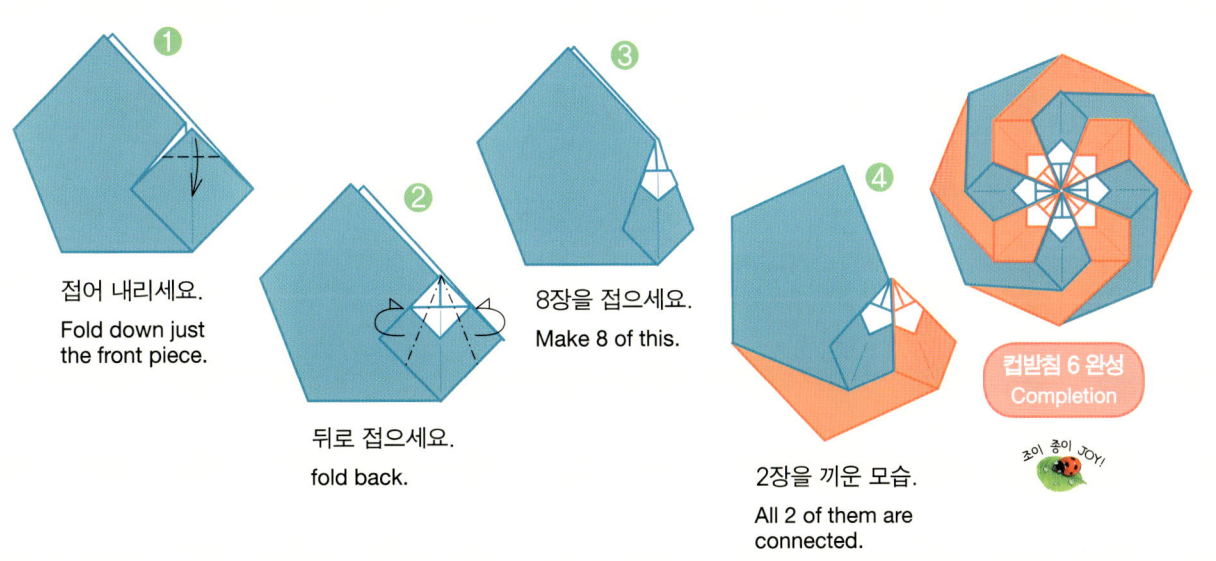

모자 1
Peaked hat

★ 종이접기는 실제로 사용할 수 있는 것이 많습니다. 예쁘게 접어 컵으로 사용하고 신문지, 포장지 등 큰 종이로 접어서 모자를 만들어 머리에 쓰고 즐거운 놀이를 해 보세요.

★ We can make good use of paper folding in reality. For example, you can make a cup or a peaked hat with newspaper or wrapping paper to enjoy them in a game.

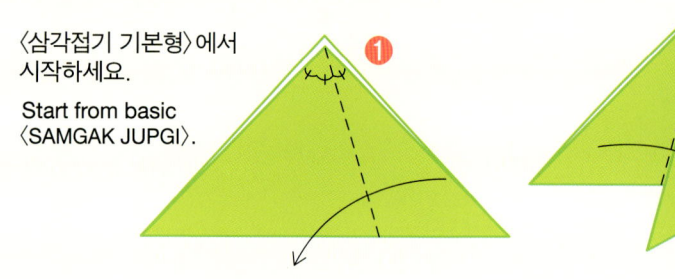

❶ 〈삼각접기 기본형〉에서 시작하세요.
Start from basic 〈SAMGAK JUPGI〉.

3등분하여 접으세요.
Divide into 3 parts and fold toward center.

❷ 겹치도록 접으세요.
Do the same with the right part.

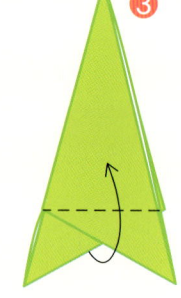

❸ 접어 올리세요.
Fold up along the D-line.

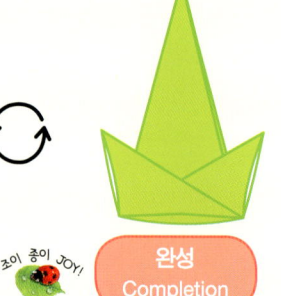

완성
Completion

❹ ⇨화살표 안쪽을 펼쳐 둥글게 입체로 만드세요.
Open inside and make a space like a cone.

모자도 되고 과자나 사탕을 담는 봉투도 됩니다.
Upside down, it can be a cone-shaped bag to put cookies and candies in it.

모자 2
Cap

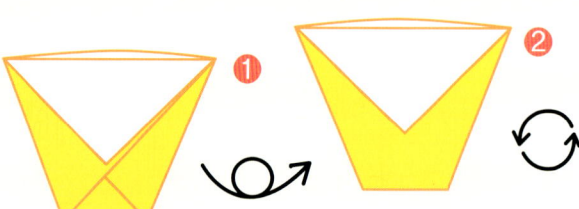

❶ 39쪽 컵 완성에서 시작하세요.
Start from the completed cup of page 39.

❷

❸ 아랫선에 맞추어 접었다 펴세요.
Fold it down and unfold to meet the bottom.

❹ 아랫선에 맞추어 접어 내리세요.
Fold down along D-line to meet at the bottom edge.

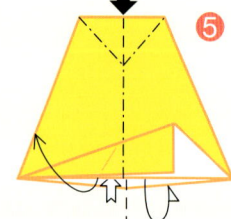

❺ 먼저 아래쪽을 ⇨화살표 방향으로 펼치고, 위쪽은 ⬇화살표 방향으로 밀어 넣으세요.
First, open the bottom ⇨ and squash down the top ⬇ in the direction of the arrow.

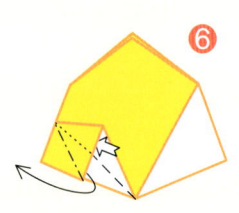

❻ ⇨화살표 안쪽을 펼쳐 잡아 당기듯 접으세요.
Open at ⇨ and fold pulling out the inner parts.

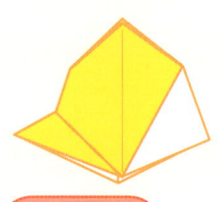

완성
Completion

모자의 둘레를 잘 다듬으세요.
As a final touch to make it natural, adjust the cap.

거 북
Turtle

〈삼각접기 기본형〉에서 시작하세요.
Start from basic 〈SAMGAK JUPGI〉.

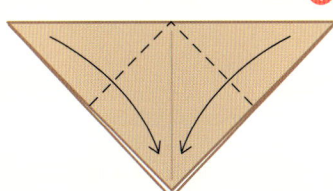

중심선에 맞춰 접으세요.
Fold up to meet center line.

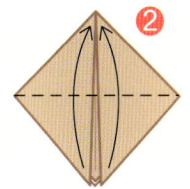

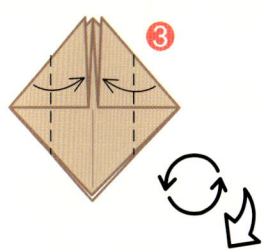

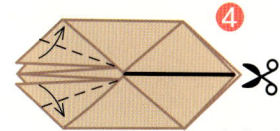

위의 한 장만
표시선대로 자르세요.
Fold along the D-lines and
cut just the upper piece.

완성
Completion

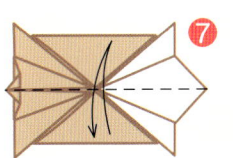

접었다 편 선을 만드세요.
Fold and unfold to make
a crease in the center.

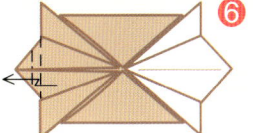

계단접기하세요.
Step fold.
(Fold in and fold out)

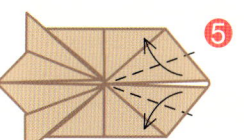

밖으로 펼쳐 접으세요.
Fold out along.

금붕어
Gold fish

거북 접기 ❸ 에서 시작하세요.
Start from turtle fold step ❸.

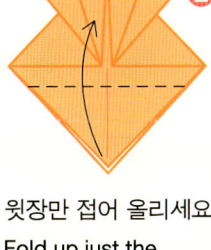
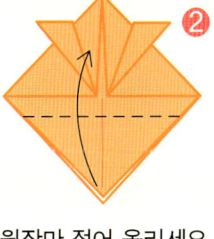
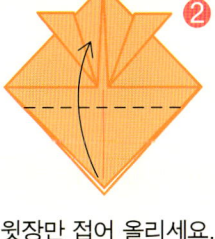
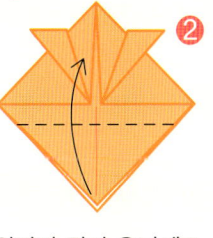

윗장만 접어 올리세요.
Fold up just the
upper piece.

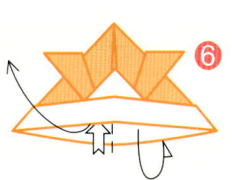

다시 한 번
접어 올리세요.
Fold up again.

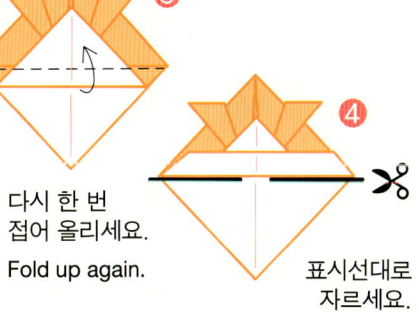

표시선대로
자르세요.
Cut as shown in the
diagram.

완성
Completion

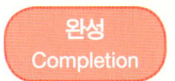 

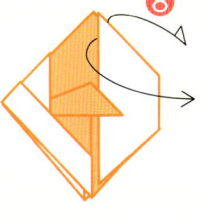

밖으로 뒤집어
접으세요.
Fold just the upper
piece to outside.

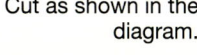

안쪽으로 접으세요.
Fold to inside.

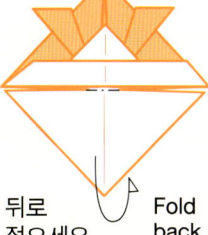

➪화살표 안쪽을
펼쳐 눌러 접으세요.
Open wise a ➪ and
fold to look like
❻ pressing down.

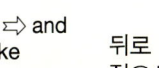

뒤로
접으세요.

Fold
back.

★ ❹에서 자르지 않고 ❻까지 접으면 모자가 됩니다.
큰 종이로 접어 모자 놀이를 해 보세요.

★ If you don't cut at ❹ and continue to fold to ❻, you will
get a hat. Use a big size paper to play the hat game.

KOREA JONG IE JUPGI 43

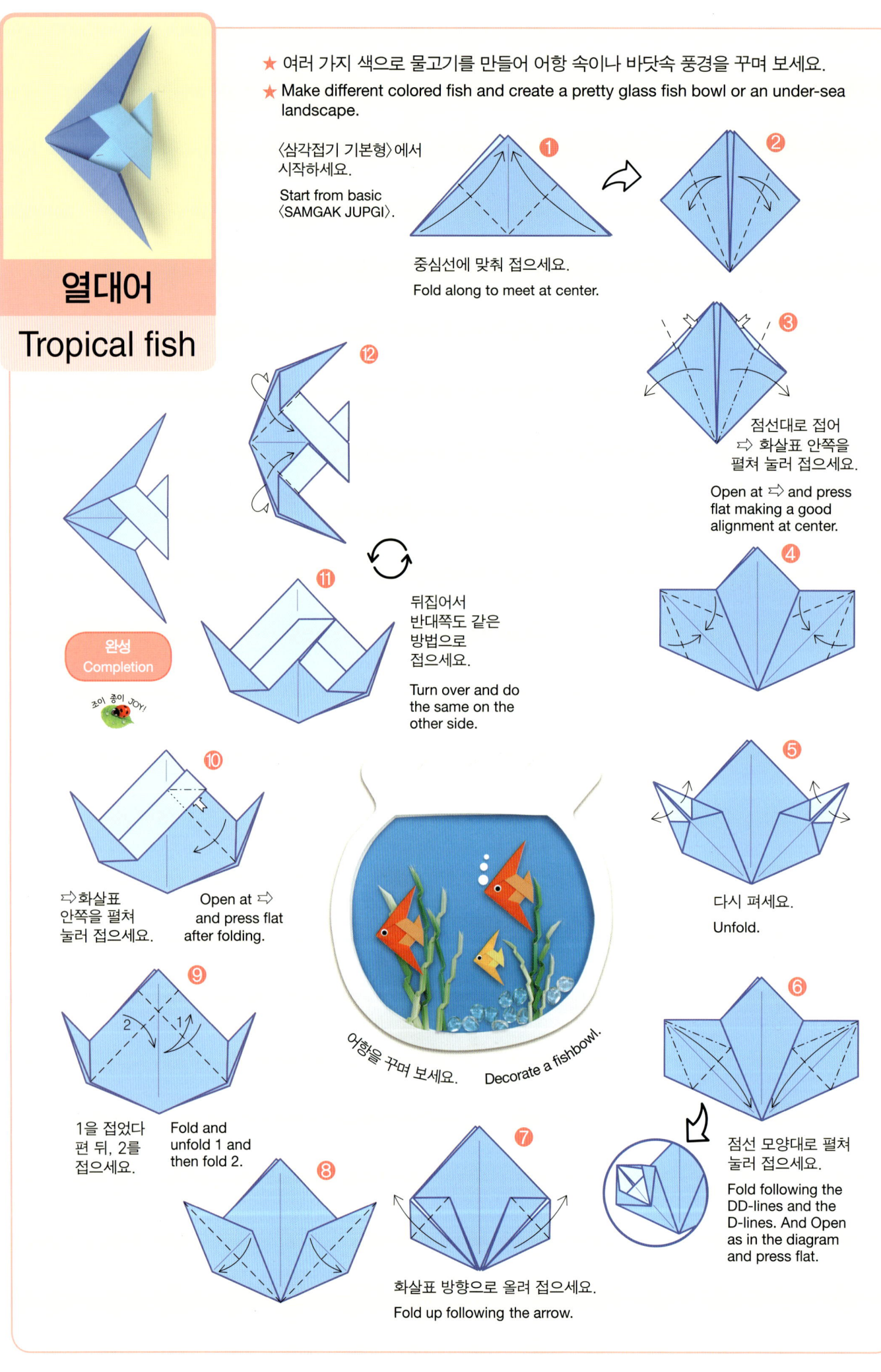

동물 얼굴
Faces of animals

★ 산모양접기, 골짜기모양 접기만으로 개와 고양이, 토끼 등을 만들 수 있습니다.
★ You can make a dog, a cat, a rabbit and so on by the mountain fold and valley fold only.

〈삼각접기 기본형〉에서 시작하세요.
Start from basic 〈SAMGAK JUPGI〉.

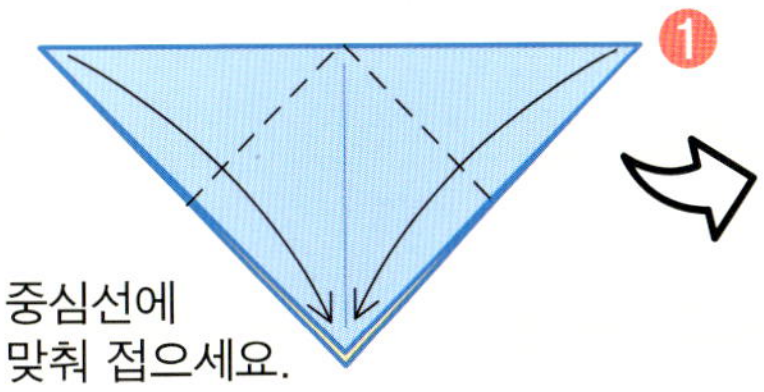

① 중심선에 맞춰 접으세요.
Fold the side corners to meet at bottom center.

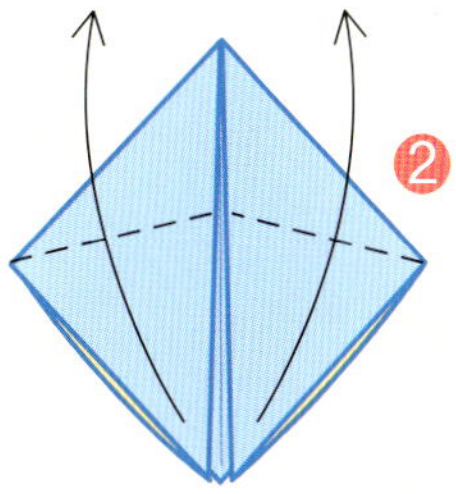

② 비스듬히 접어 올리세요.
Fold up in a slant.

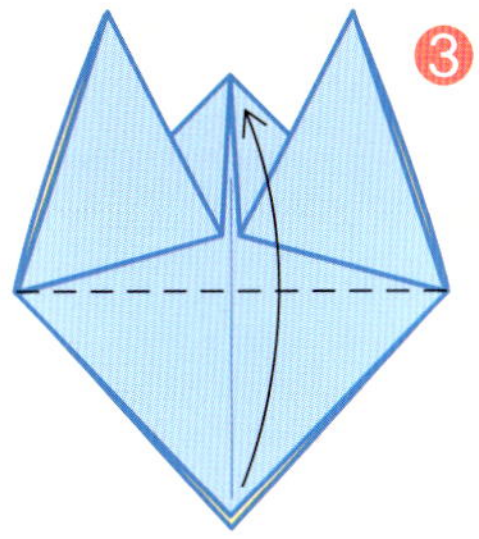

③ 한 장만 올려 접으세요.
Fold up just the front piece.

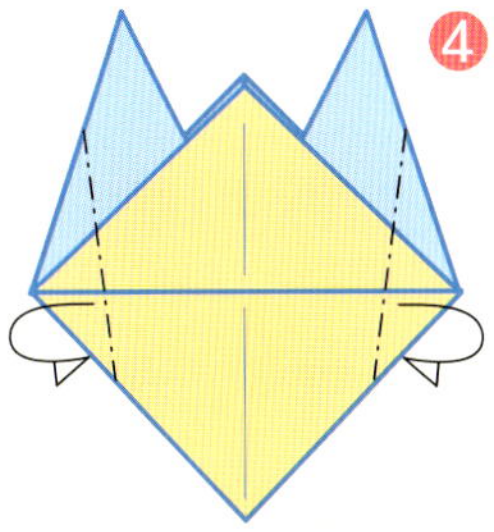

④ 뒤로 접으세요.
Fold back.

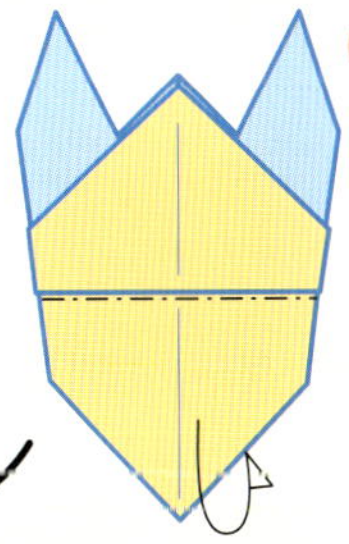

⑤ 뒤로 접으세요.
Fold back.

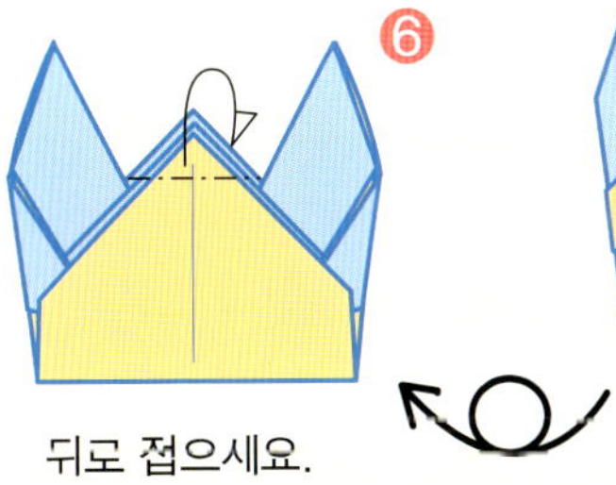

⑥ 뒤로 접으세요.
Fold back.

⑦ 토끼, 고양이, 여우 등의 얼굴을 그려 넣으세요.
Draw faces of rabbit, cat or fox.

토끼 완성 Rabbit Completion

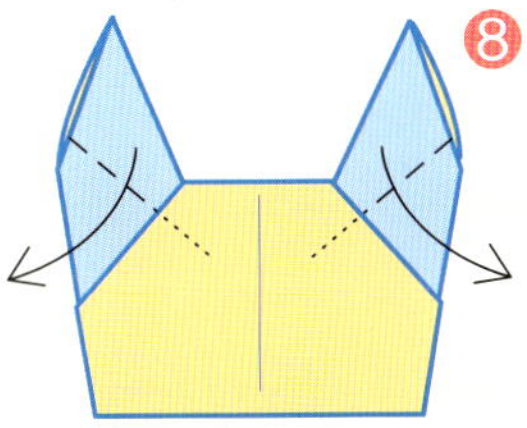

⑧ 비스듬히 접어 귀를 만드세요.
Fold down along the slanted to make the ears.

강아지 완성 Dog Completion

돼지 Pig / 여우 Fox / 고양이 Cat

손가락에 끼워 재미있는 놀이를 해 보세요.
Put in your fingers and play puppets.

별 1
Star 1

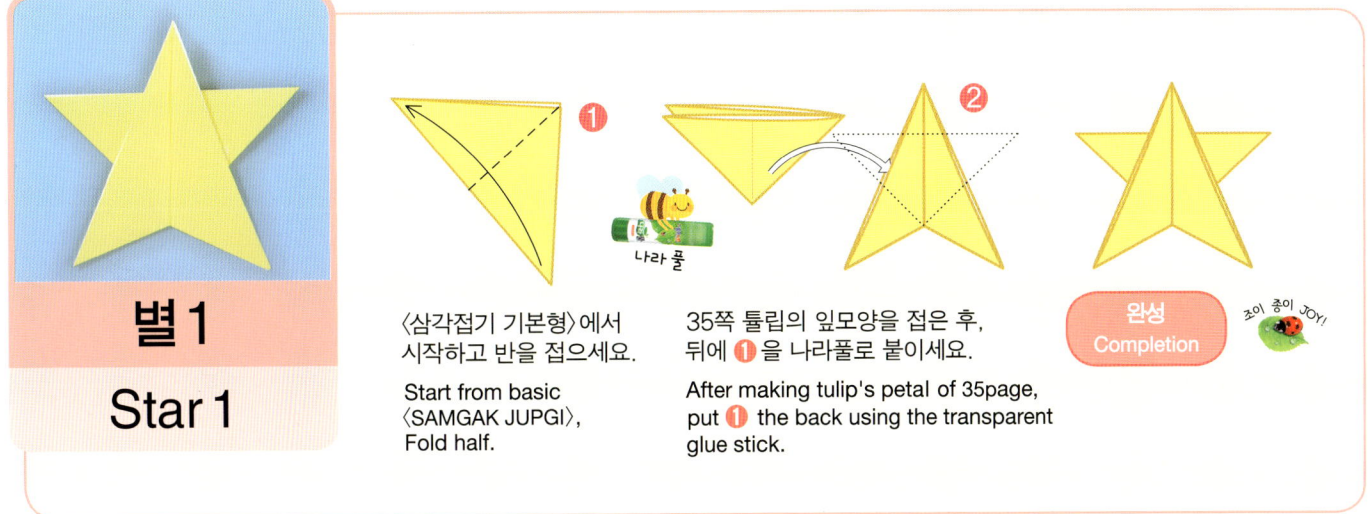

① 〈삼각접기 기본형〉에서 시작하고 반을 접으세요.
Start from basic 〈SAMGAK JUPGI〉, Fold half.

② 35쪽 튤립의 잎모양을 접은 후, 뒤에 ①을 나라풀로 붙이세요.
After making tulip's petal of 35page, put ① the back using the transparent glue stick.

완성 Completion

기본형 2. 아이스크림접기
The Basic Pattern Ice-cream fold 2. ICE-CREAM JUPGI

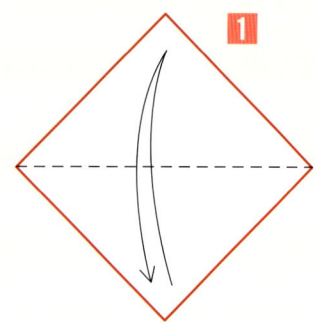

골짜기모양 접기로 접었다 편 선을 만드세요.
After valley fold in half, unfold to make a crease.

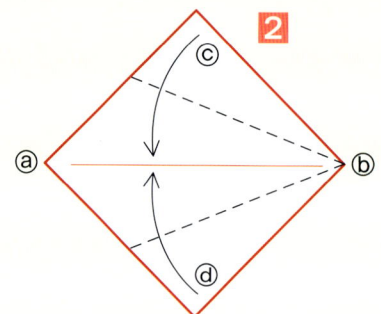

접었다 편 선 ⓐ ⓑ가 생깁니다. 위·아래 모두 화살표 방향으로 골짜기 모양접기를 하세요.
You get a crease from ⓐ to ⓑ. Make valley fold on each side, following the arrows.

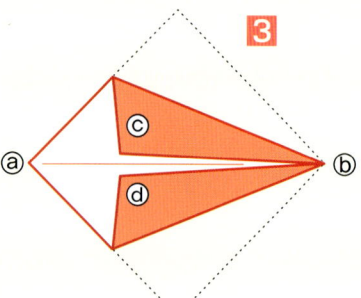

②에서 골짜기 모양 접기를 할 때 ⓒ와 ⓓ를 ①에서 만들어진 ⓐ ⓑ에 꼭 맞춰 접으세요.
When you fold ⓒ and ⓓ in ②, make exactly at the center crease ⓐ-ⓑ.

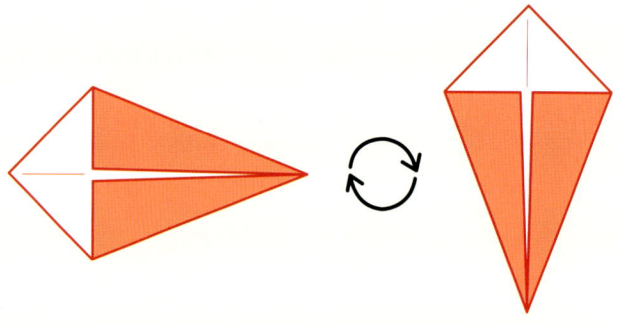

아이스크림접기 기본형 완성
ICE-CREAM JUPGI is completed

네모(정사각형)를 잘라서 세모(삼각형) 만들기
Make a triangle by cutting a sqaure

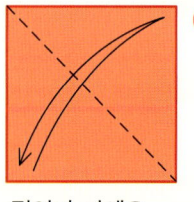 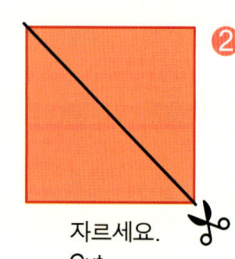 →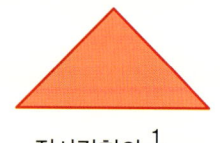

접었다 펴세요. / Fold and unfold.   자르세요. / Cut.   삼각형 2개 / 2 Triangles   정사각형의 $\frac{1}{2}$ / $\frac{1}{2}$ square

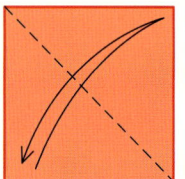 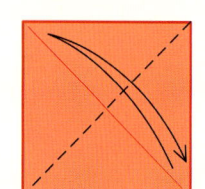 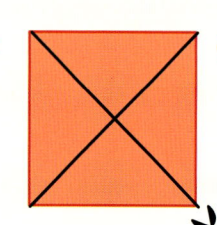 →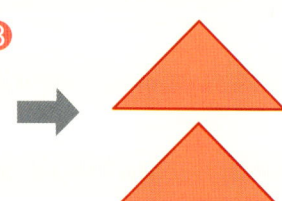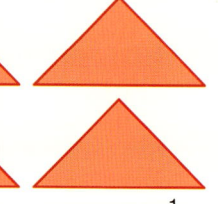

접었다 펴세요. / Fold and unfold.   접었다 펴세요. / Fold and unfold.   자르세요. / Cut.   삼각형 4개 / 4 Triangles   정사각형의 $\frac{1}{4}$ / $\frac{1}{4}$ square

※ 정사각형을 잘라서 같은 모양의 삼각형이 2개, 또 4개가 나왔습니다. 자른 삼각형을 서로 포개 보고 모양과 크기가 같음을 확인하세요.

※ Cut a square and two triangles, four were made. If the triangles were superimposed on each other(put on top) after cutting, they would all take the same shape. Please try it out.

아이스크림접기로부터의 발전 ICE-CREAM JUPGI and its Variations

나무 Tree

★ 나무접기는 여러 가지 풍경에 많이 이용되고 있으며, 크고 작게 접거나 겹겹이 붙이면 형태가 다른 나무 모양을 만들 수 있습니다.

★ Tree-folding is used in many works of scenery. You can make many different sizes of tree, tall, medium or short, with more or less leaves by overlapping many folded trees together.

★ 사용하는 종이의 크기 (Size of paper)

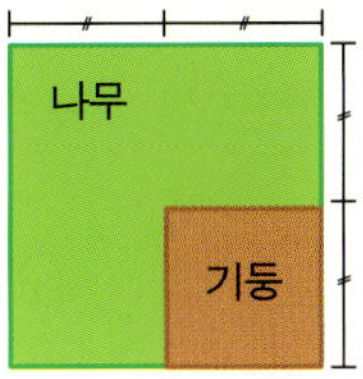

〈아이스크림접기 기본형〉에서 시작하세요.
Start from basic 〈ICE-CREAM JUPGI〉.

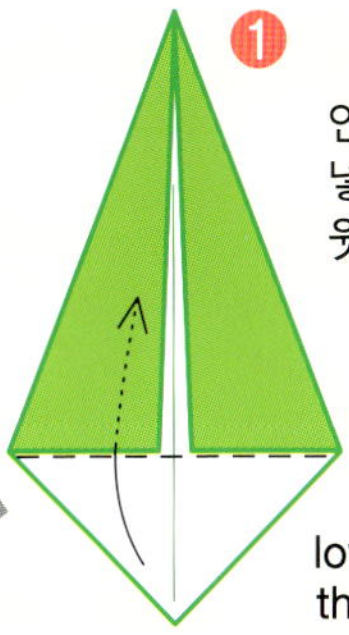

① 안쪽으로 접어 넣으면 나무 윗부분 완성.
Fold up the lower part into the upper part along the D-line. And you have the top part of the tree.

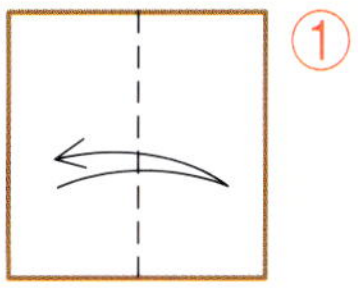

① 접었다 편 선을 만드세요.
For a tree-trunk, make a crease as in diagram.

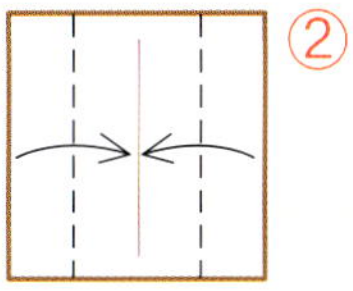

② 중심선에 맞춰 접으세요.
Fold to center along the D-lines.

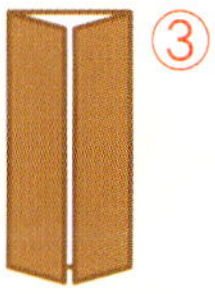

③ 종이나라 〈나라풀〉로 풀칠하여 안쪽으로 넣으세요.
Glue the trunk and insert it into the tree top.

완성 Completion

딱따구리 Woodpecker

〈아이스크림접기 기본형〉에서 시작하세요.
Start from basic 〈ICE-CREAM JUPGI〉.

① 반을 접으세요.
Fold in half.

② 접었다 편 선을 만드세요.
Fold and unfold to make a crease.

③ 안쪽으로 접으세요.
Fold to inside.

완성 Completion

손끝으로 뒤를 누르면 부리를 쪼며 조금씩 앞으로 나갑니다.
When you tap on the tail, it moves forward.

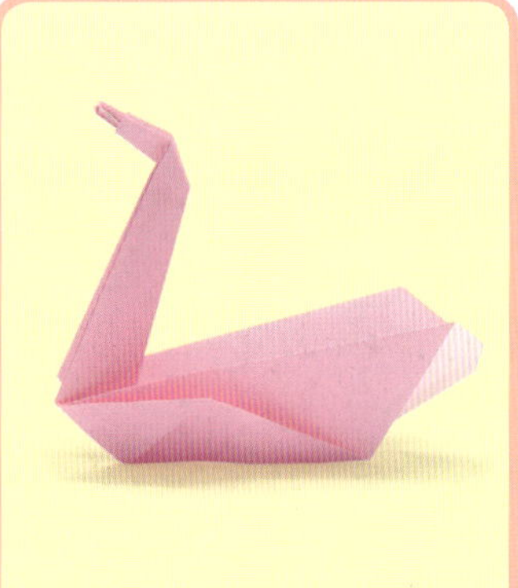

백조 Swan ⑥

★ 부리접기 및 몸체와 목 부분의 균형이 맞도록 유의하세요.
★ Please be careful to maintain the balance between the beak, body and neck.

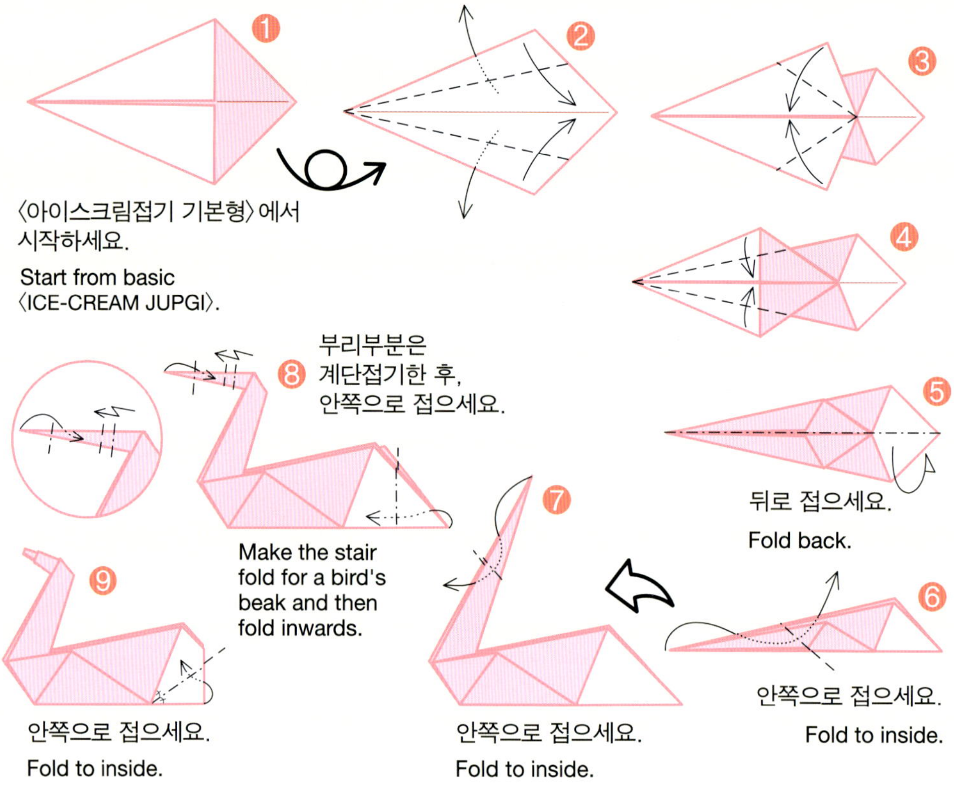

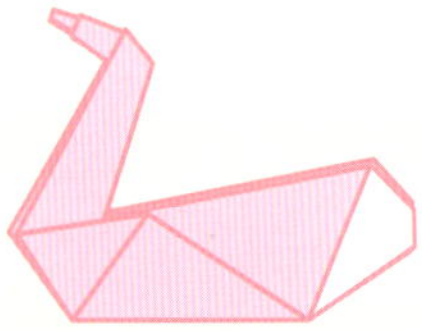

〈아이스크림접기 기본형〉에서 시작하세요.
Start from basic 〈ICE-CREAM JUPGI〉.

① ② ③ ④

⑤ 뒤로 접으세요. Fold back.

⑥ 안쪽으로 접으세요. Fold to inside.

⑦ 안쪽으로 접으세요. Fold to inside.

⑧ 부리부분은 계단접기한 후, 안쪽으로 접으세요.
Make the stair fold for a bird's beak and then fold inwards.

⑨ 안쪽으로 접으세요. Fold to inside.

완성 Completion

ⓒ 강명옥 / Myung-ok Kang

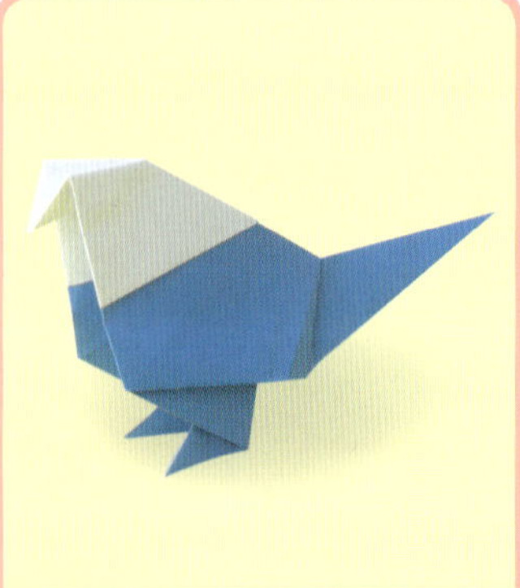

앵무새 Parrot ⑦

〈아이스크림접기 기본형〉에서 시작하세요. Start from basic 〈ICE-CREAM JUPGI〉.

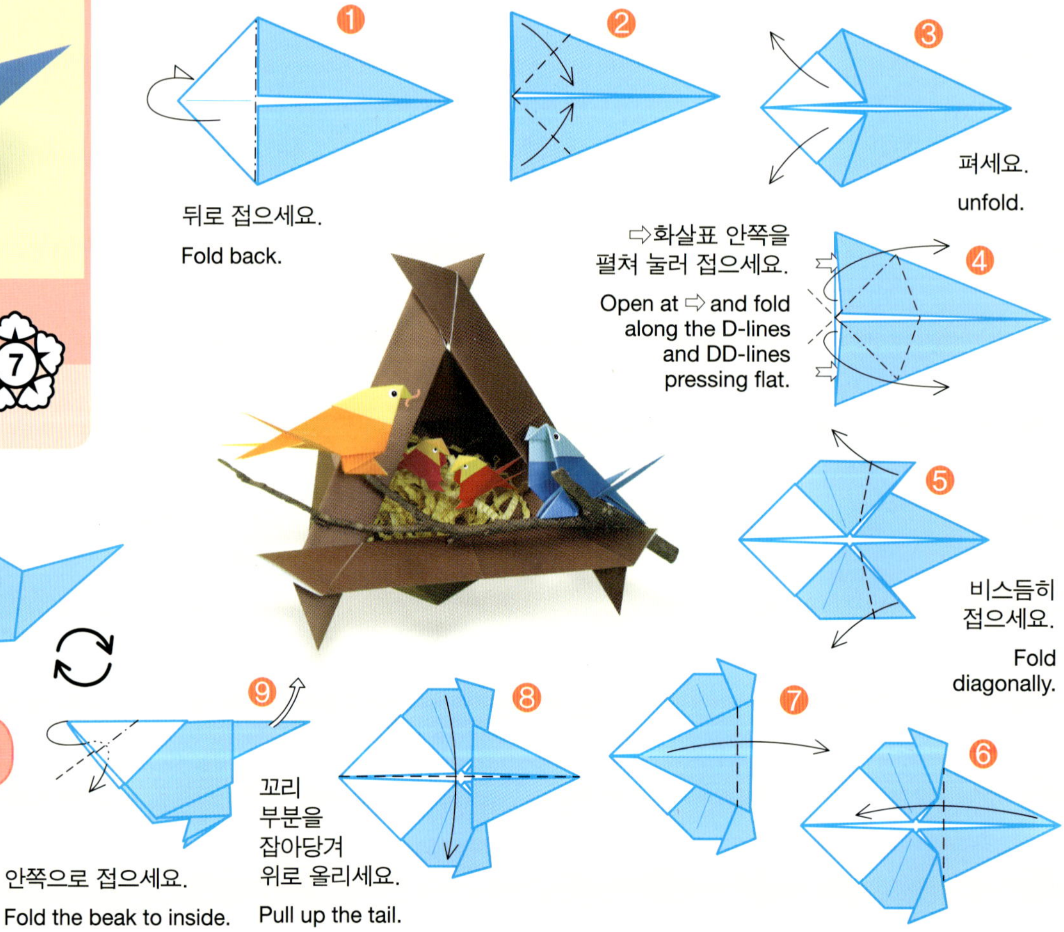

① 뒤로 접으세요. Fold back.

② ③ 펴세요. unfold.

④ ⇨화살표 안쪽을 펼쳐 눌러 접으세요.
Open at ⇨ and fold along the D-lines and DD-lines pressing flat.

⑤ 비스듬히 접으세요. Fold diagonally.

⑥ ⑦ ⑧

⑨ 꼬리 부분을 잡아당겨 위로 올리세요. Pull up the tail.

안쪽으로 접으세요. Fold the beak to inside.

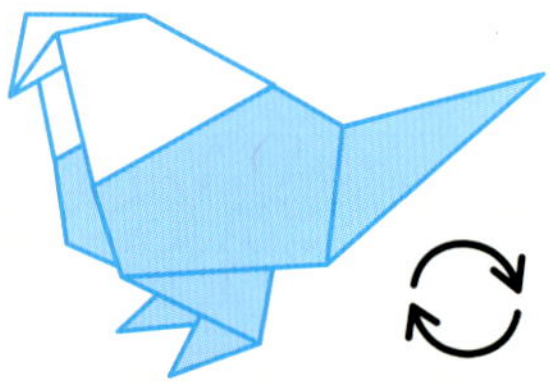

완성 Completion

비행기 1
Airplane 1

★ 비행기를 만들어 미래로 세계로 향한 꿈을 담아 하늘 높이 날려 보세요.
★ Fly the folded airplane away with your dream high into the future.

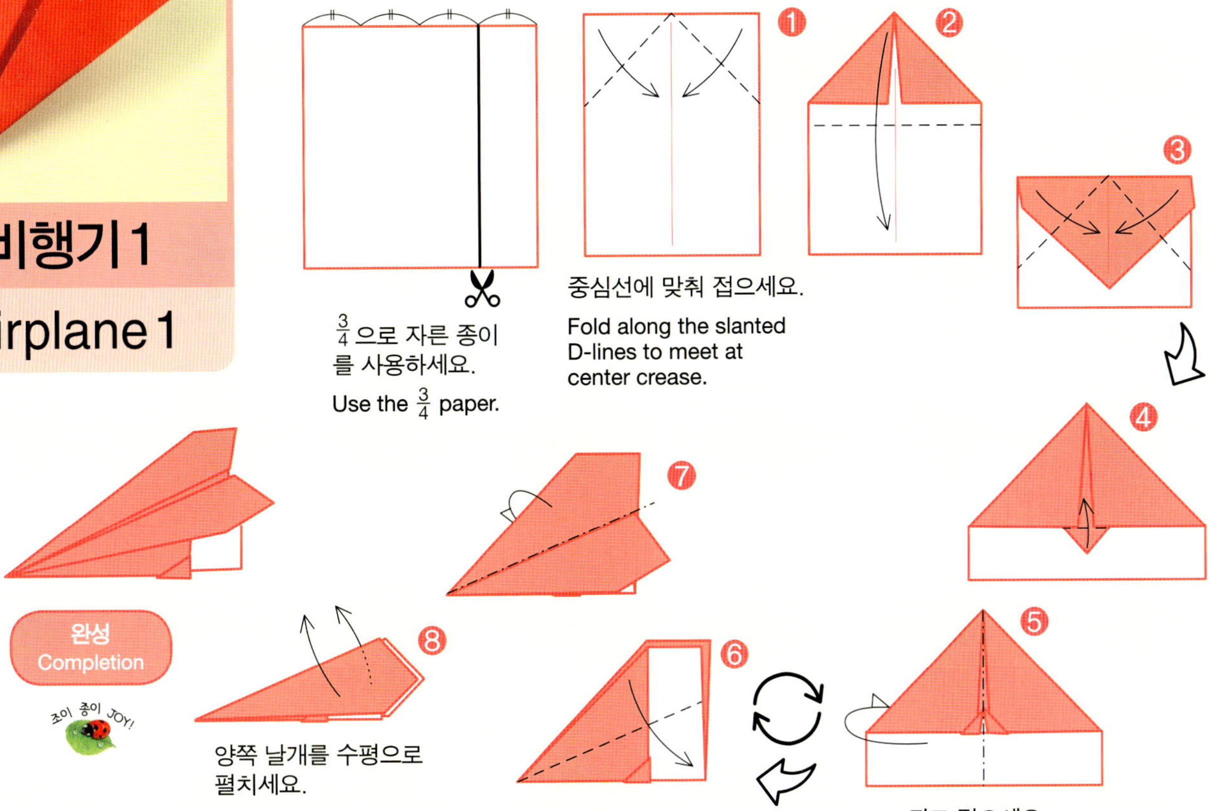

$\frac{3}{4}$ 으로 자른 종이를 사용하세요.
Use the $\frac{3}{4}$ paper.

중심선에 맞춰 접으세요.
Fold along the slanted D-lines to meet at center crease.

완성
Completion

양쪽 날개를 수평으로 펼치세요.
Open the wings horizontally.

뒤로 접으세요.
Fold back.

비행기 2
Airplane 2

중심선에 맞춰 접으세요.
Fold along the slanted to meet at center crease.

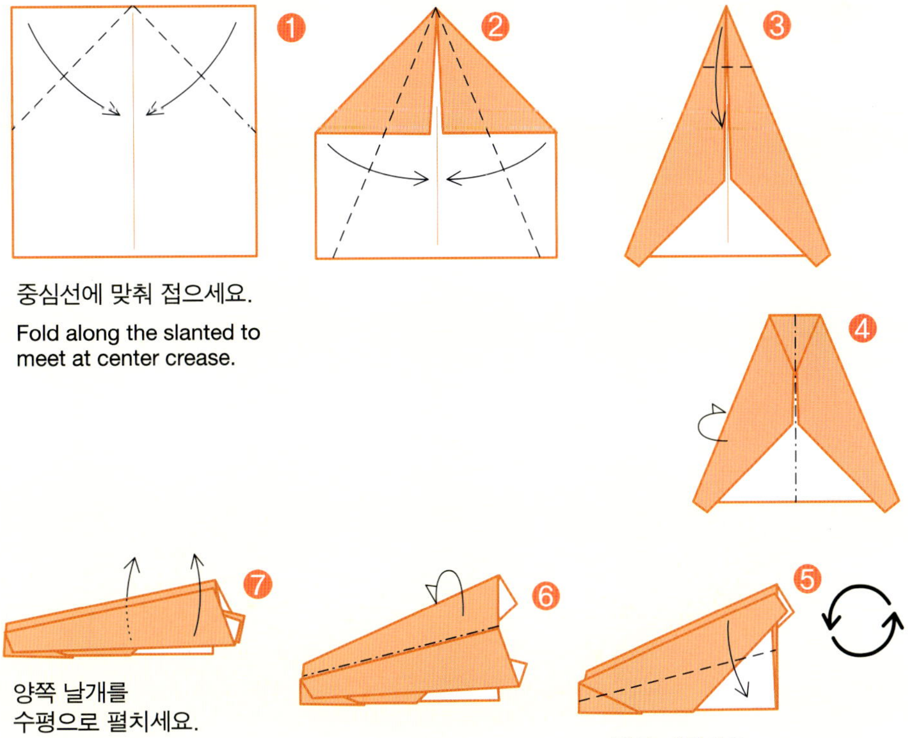

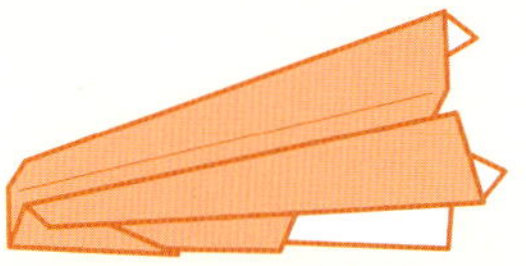

완성
Completion

양쪽 날개를 수평으로 펼치세요.
Open the wings horizontally.

접어 내리세요.
Fold down.

KOREA JONG IE JUPGI

별 2
Star 2

〈아이스크림접기 기본형〉에서 시작하세요.
Start from basic 〈ICE-CREAM JUPGI〉.

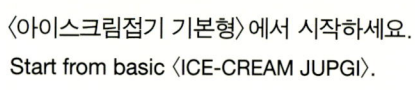
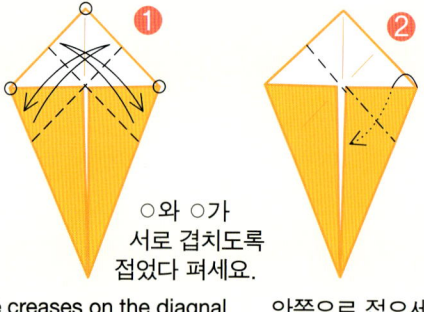
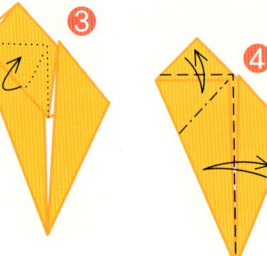

○와 ○가 서로 겹치도록 접었다 펴세요.
Make creases on the diagnal lines ensuring that the circles meet on top of each other.

안쪽으로 접으세요.
Fold to inside.

접었다 펴세요.
Fold and unfold.

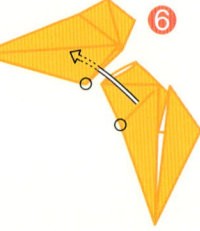

나머지 세 부분도 같은 방법으로 끼우세요.
Insert the remaining parts in the same way.

화살표 안쪽으로 끼워 넣으세요.
Insert in the direction of the arrow.

○와 ○가 서로 맞닿도록 화살표 방향으로 끼우세요.
Insert in the direction of the arrow so that 2 tiny circles meet each other.

5장을 만드세요.
Make 5 of this.

완성
Completion

왕 관
Crown

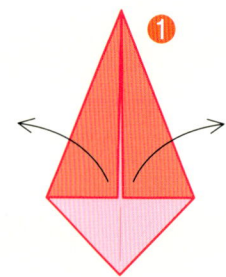
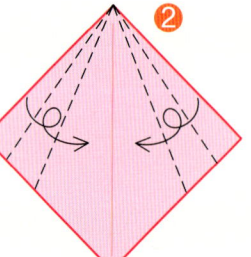
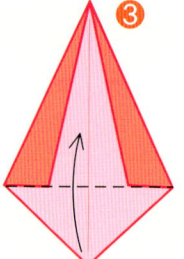
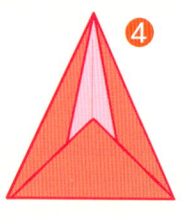

〈아이스크림접기〉한 것을 펼치세요.
Open the 〈ICE-CREAM JUPGI〉.

양쪽을 두 번 연달아 접으세요.
Fold twice from each side.

접어 올리세요.
Fold up.

접었다 펴세요.
Fold and unfold.

연달아 접으세요.
Follow the arrow and fold.

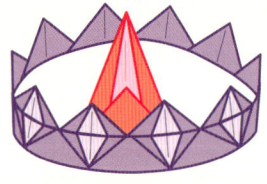

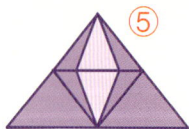
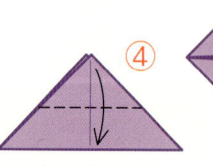
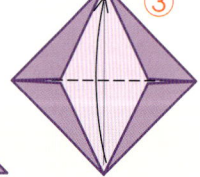
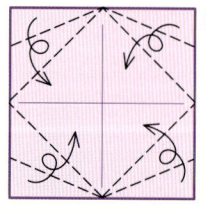

나라 풀

7~8장 정도 접은 후 〈나라풀〉로 붙이세요.
Put 7 or 8 of this piece together depending on head size.

접어 내리세요.
Fold down.

접어 올리세요.
Fold up.

완성
Completion

초
Candle

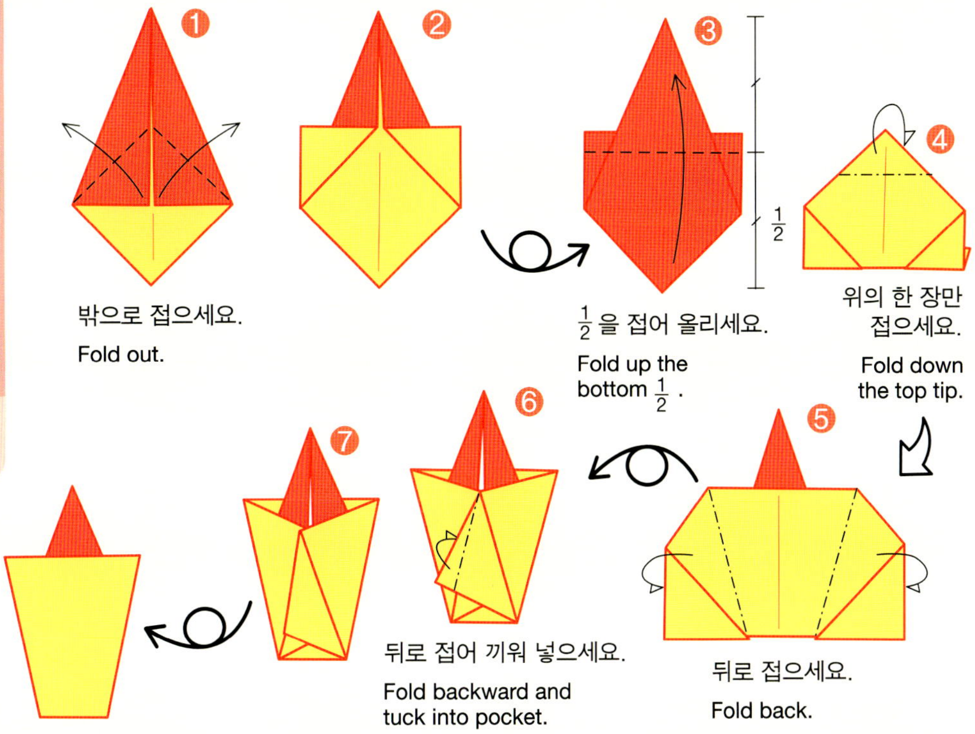

ⓒ 김상현/Sang-heun Kim

1. 밖으로 접으세요.
   Fold out.

2. (step 2)

3. ½을 접어 올리세요.
   Fold up the bottom ½.

4. 위의 한 장만 접으세요.
   Fold down the top tip.

5. 뒤로 접으세요.
   Fold back.

6. 뒤로 접어 끼워 넣으세요.
   Fold backward and tuck into pocket.

7. (step 7)

완성 Completion

수선화
Daffodil

ⓒ 강명옥 / Myung-ok Kang

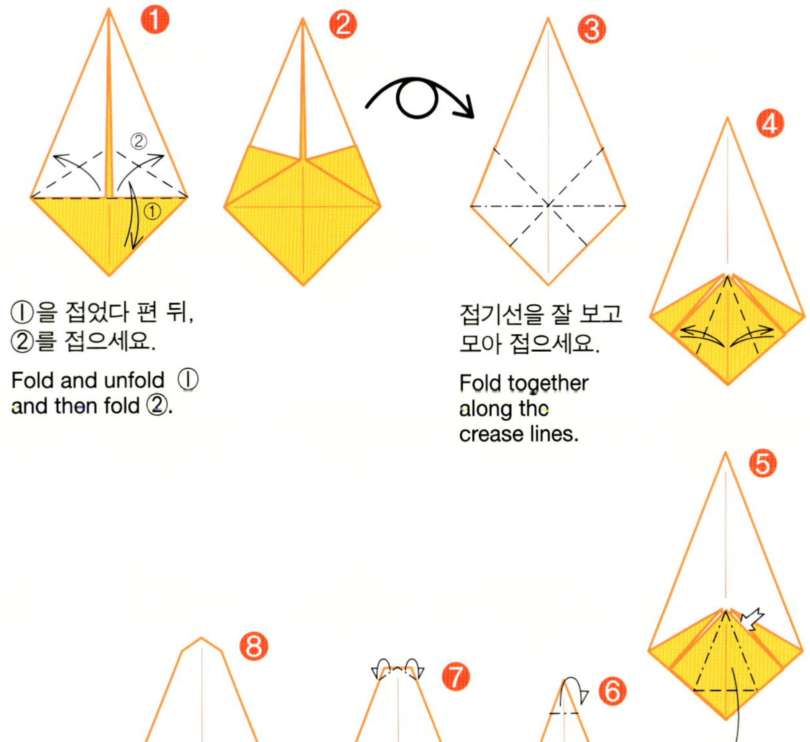

1. ①을 접었다 편 뒤, ②를 접으세요.
   Fold and unfold ① and then fold ②.

2. (step 2)

3. (step 3)

4. 접기선을 잘 보고 모아 접으세요.
   Fold together along the crease lines.

5. (step 5)

6. 화살표 안쪽을 펼쳐 눌러 접으세요.
   Open at and fold along D-line and DD-line.

7. 빗금친 부분을 말아주세요.
   Cause the shaded section to curl.

8. 같은 모양을 6장 접으세요.
   Make 6 of this.

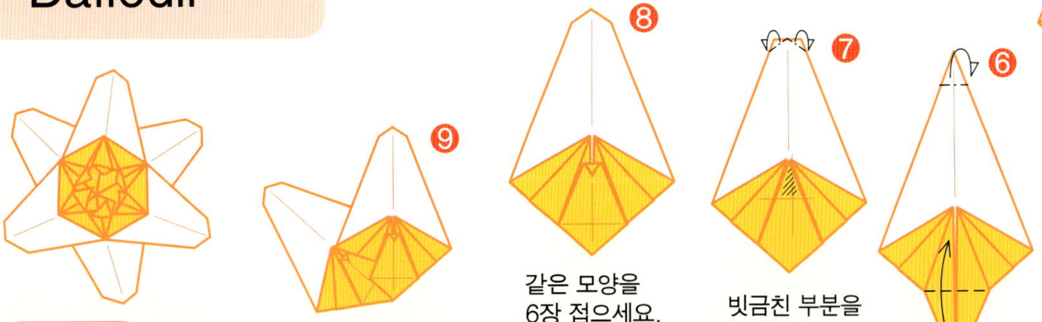

9. 2장을 조립한 모습.
   Put together.

완성 Completion

KOREA JONG IE JUPGI 51

기본형 3. 문 접 기
The Basic Pattern Door fold 3. MUN JUPGI

★ 먼저 사각접기를 다루어 본 다음, 문접기를 해 보세요.
★ First do the SAGAK JUPGI and then do the MUN JUPGI.

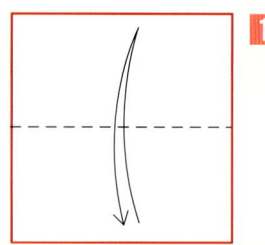

골짜기모양 접기로 접었다 편 선을 만드세요.
Make a valley fold in half horizontally and unfold.

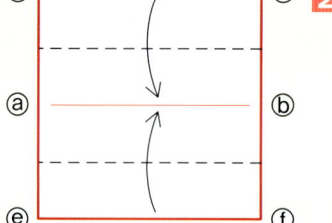

접었다 편 선 ⓐⓑ가 생깁니다. 위·아래 모두 화살표 방향으로 골짜기모양 접기를 하세요.
When you have a crease ⓐⓑ, do the valley fold from top ⓒⓓ and bottom ⓔⓕ to meet at the center crease.

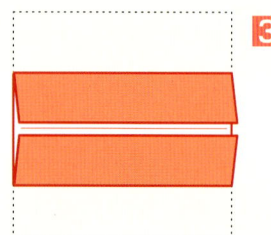

2 에서 골짜기모양 접기를 할 때 ⓒⓓ, ⓔⓕ를 1 에서 만들어진 ⓐⓑ선에 꼭 맞춰 접으세요.
In 2 above, it is very important that the edges of the two folds overlap at center precisely at the crease line.

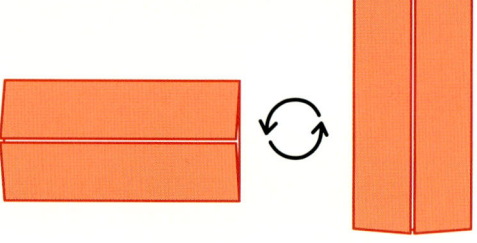

문접기 기본형 완성
Now you have the completed form of basic MUN JUPGI.

큰 네모(큰 정사각형)를 접어서 크기가 작은 네모(작은 정사각형) 만들기
Making a small square by using a big square

정사각형 2등분하기 / Dividing into 2parts

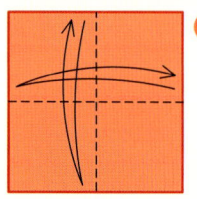 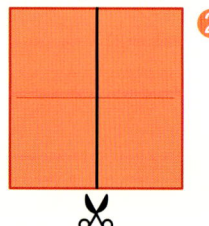

접었다 펴세요.
Fold and unfold.

정사각형이 2등분 되었습니다.
Divide into 2parts.

정사각형 4등분하기 / Dividing into 4parts

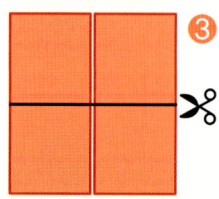 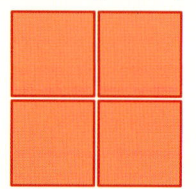

선을 따라 가로로 자르세요.
Cut along the lines.

정사각형이 4등분 되었습니다.
Divide into 4parts.

정사각형 16등분하기 / Dividing into 16parts

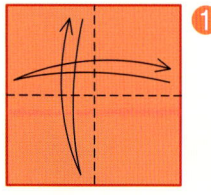 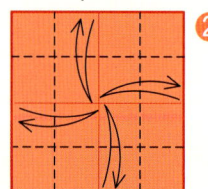 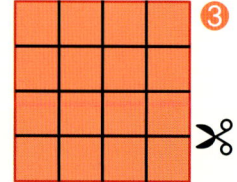 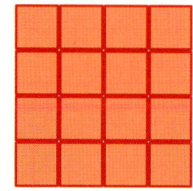

접었다 펴세요.
Fold and unfold.

접었다 펴세요.
Fold and unfold.

선을 따라 가로로 자르세요.
Cut along the lines.

정사각형이 16등분 되었습니다.
Divide into 16parts.

문접기로부터의 발전

MUN JUPGI
and its Variations

지갑
Purse

〈문접기 기본형〉에서 시작하세요.
Start from 〈MUN JUPGI〉.

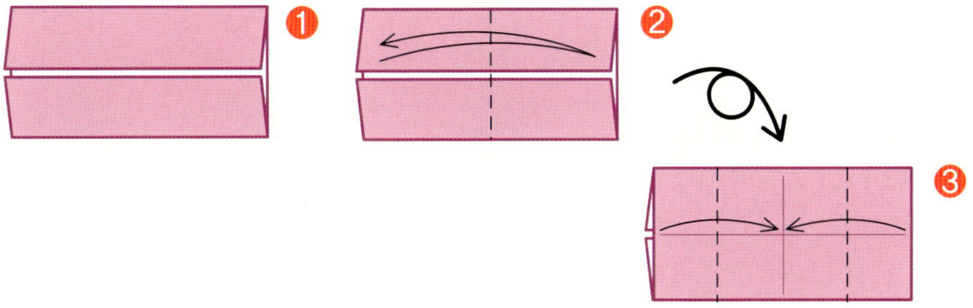

❶

❷

❸ 중심선에 맞춰 접으세요.
Fold in half to meet at center along the D-lines.

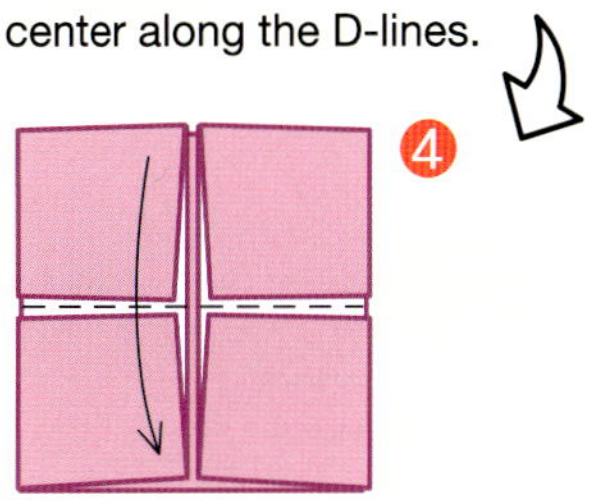

❹ 반으로 접으세요.
Fold in half.

약 32cm의 종이로 접으면 지폐를 넣을 수 있습니다.
If you fold it with 32cm-wide paper, you can put real money in it.

완성
Completion

돼지
Pig

〈문접기 기본형〉에서 시작하세요.
Start from 〈MUN JUPGI〉.

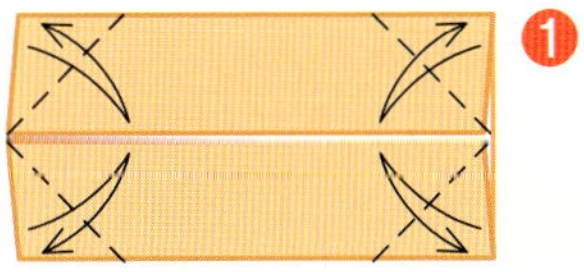

❶ 네 모서리 모두 삼각으로 접었다 펴세요.
Fold all 4 corners along the D-lines and unfold them.

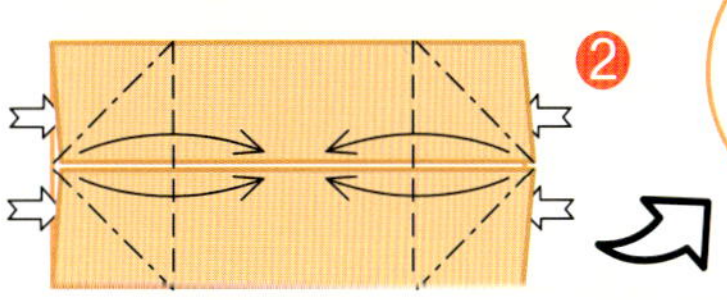

❷ 점선모양대로 펼쳐 눌러 접으세요.
Open at ⇨ and press lines.

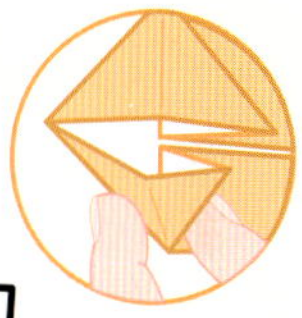

❸ 뒤로 접으세요.
Fold back.

❹ 접었다 편 선에 맞춰 비스듬히 접어 내리세요.
Fold along the slanted D-lines.

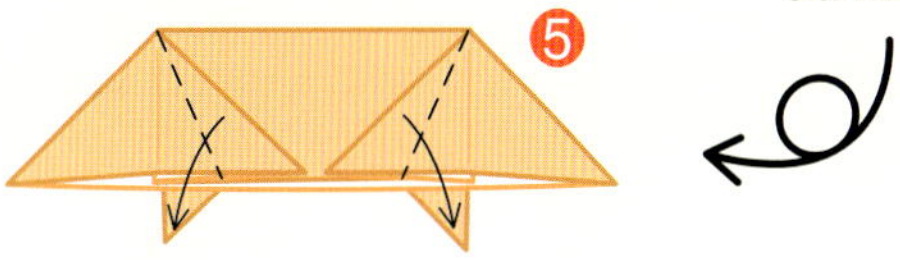

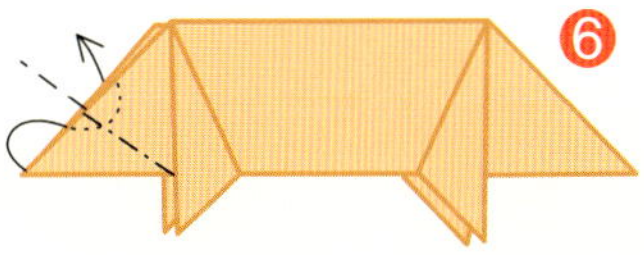

❺

❻ 안쪽으로 접으세요.
Fold to inside.

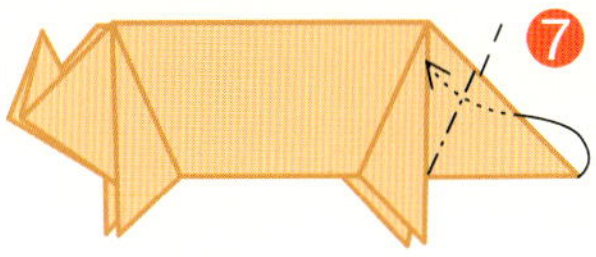

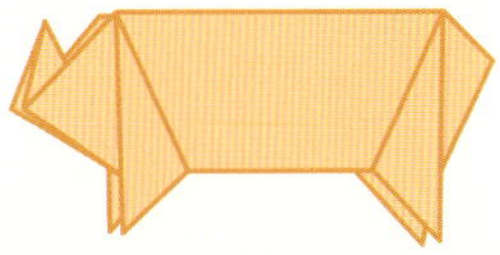

❼

완성
Completion

컵 / Cup

〈문접기 기본형〉에서 시작하세요.
Start from 〈MUN JUPGI〉.

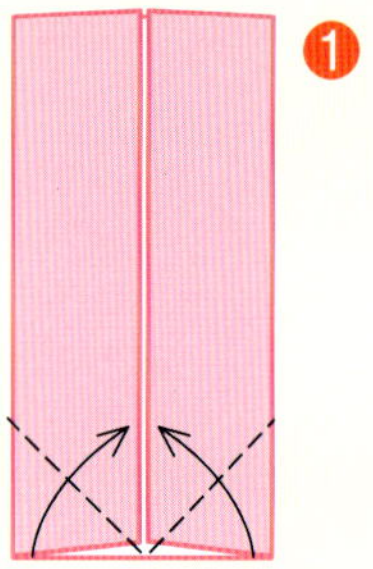

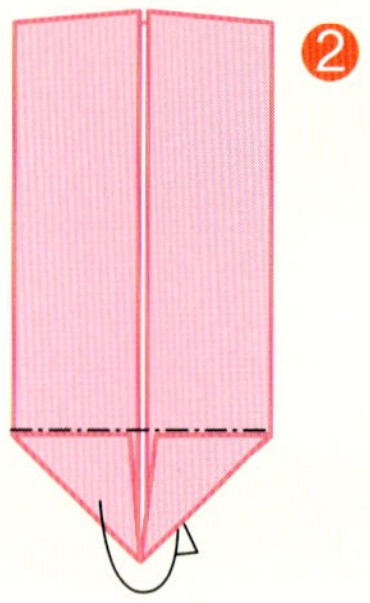

①

② 뒤로 접으세요.
Fold back.

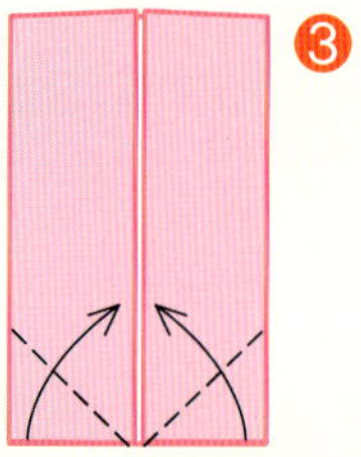

③ 중심선에 맞춰 접으세요.
Fold both end parts to center crease by the D-lines.

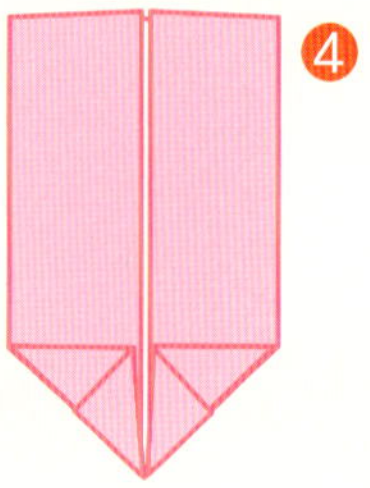

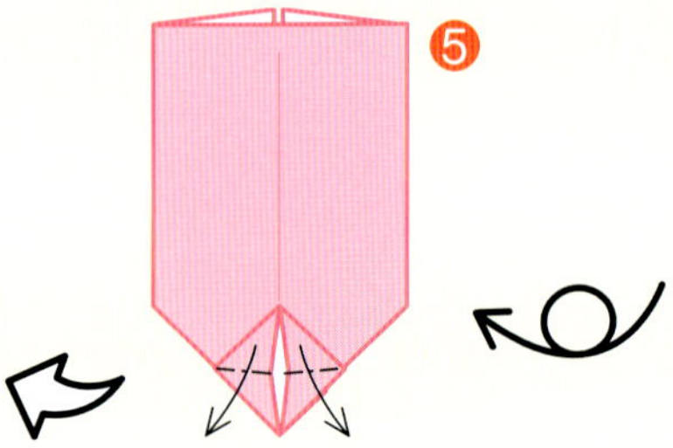

④

⑤ 안쪽을 펼쳐 눌러 접으세요.
Open the center from both ends and press flat.

완성 / Completion

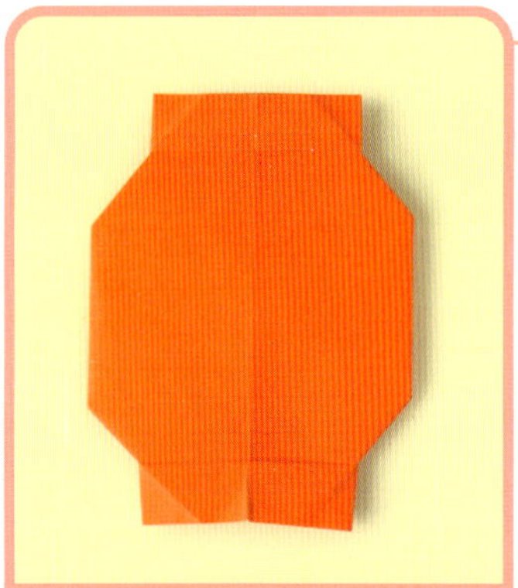

초롱(등) / Lantern

〈문접기 기본형〉에서 시작하세요.
Start from 〈MUN JUPGI〉.

① 삼각으로 접으세요.
Fold all 4 corners by the slanted d-lines.

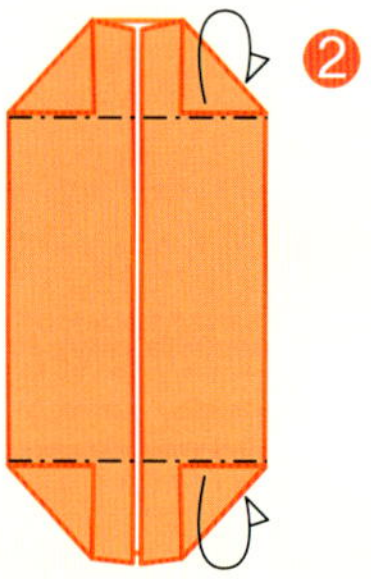

② 뒤로 접으세요.
Fold back.

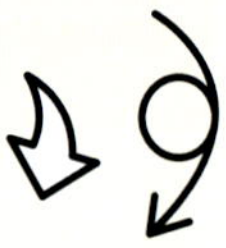

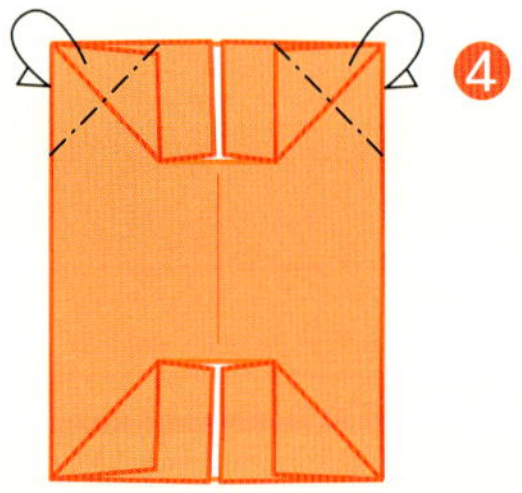

③

④ 뒤로 접으세요.
Fold back.

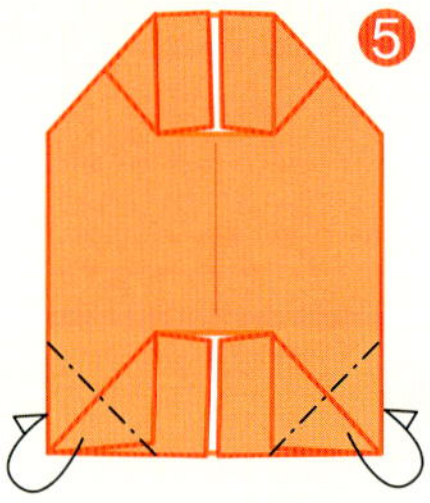

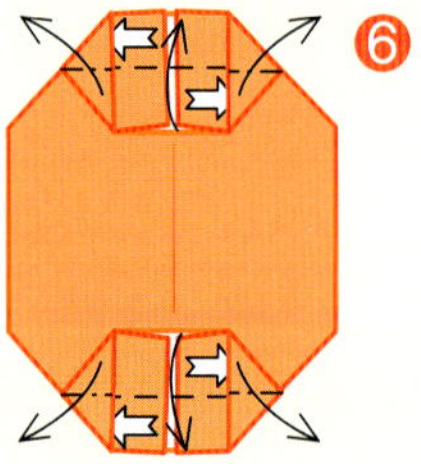

⑤

⑥ 안쪽을 펼쳐 눌러 접으세요.
Open and press flat following.

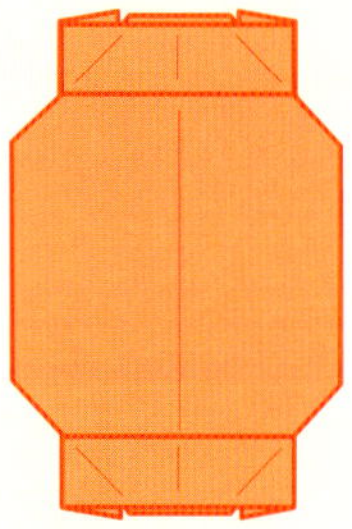

완성 / Completion

집 1
House 1

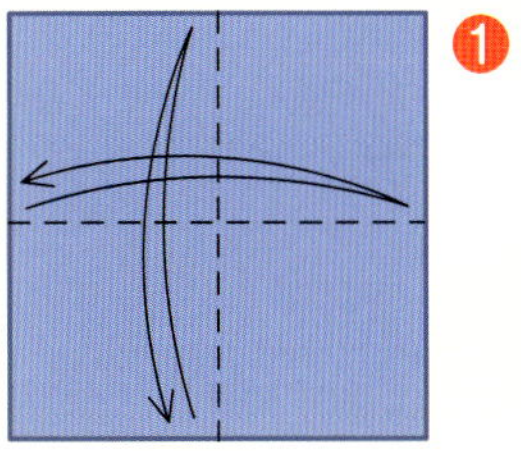

1. 접었다 펴세요.
   Fold and unfold. 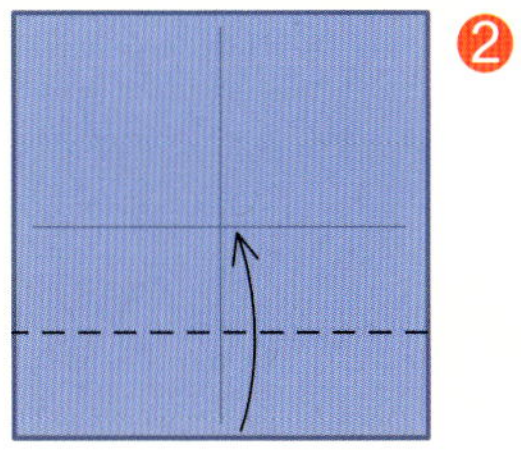
2. 중심선에 맞춰 접으세요.
   Fold to meet at center. 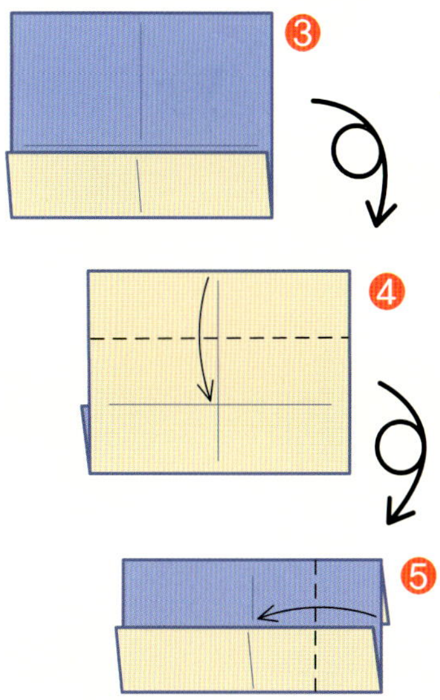
3.
4.
5. 중심선에 맞춰 접으세요.
   Fold to meet at center. 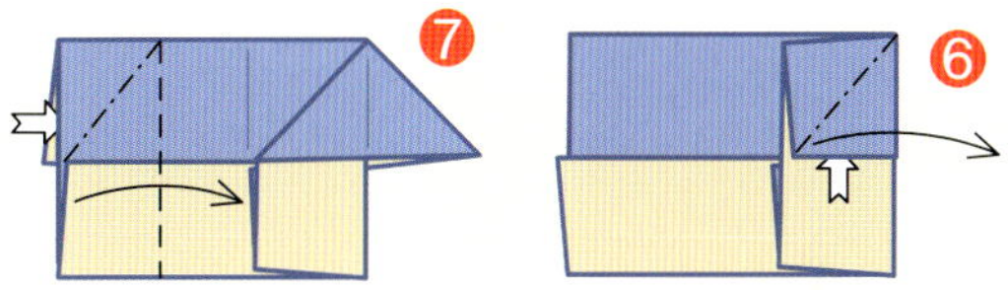
6.
7. ⇨ 화살표 안쪽을 펼쳐 눌러 접으세요.
   Open at ⇨ and fold following the DD-lines.
8.

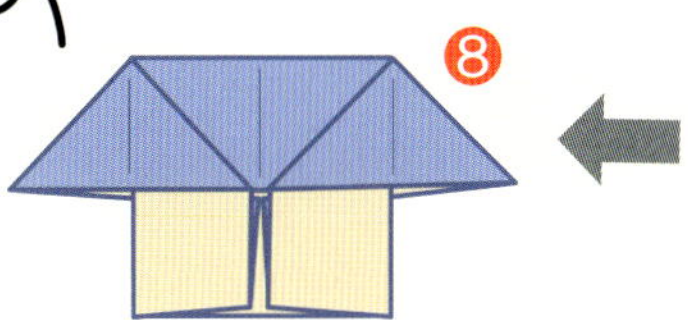

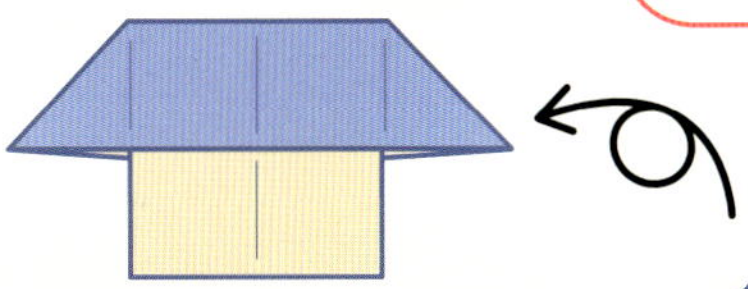

완성 / Completion

피아노
Piano ⑨

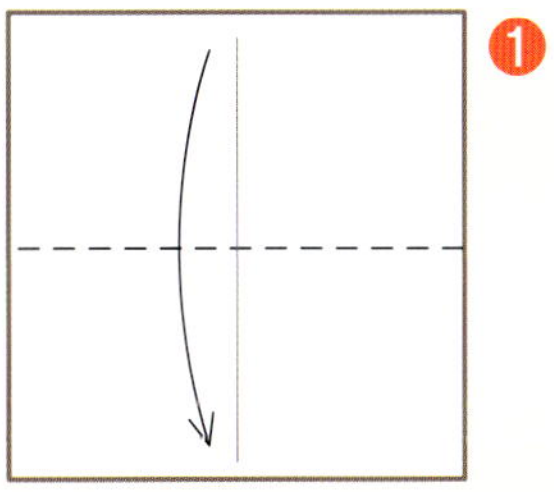

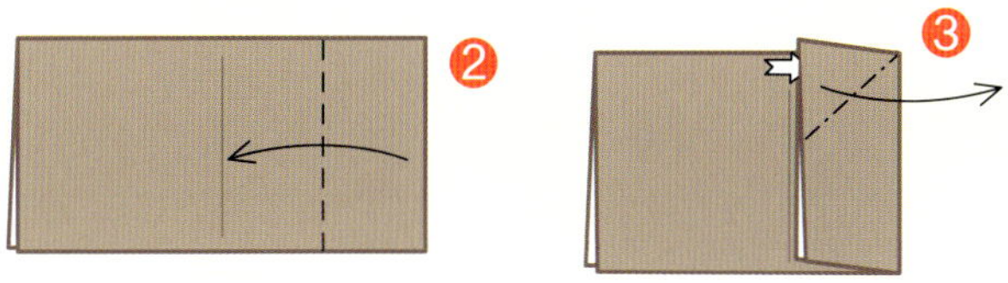

1.
2.
3. ⇨ 화살표 안쪽을 펼쳐 눌러 접으세요.
   Open at ⇨ and fold the triangles along the DD-lines and press flat. 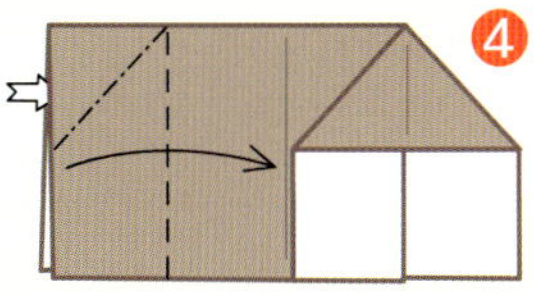 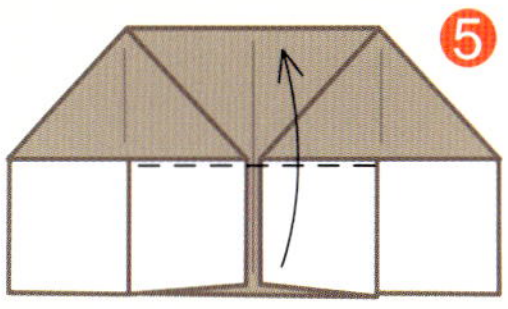 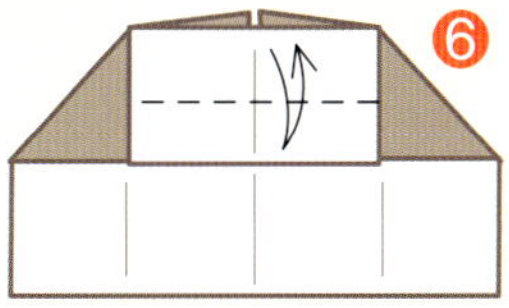
4.
5.
6. 접었다 펴세요.
   Fold and unfold. 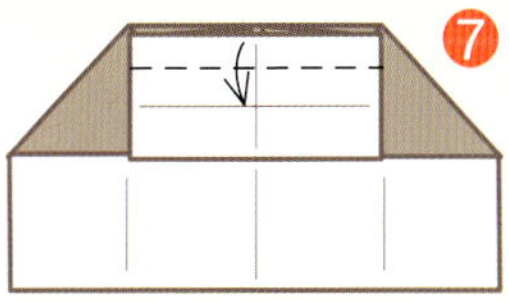
7. 접었다 편 선에 맞춰 반으로 접으세요.
   Fold in half again matching on the crease line. 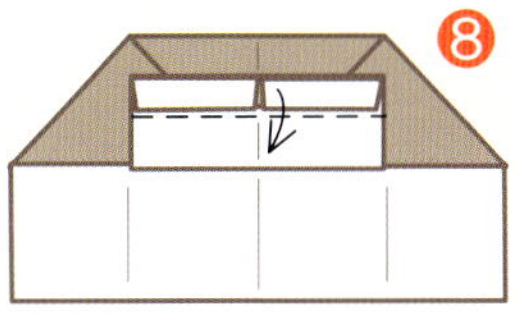
8. 접어 내리세요.
   Fold down. 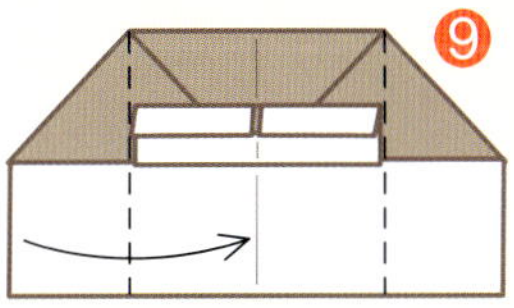
9. 입체를 만드세요.
   Pull up and pull down. And fold both sides to meet at center by the D-lines.

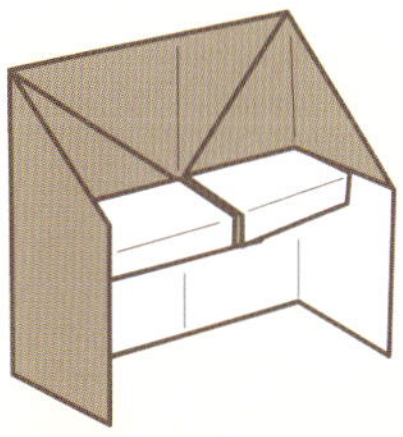

완성 / Completion

KOREA JONG IE JUPGI 55

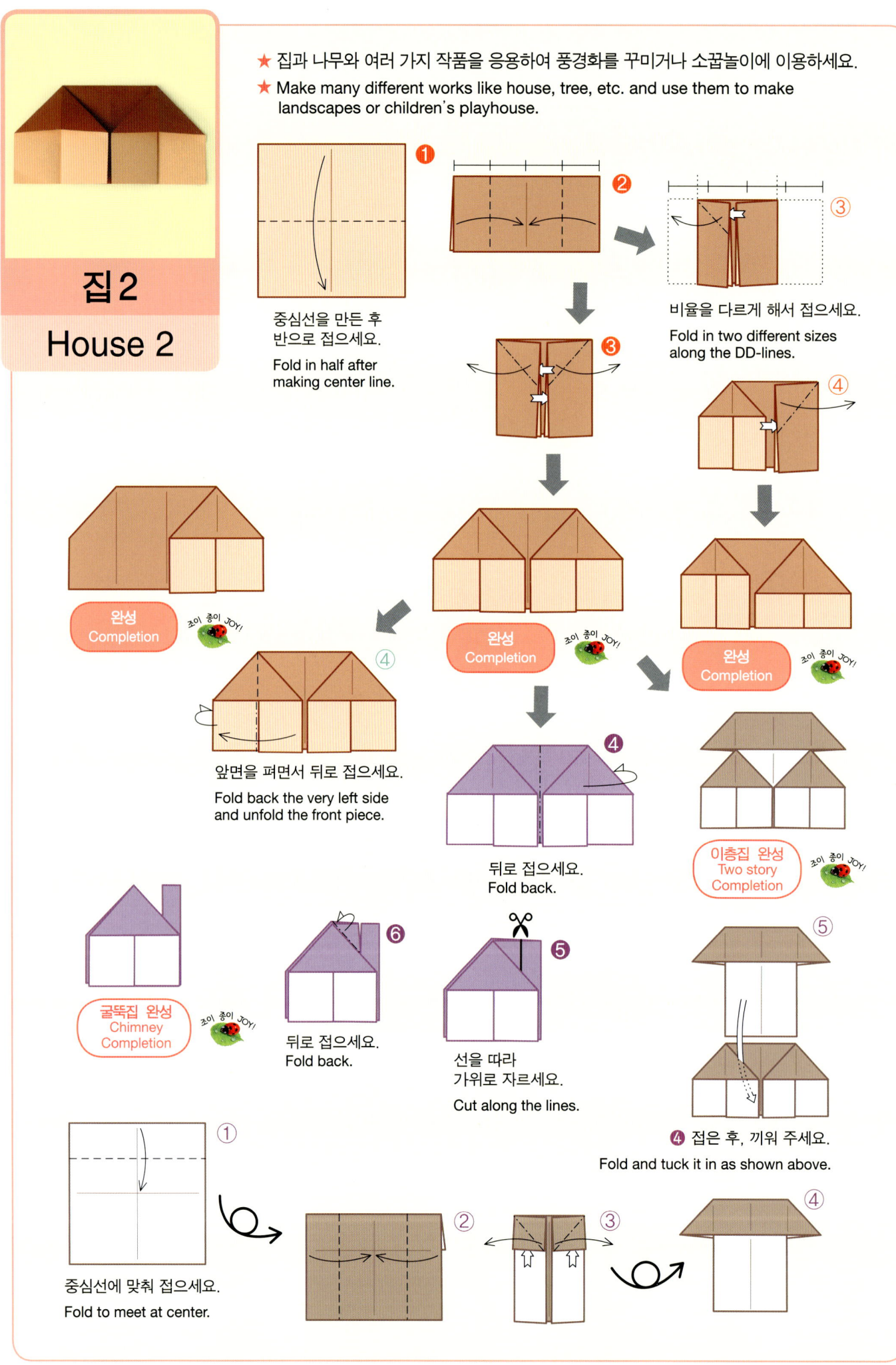

배
Boat

〈문접기 기본형〉에서 시작하세요.
Start from 〈MUN JUPGI〉.

❶ 네 곳 모두 삼각으로 접으세요.
Fold all corners.

❷ 중심선에 맞춰 접으세요.
Fold along to meet at center.

❸ 중심선에 맞춰 접으세요.
Fold along to meet at center.

❹

❺ 모서리를 안으로 접으세요.
Fold along to meet at center.

❻ ⇨화살표 안쪽을 펼치며 뒤집어 입체를 만드세요.
Open inside out following the ⇨ and make room inside the boat.

완성
Completion

여우 얼굴
Fox face

★ 손가락 놀이를 재미있게 해 보세요. ★ Enjoy playing puppets with your fingers.

55쪽 피아노 접기 ❺에서 시작하세요.
Start from Piano ❺ step of page 55.

❶

❷ 중심선에 맞춰 접으세요.
Fold both sides to meet at center crease.

❸ 한 장만 접어 올리세요.
Just fold one flap.

❹

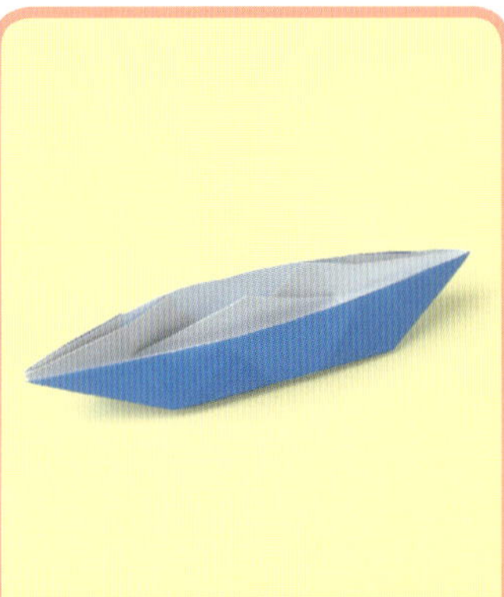

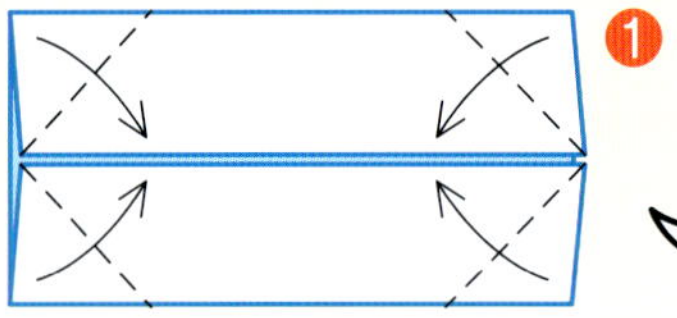

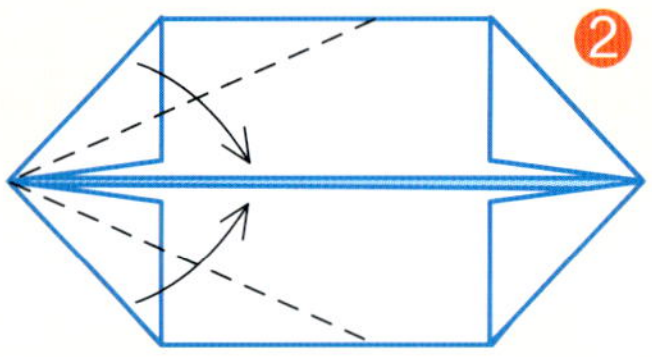

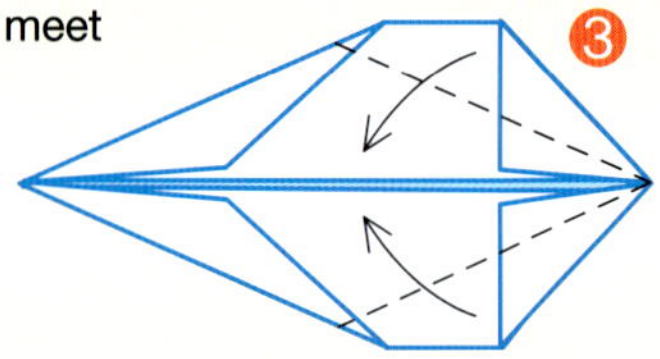

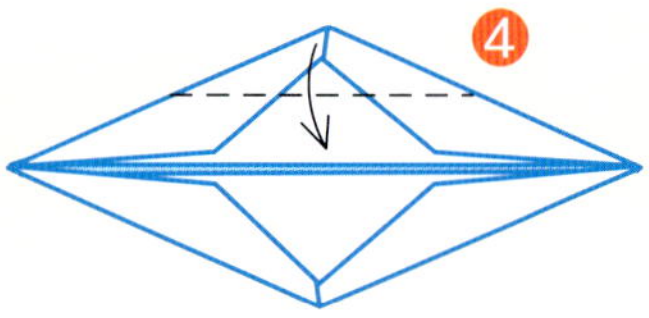

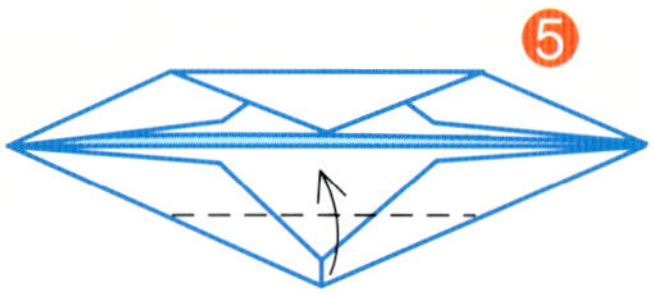

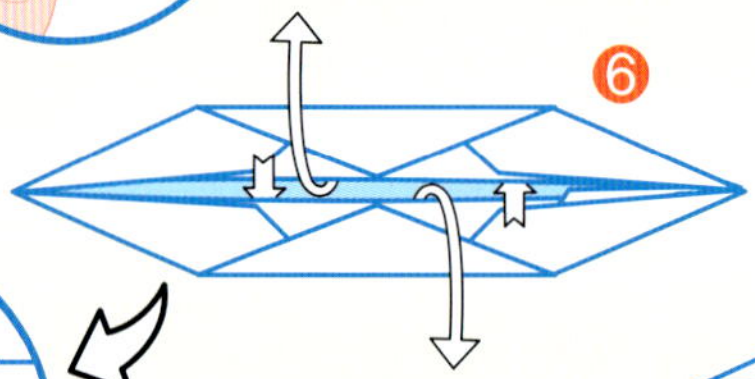

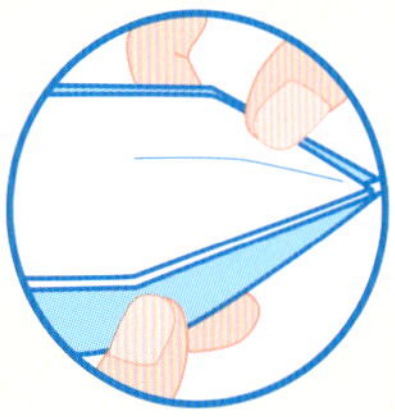

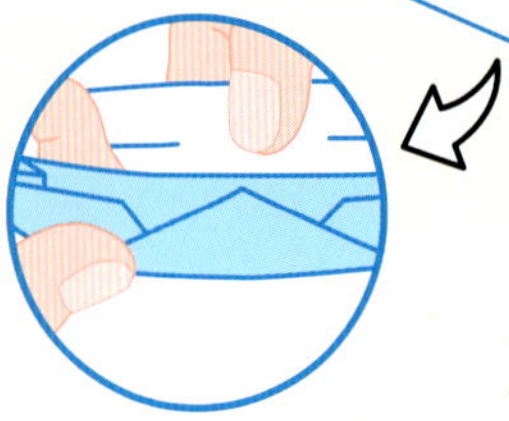

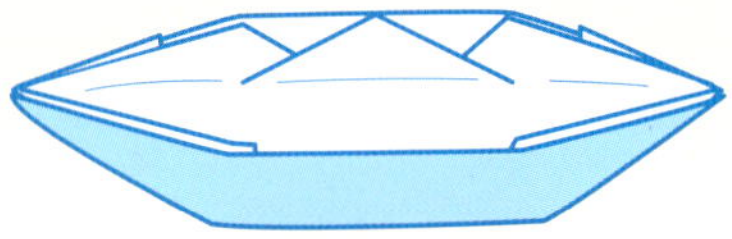

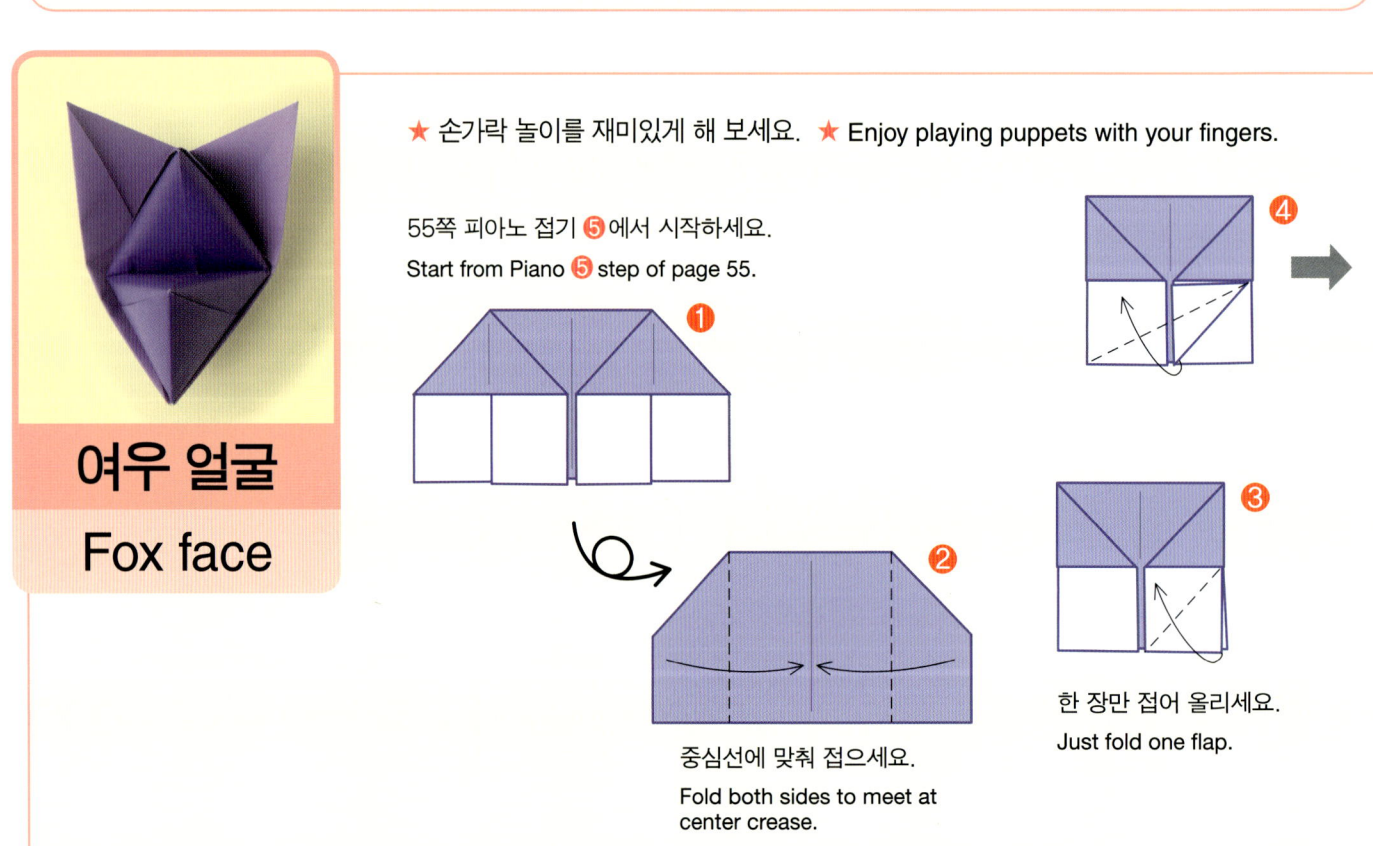

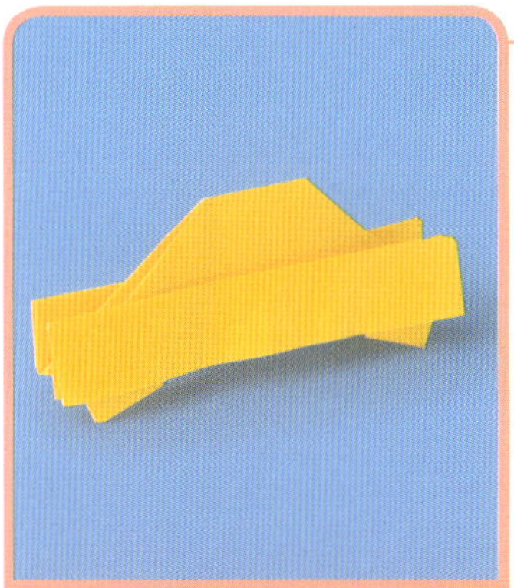

★ 자동차, 비행기와 같은 여러 가지 작품을 창작해 보세요.
★ Try to create different works such as cars and airplanes.

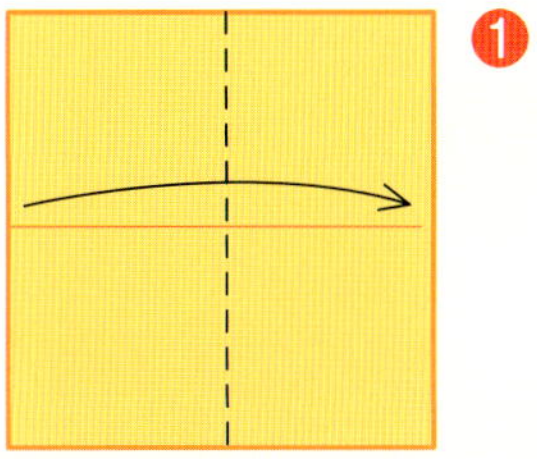

자동차 Car

1. 반을 접으세요.
Fold in half following the arrow.

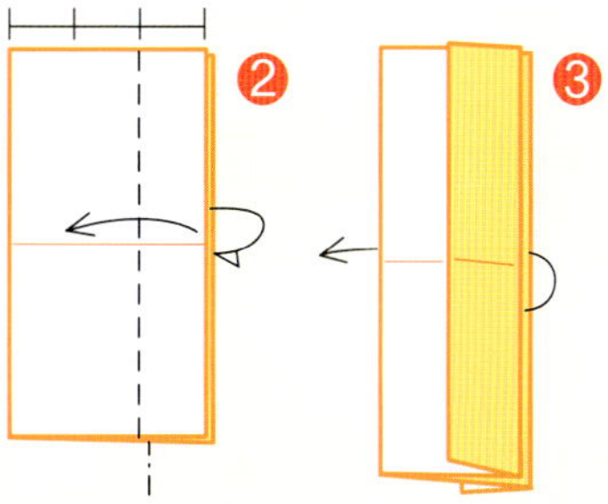

2.

3.

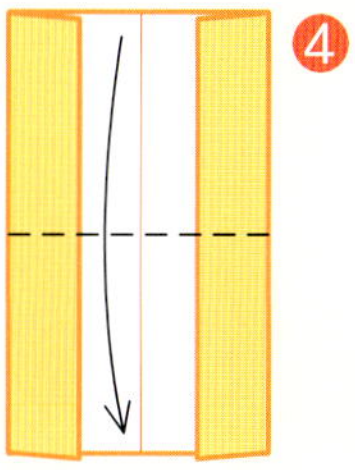

4. 반을 접으세요.
Fold in half following the arrow.

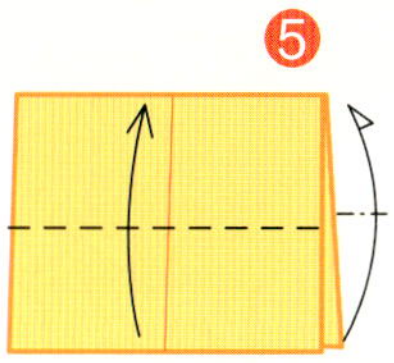

5.

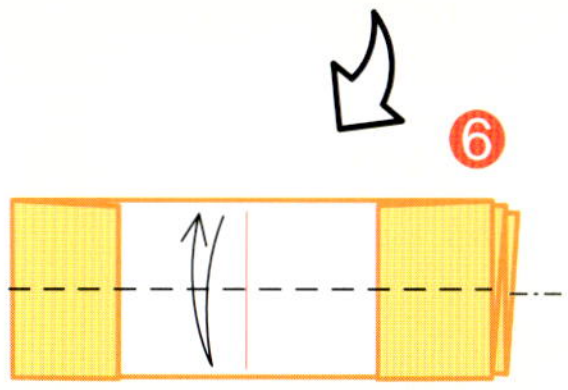

6. 반을 접었다 펴세요.
Fold in half and unfold it.

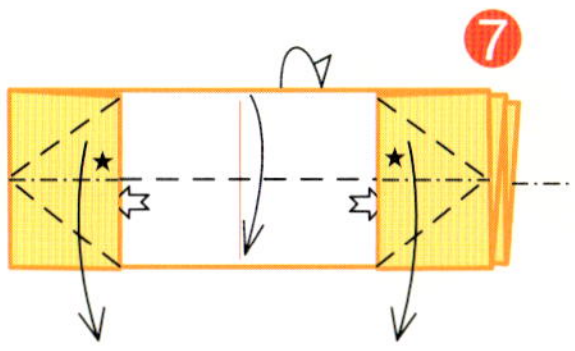

7. 반으로 접어 내리면서 ⇨ 화살표 안쪽을 펼쳐 접으세요. 뒷부분도 같은 방법으로 접으세요.
Fold in half and open at ⇨. Then press flat. Do the same to the other side.

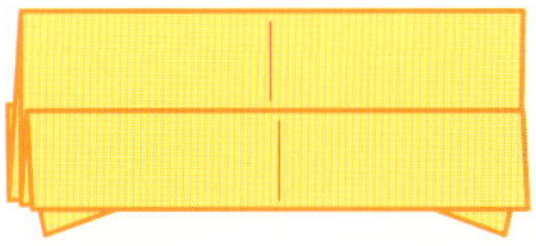

8.

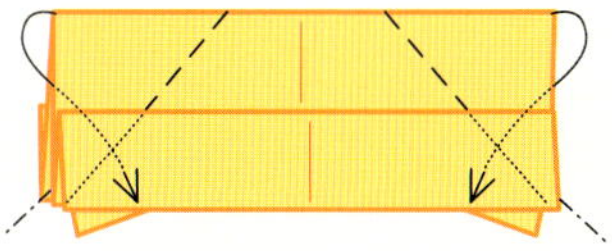

9. 안쪽으로 접으세요.
Fold to inside.

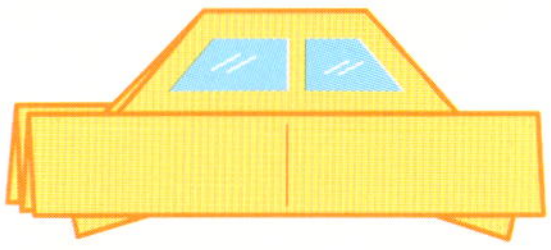

완성 Completion

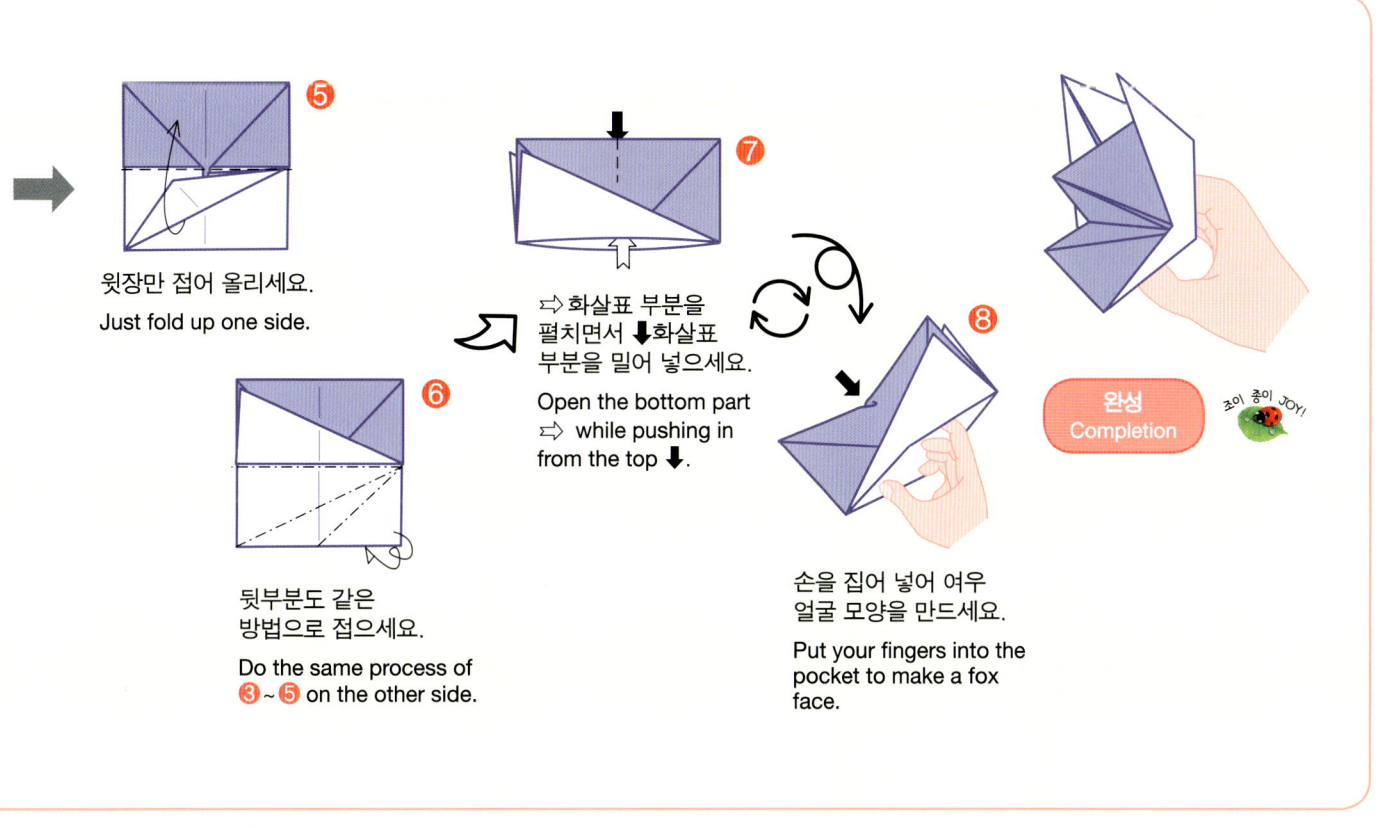

5. 윗장만 접어 올리세요.
Just fold up one side.

6. 뒷부분도 같은 방법으로 접으세요.
Do the same process of ❸ ~ ❺ on the other side.

7. ⇨ 화살표 부분을 펼치면서 ⇩ 화살표 부분을 밀어 넣으세요.
Open the bottom part ⇨ while pushing in from the top ⇩.

8. 손을 집어 넣어 여우 얼굴 모양을 만드세요.
Put your fingers into the pocket to make a fox face.

완성 Completion

비행기
Airplane

★ 비행기가 잘 날기 위해서는 모서리를 정확하게 접고, 접기선을 뚜렷하게 하고, 오른쪽과 왼쪽이 대칭이 되도록 접어야 합니다.
★ To insure for your airplane to fly well, you have to make sure all corners of basic folds should overlap perfectly, make clear creases and have a perfect symmetry.

〈문접기 기본형〉에서 시작하세요.
Start from 〈MUN JUPGI〉.

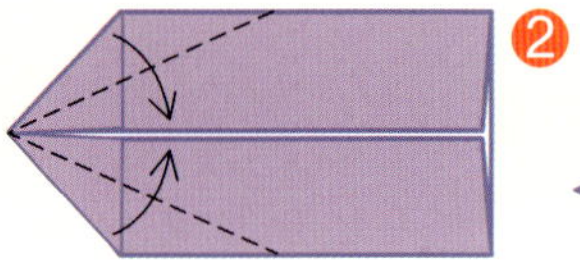

① 중심선에 맞춰 접으세요.
Fold the corners to meet at center.

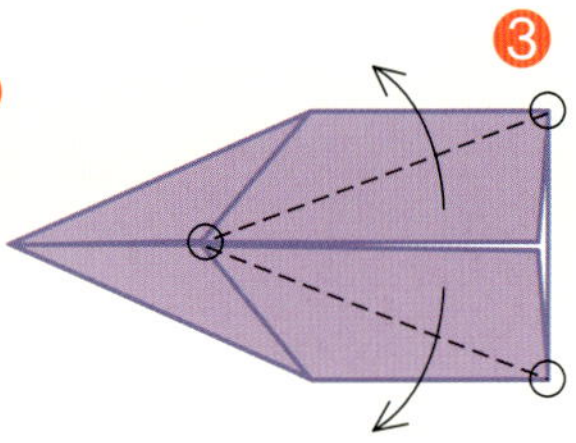

②

③ ○와 ○를 이은 선에서 접으세요.
Fold open along the D-lines.

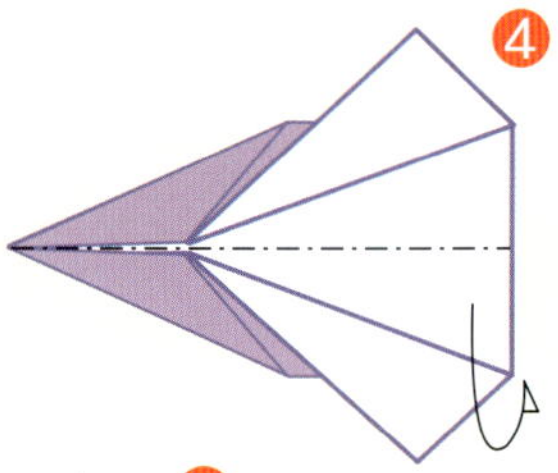

④ 뒤로 접으세요.
Fold back.

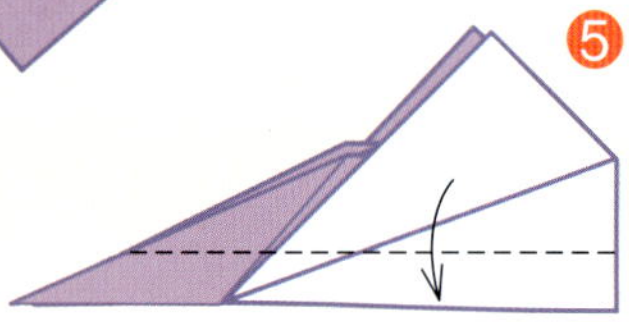

⑤

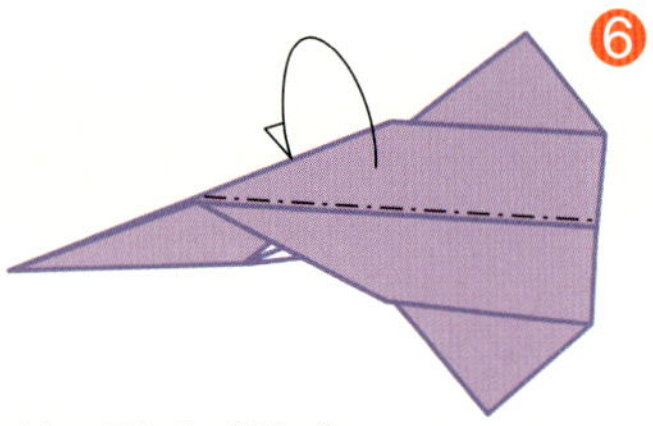

⑥

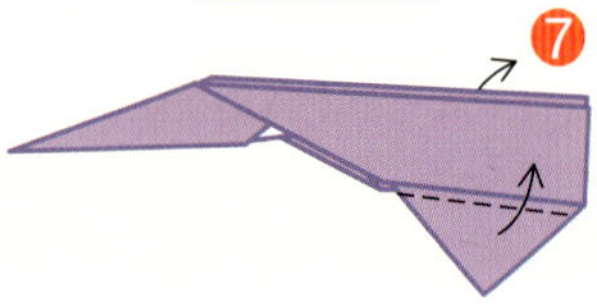

⑦ 날개를 위로 접어 세우세요.
Fold along the D-lines making the wings stand up.

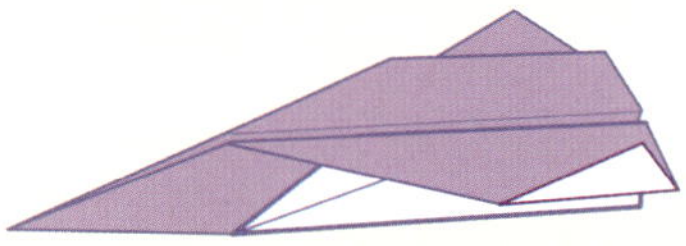

완성
Completion

팽이
Top

〈문접기 기본형〉에서 시작하세요.
Start from 〈MUN JUPGI〉.

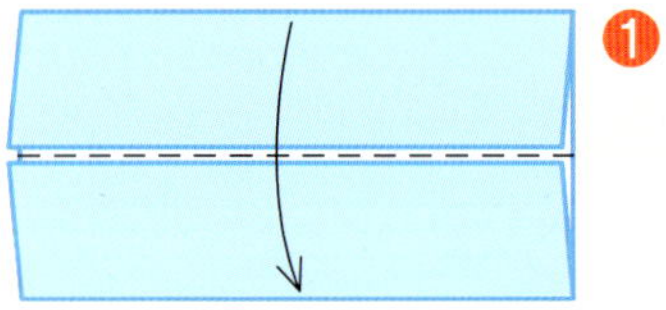

①

② 엇갈려 접으세요.
Fold along the D-lines in the direction of arrows.

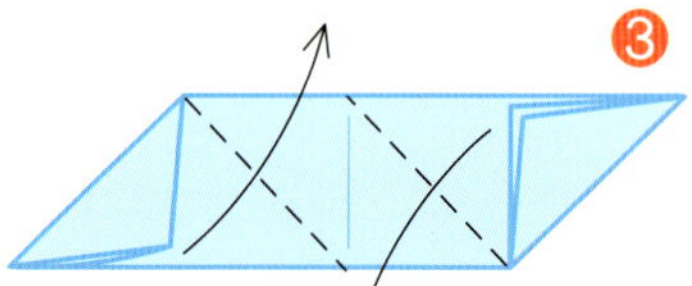

③ 중심선에 맞춰 접으세요.
Fold along the D-lines in the direction of arrows.

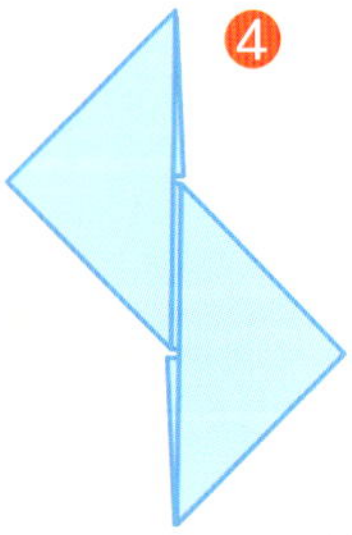

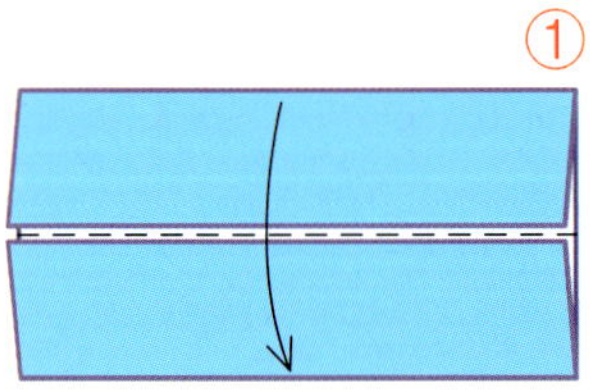

④

①

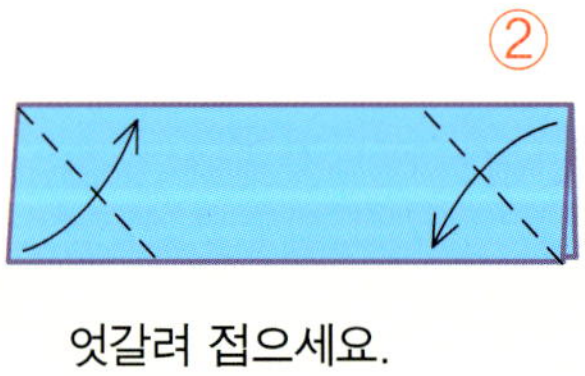

② 엇갈려 접으세요.
Fold along the D-lines in the direction of arrows.

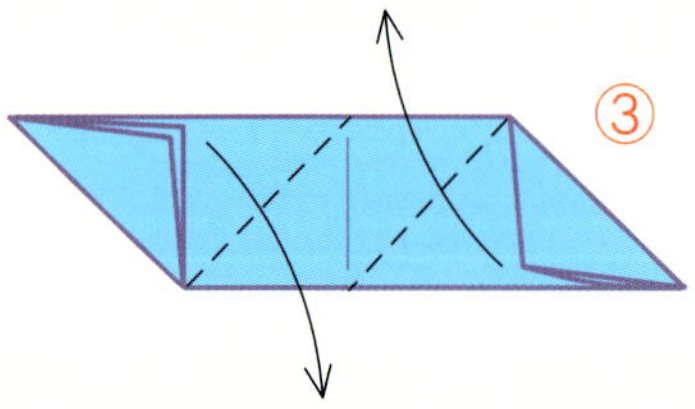

③ 중심선에 맞춰 접으세요.
Fold along the D-lines in the direction of arrows.

④

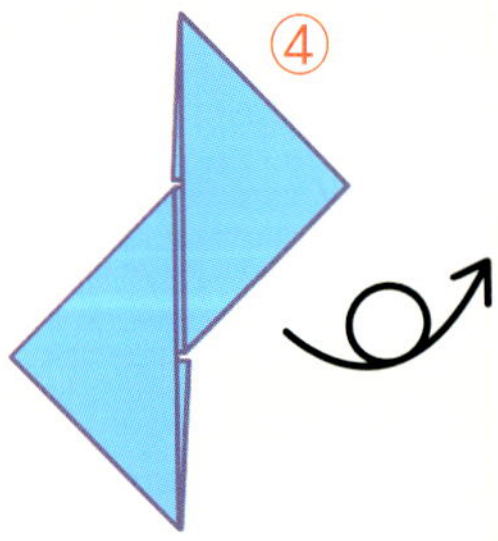

리본 / Ribbon

★ 사용하는 종이의 크기 (Size of paper)
가로(wide) : 세로(length) = 4 : 1

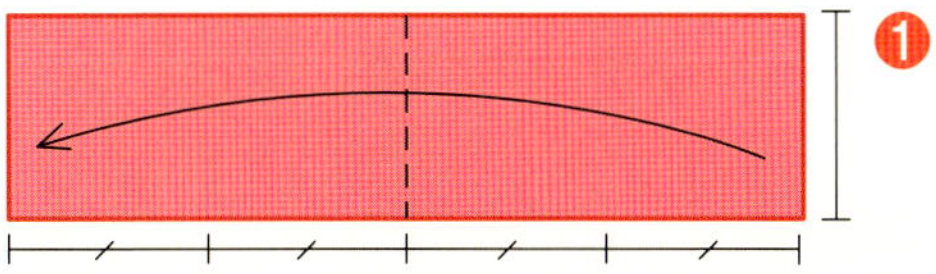

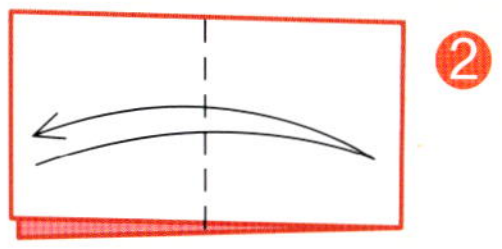

접었다 펴세요.
Fold and unfold.

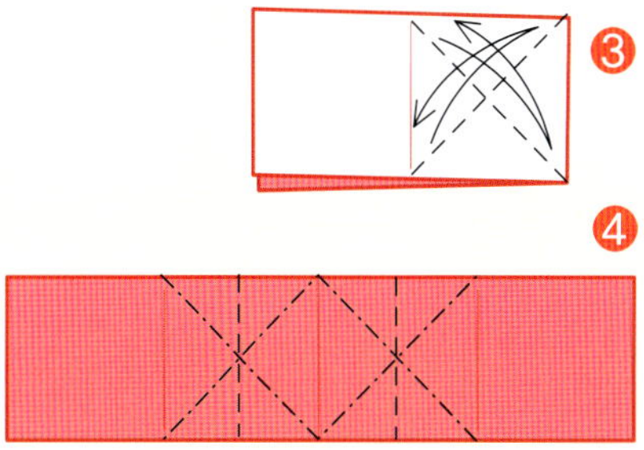

접기선대로 접으세요.
Fold along the crease line.

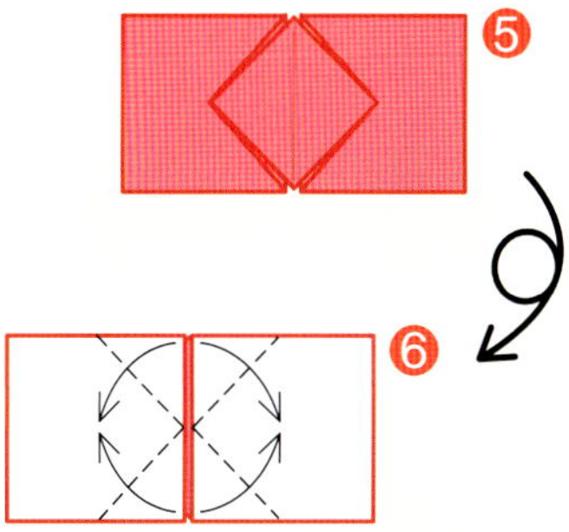

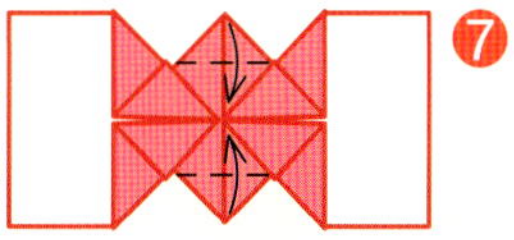

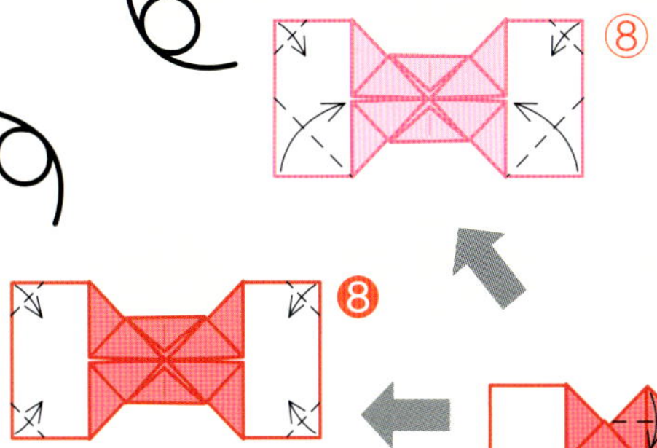

모서리를 조금씩 접으세요.
Fold both bottom right and left corners.

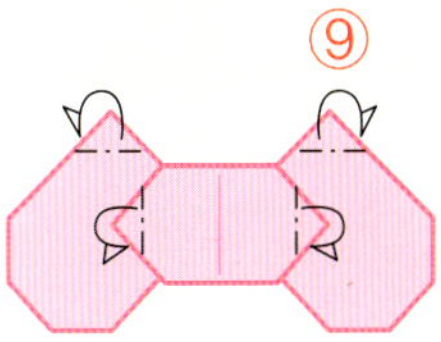

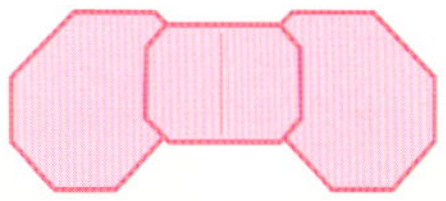

완성 / Completion

ⓒ 강명옥 / Myung-ok Kang

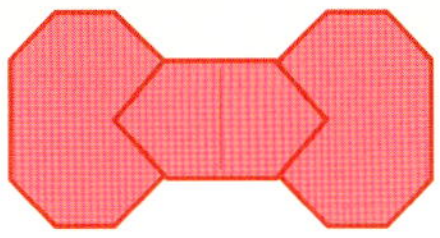

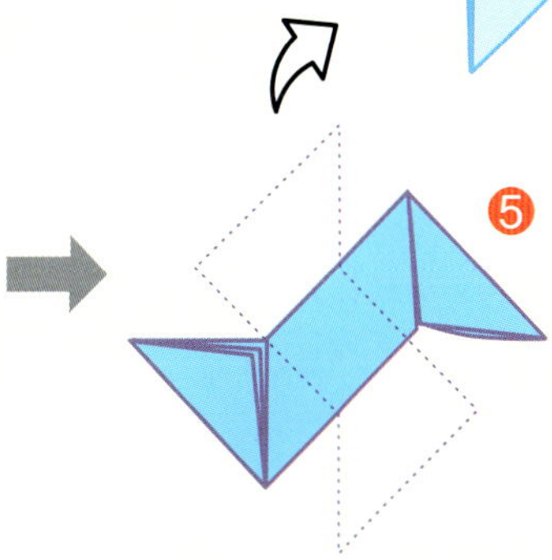

---

④와 ④를 엇갈리게 놓으세요.
Make a cross with ④ and ④.

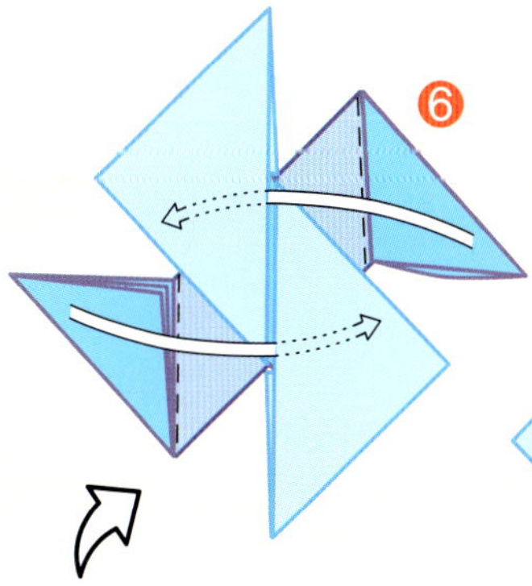

화살표 안쪽으로 끼워 접으세요.
Insert the two side flaps into the others following the arrows.

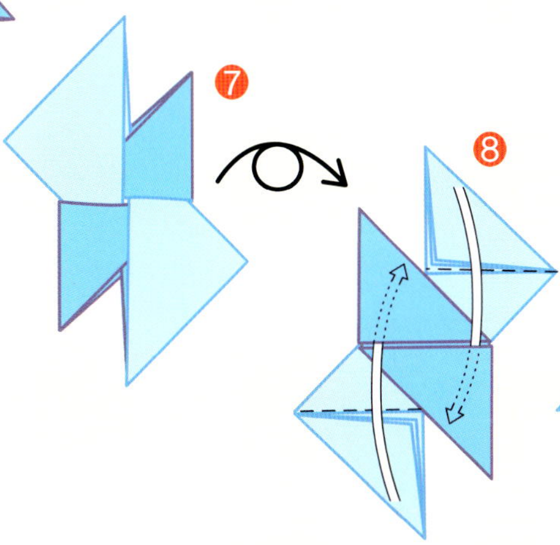

화살표 안쪽으로 접어 넣으세요.
Insert the top and the bottom flaps into the others following the arrows.

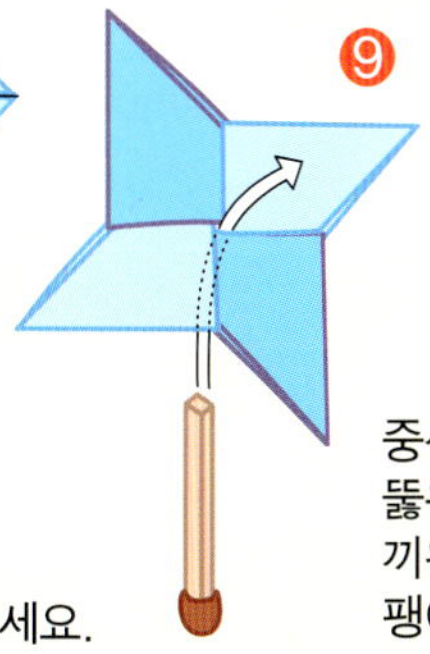

중심을 송곳 등으로 뚫은 뒤, 성냥개비를 끼워서 재미있는 팽이놀이를 해 보세요.
Stick in a match at the center and now you have a top to play with.

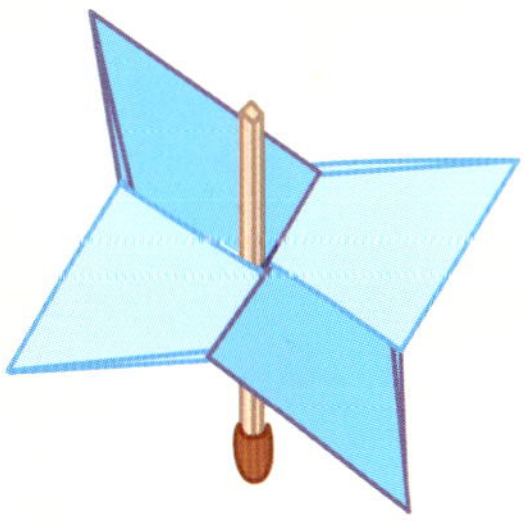

완성 / Completion

KOREA JONG IE JUPGI 61

★ 복주머니를 예쁘게 접어 연하장에 장식하거나 선물 포장에 리본 대신 붙여 보세요.
★ Decorate this Lucky Bag on the greeting card or use it instead of ribbon on gift wrapping.

복주머니 1 / Lucky Bag 1

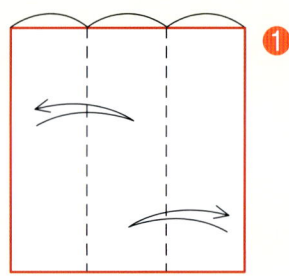

❶ 3등분하여 접었다 펴세요.
Divide the paper into 3. Fold and unfold.

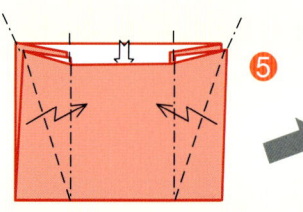

❺ 안쪽을 펼쳐서 계단접기 하듯 양쪽을 접어 넣으세요.
Step fold. And fold both ends along the D-lines and DD-lines.

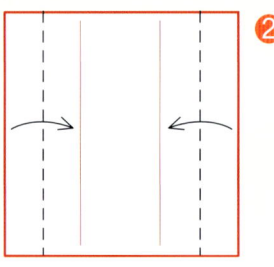

❷ 접기선대로 접으세요.
Fold along the crease line.

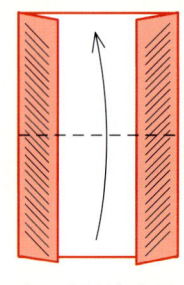 

❸ 빗금친 부분에 풀칠하여 접으세요.
Put glue on the shaded parts and fold them.

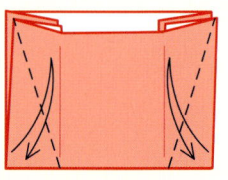

❹ 접었다 펴세요.
Fold and unfold.

복주머니 2 / Lucky Bag 2

★ 사용하는 종이의 크기 (Size of paper)
가로(wide) : 세로(length) = 1 : 2

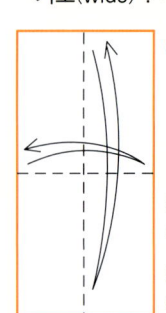

❶ 접었다 편 선을 만드세요.
Crease along the dotted lines.

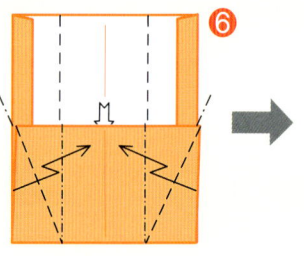

❻ 안쪽을 펼쳐서 계단접기 하듯 양쪽을 접어 넣으세요.
Step fold. And fold both ends along the D-lines and DD-lines.

❷ 접어 올리세요.
Fold up.

❸ 양쪽을 조금만 접으세요.
Fold the fight and left sides.

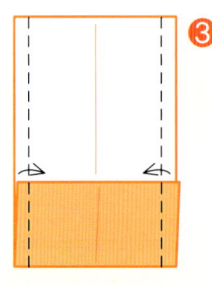

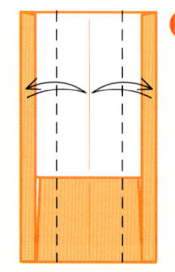

❹ 접었다 편 선을 만드세요.
Crease along the dotted lines.

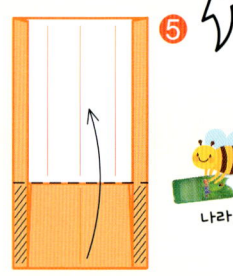

❺ 빗금친 부분에 풀칠하여 접으세요.
Put glue on the shaded parts and fold them.

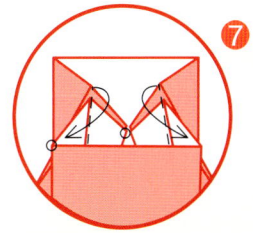

○이 만나도록 접으세요.
Fold the corner, o to meet the other o .

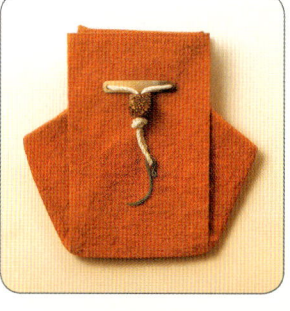

★ 종이 한 장을 네모지게 접은 다음, 입구 절반을 골로 접어 아래의 양쪽에 귀가 나오게 하면 귀주머니가 된다. 조그만 소지품이나 돈 등을 넣어 다니던 실용적인 장신구로서 남녀노소 누구나 지녔다. 주로 길상을 나타내는 문양이나 그림을 장식하였다. 삼국유사(1281~1283년)나 고려도경 (1123년)등의 기록과 조선시대 유물 등을 통해 우리 조상들이 귀주머니를 애용한 것을 알 수 있다. 또한 복이 깃들라는 의미에서 '복(福)주머니'로 부른다.

★ Fold and divide a square of paper in four sections, and if you can make use of a basic knowledge of JONGIE JUPGI, you will get an Ear-shaped Pouch(Kui-ju-mo-ni). The JONGIE JUPGI skill, alone, seemed to pull such a "quick trick". The humble invention became today's handbag, symbol of a lady's ever conspicuous treasure guard. We have found that our ancestors had used the Ear-shaped Pouch(Kui-ju-mo-ni) by referring to records of Samguk yusa(1281~1283) and Goryeo dokyung(1123) relics of Chosun Dynasty. No wonder they named the small paper structure a "Good Lucky Bag".

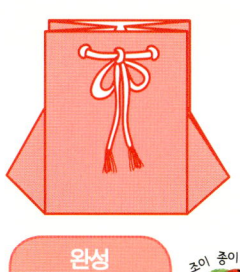

Completion

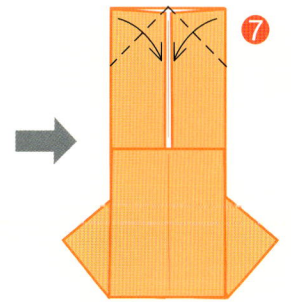

중심선에 맞춰 접으세요.
Fold both end parts to center crease by the D-lines.

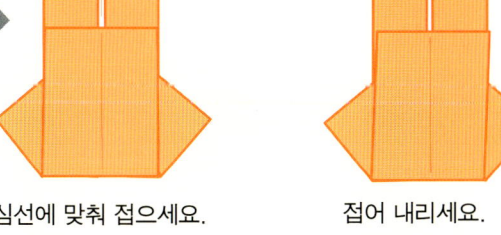
접어 내리세요.
Fold down.

Completion
116쪽 딱지를 접어 장식해 보세요.
Decorate with other Ddakji of 116 page.

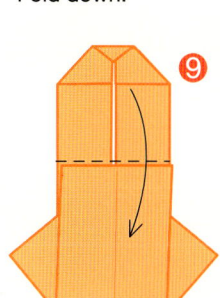
접어 내리세요.
Fold down.

※ 복(福)주머니는 복을 불러들이는 우리나라 풍습으로 정월이나 특별한 날에 선물로 주었던 주머니이며, 지니면 일년내내 만복이 온다고 믿는 데서 비롯되습니다.

※ 복주머니는 매우 귀하게 여긴 선물로서 부모님이나 집안 어른들이 복이 깃들라는 덕담과 함께 좋은 글, 장신구, 돈 등을 넣어 주었던 주머니입니다.

※ In Korean tradition, the Lucky Bag was given on special occasions such as New year's day. It was derived from the belief that carrying Lucky Bag would bring great fortune throughout the year.

※ The Lucky Bag has been a very precious gift from parents or elders, and it is given containing money or accessories along with words of blessing.

고깔 1 / Gokkal 1 ⑪

★ 고깔을 약간 변화시키면 또 다른 형태의 모자나 배 등 여러 가지 작품을 만들 수 있습니다.
★ 창작작품을 연구해 보세요.
★ When you make variations of this work, you can get many different shapes of hats and boats.
★ Let's try to make creative works.

〈문접기 기본형〉에서 시작하세요. Start from 〈MUN JUPGI〉.

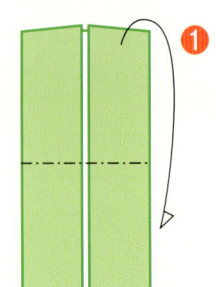

❷ 중심선에 맞춰 접으세요.
Fold the two upper corners to meet at center.

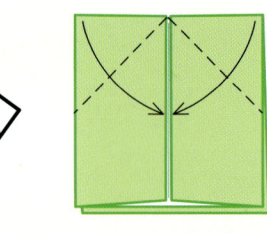

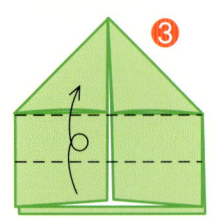 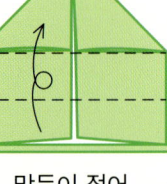

포장지나 신문지 등의 직사각형 종이를 사용할 경우에는 ❸번에서 한 번만 접으세요.
If you use a rectangle paper like wrapping paper or newspaper, fold up once at ❸.

말듯이 접어 올리세요.
Fold up over and over.

※ 흰색 종이로 고깔을 접고 종이나라 〈운용지〉나 〈우리멋 색지〉 등으로 꽃을 만들어 아름답게 장식해보세요.

※ Fold white Gokkal hats and decorate them by making flowers with Jongienara' 〈Unyongji〉 hour stylish colore 〈Treditional Korean Colored paper〉.

완성 / Completion

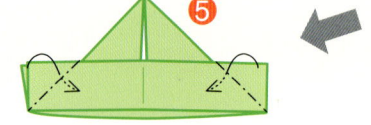

앞의 한 매만 뒤로 접어 넣으세요.
Fold back the front rectangle to inside.

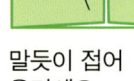

말듯이 접어 올리세요.
Fold up over and over.

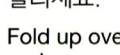

8~13장을 접으세요.
Make 8~13 of this.

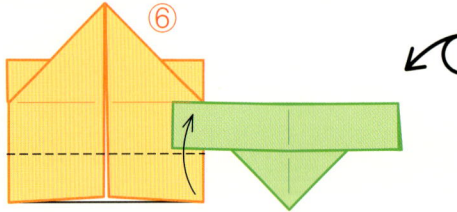

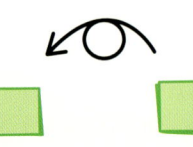

45쪽 별1을 접어 장식해 보세요.
Fold the Star 1 on page 45 and decorate it.

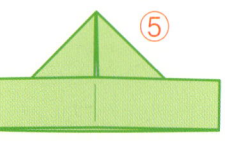

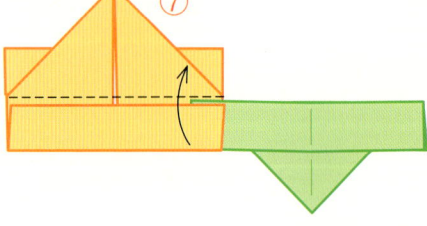

같은 방법으로 연결하세요.
Connect the remaining parts in the same way.

 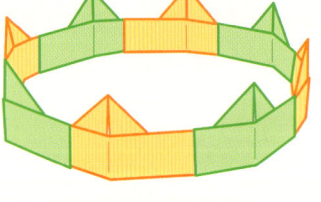

고깔 왕관 완성 / Gokkal Crown Completion

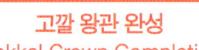

생일이나 기념일, 축하식 등 각종 이벤트에서 머리에 쓰고 멋진 기념사진을 촬영해 보세요.

Wear it on your head for various events, such as birthdays, anniversaries, and celebrations, and take wonderful commemorative photos.

배
Boat

64쪽 고깔 1 접기 ❺에서 시작하세요.
Start from Gokkal 1 ❺ step of page 64.

❶
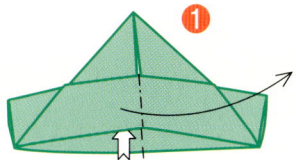

가운데를 펼쳐서 ❷와 같게 접으세요.
Open the center and fold as ❷ above.

❷
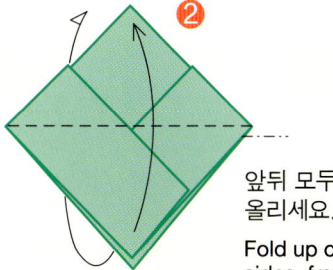

앞뒤 모두 접어 올리세요.
Fold up on both sides, front and back.

❸
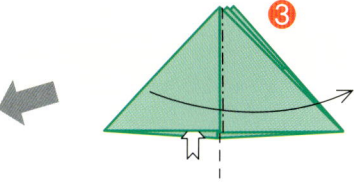

⇨ 화살표 안쪽을 펼쳐 눌러 ❹처럼 되게 하세요.
Open at ⇨ and fold to make it like ❹.

❹
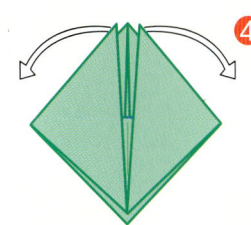

양쪽으로 잡아 당기고 아랫부분을 다듬으세요.
Pull out both corners following the arrows and make room inside.

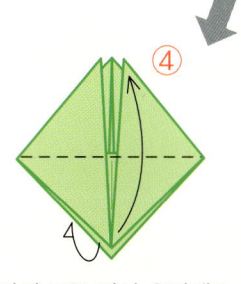

앞뒤 모두 접어 올리세요.
Fold up on both sides, front and back.

❺
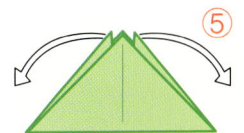

배 완성
Boat Completion

모자 완성
Hat Completion

※ 고깔은 삼신을 나타내는 모자입니다. 고깔은 종이접기의 시원이 되는 우리나라 전승 종이접기로서 삼국시대(AD300-AD676)·통일신라(AD676-AD935)·고려(AD918-AD1392)·조선(AD1392-AD1910)으로 이어지며 빌고 기원하는 토속신앙이나 노래하고 춤추는 농악이나 승무 등 다양한 형태로 발전해 왔습니다.

※ 우리 민족은 예로부터 삼신신앙을 가지고 있었으며 고깔(삼신모자)를 접어 기원했습니다. 삼신(三神)은 하늘(天), 땅(地), 사람(人)을 가리키며, 이들은 서로 떨어져서 존재할 수 없다는 삼신일체사상(三神一體思想)을 지니고 있습니다. 또 우주의 모든 존재가 변화하는 원리와 작용은 큰 덕, 큰 힘, 큰 지혜를 모두 갖춘 한 분의 하느님(한얼)이 주관한다는 한민족의 모태(母胎) 정신과 무(巫) : •(天), ―(地), ㅣ(人)의 전통문화가 담겨 있습니다.

※ 우리 전통 고깔을 활용하여 놀이, 파티, 이벤트, 고깔축제 등 창조운동을 펼쳐 보세요.

※ As handed down through the generations by paper folding, Gokkal hats developed in various ways, some of which were used in ethnic religions, farmer's music and Buddhist Dances. These traditionals along with the Gokkal hat passed through all the main periods in Korea History namely the Three Kindoms(AD300-AD676), United Silla Dynasty(AD676-AD935) and Goryeo Dynasty eras(AD918- AD1392) and Chosun Dynasty eras(AD1392-AD1910).

※ From ancient time, the Korean people have worshipped the Three-God religion. These three gods are Heaven, Earth and Man. It is believed that these three are inseparable from each other. All living beings in the universe are governed by this tripartite source with virtue, power and wisdom. This innate spirit of the Korean people is contained in Gokkal.

※ Let us do creative activities such as play, party, event and festival by using our traditional hat named Gokkal.

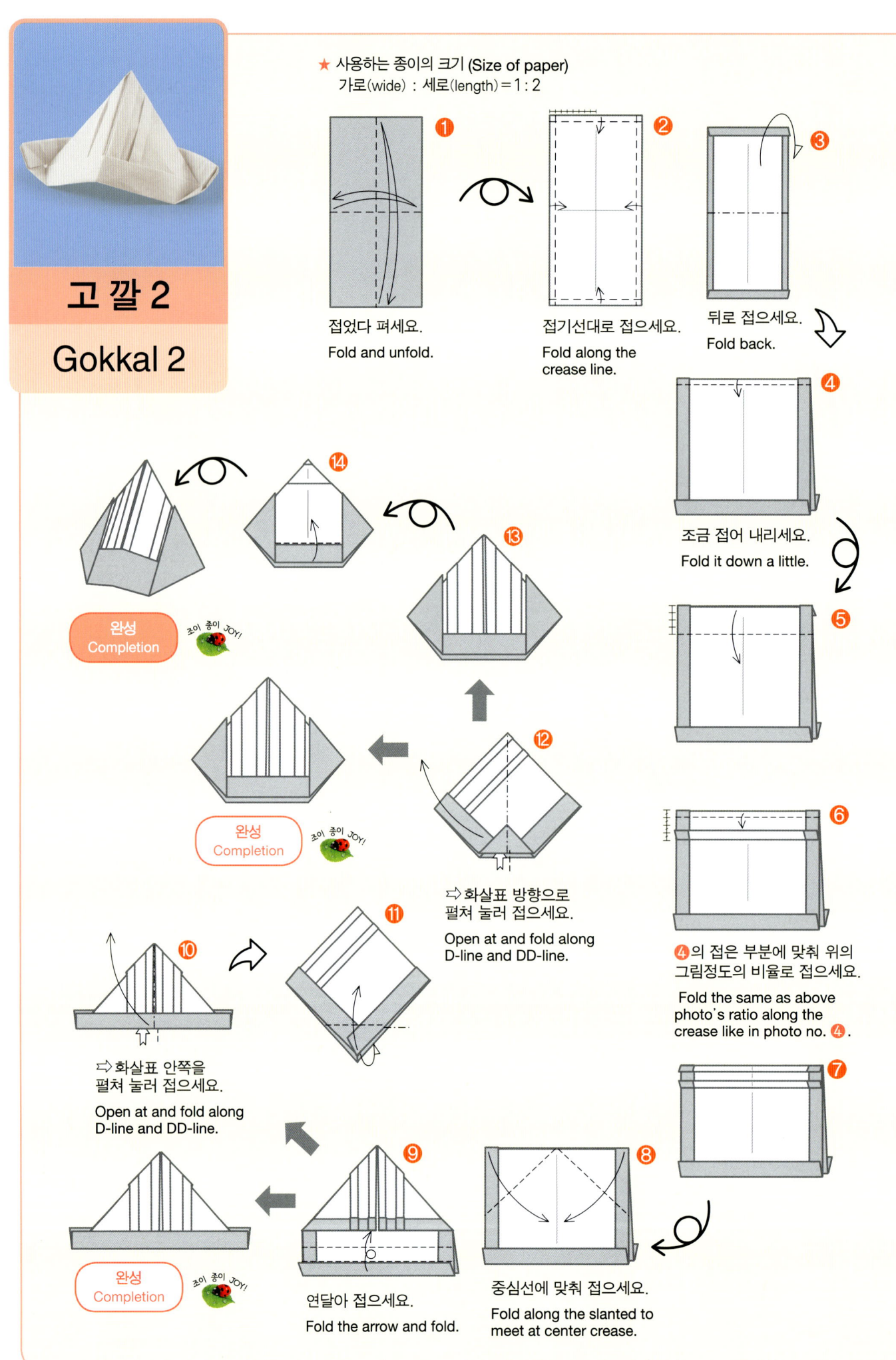

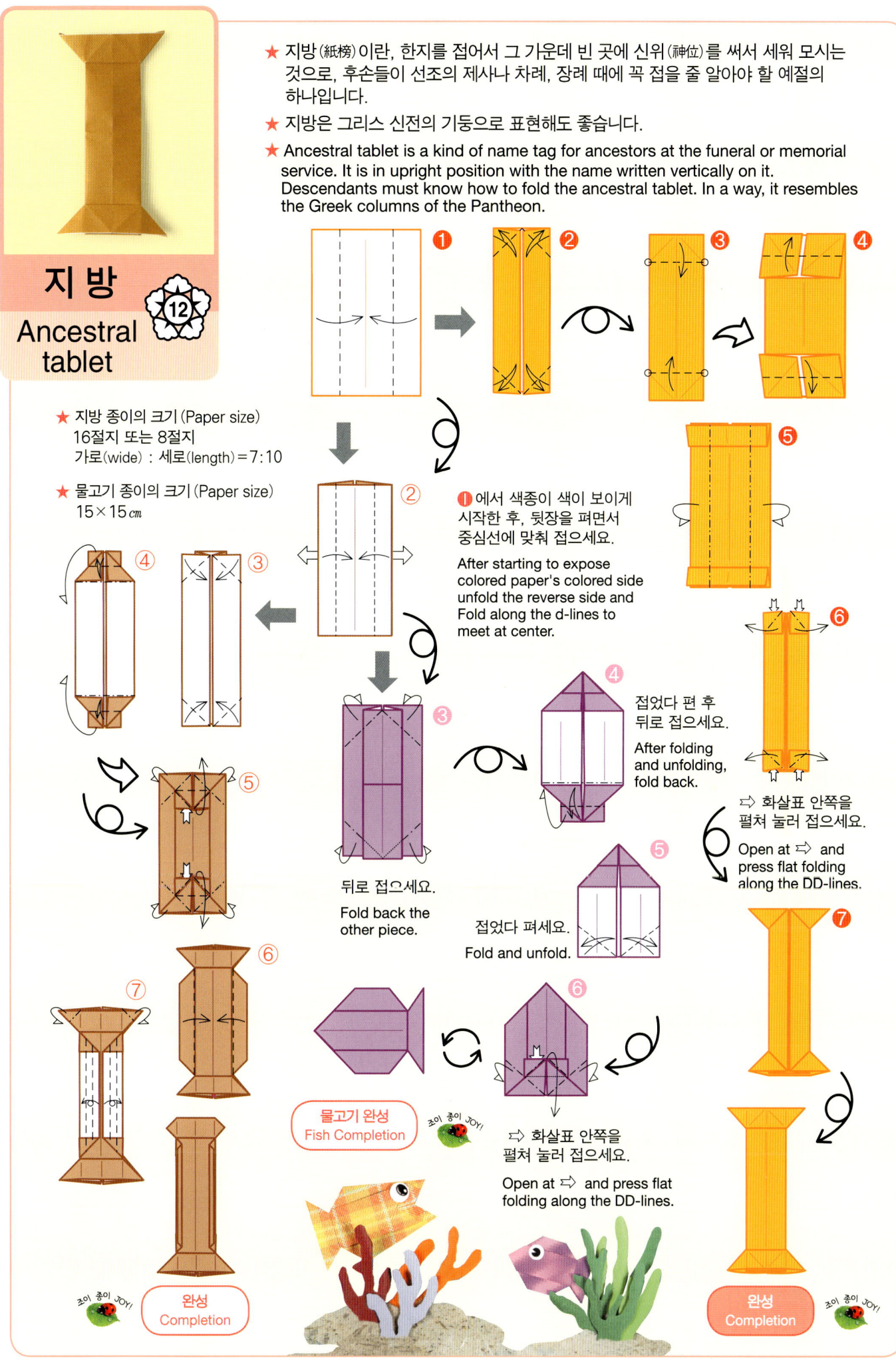

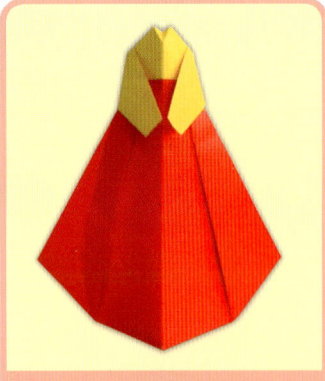

치마저고리
Chima Jeogori

★ 치마저고리는 한국 여성의 전통 의상 한복(韓服)입니다.
★ Chima Jeogori is a traditional Korean national costume(Hanbok) for women.

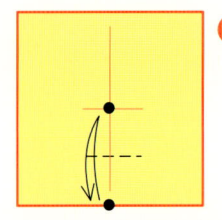

●와 ●가 만나도록 접었다 펴세요.
Fold so the two dots will overlap and unfold.

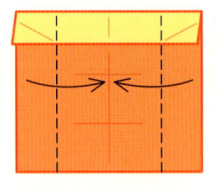

윗부분을 접어 내리세요.
Fold down the upper part along the D-line.

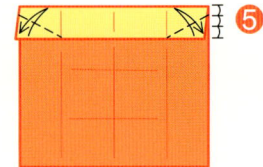

중심선에 맞춰 접으세요.
Fold matching at center.

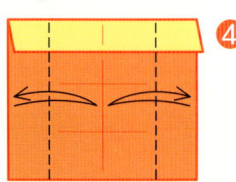

소매가 되는 부분입니다. 뒷장도 함께 접었다 펴세요.
This is a sleeve. Do the same as ④ on the back.

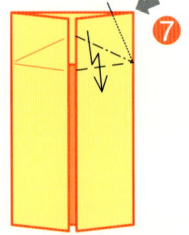

중심선에 맞춰 접었다 펴세요.
Matching at center, fold and unfold.

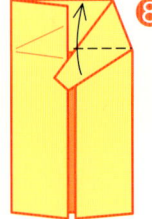

➡ 화살표 부분을 안으로 밀어 넣고 소매 끝을 잡아 당기어 계단접기를 하세요.
Squash in ➡ and pulling the sleeve end, step fold.

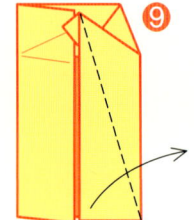

위로 접으세요.
Fold up along the D-line.

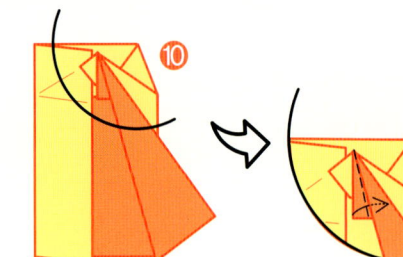

밖으로 접으세요.
Fold out.

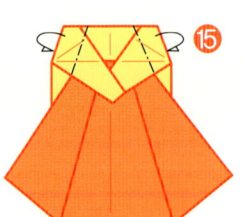

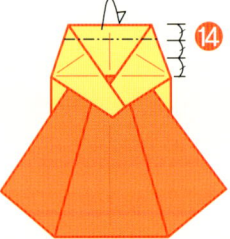

오른쪽으로 접으세요.
Fold the flap to the right.

뒤로 접으세요.
Fold back along the DD-line.

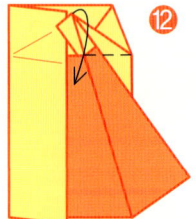

뒤로 접으세요.
Fold back along the DD-line.

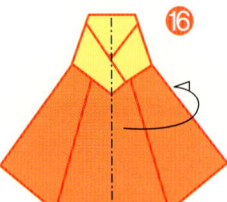

반대쪽 소매도 ⑦~⑫와 같은 방법으로 접으세요.
For the other sleeve, do the same ⑦~⑫.

아래로 접으세요.
Fold down.

뒤로 반을 접으세요.
Fold back in half.

안쪽으로 접으세요.
Fold to inside.

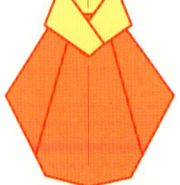

어깨 부분을 뒤로 접으세요.
Fold back the shoulder parts.

완성
Completion

ⓒ 김상헌/Sang-heun Kim

기본형 4. 방 석 접 기
The Basic Pattern Bangsok fold 4. BANGSOK JUPGI

★ 사각접기에서 접는 방석접기 기본형
★ The basic form of BANGSOK JUPGI from SAGAK JUPGI.

★ 삼각접기에서 접는 방석접기 기본형
★ The basic form of BANGSOK JUPGI from SAMGAK JUPGI.

1

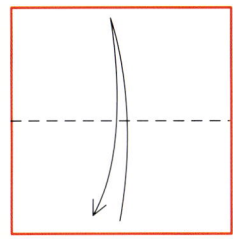

골짜기모양 접기로 접었다 편 선을 만드세요.
Fold and unfold to make a horizontal crease.

1

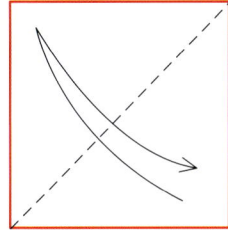

골짜기모양 접기로 접었다 편 선을 만드세요.
Make a crease by folding along the D-line.

2

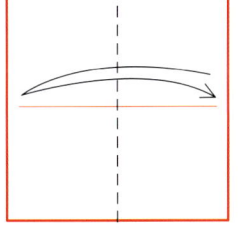

골짜기모양 접기로 접었다 편 선을 만드세요.
Fold and unfold to make a vertical crease.

2

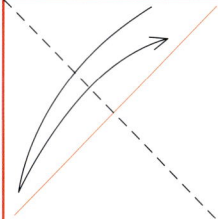

골짜기모양 접기로 접었다 편 선을 만드세요.
Do the same to make another crease.

3

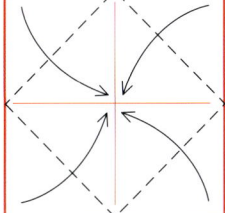

네 모서리 모두 골짜기 모양접기를 하세요.
Fold four corners along the D-lines.

3

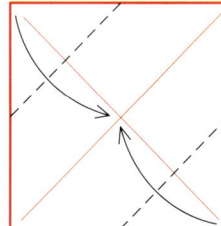

골짜기모양 접기로 중심에 맞춰 접으세요.
Fold along the D-lines to center.

4

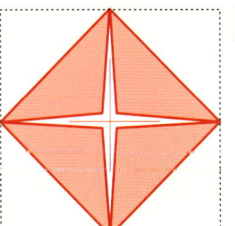

③ 에서 골짜기모양 접기를 할 때 네 모서리를 중심에 꼭 맞춰 접으세요.
Be careful to bring all four corners to meet exactly at center.

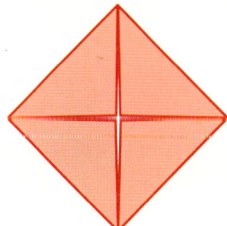

방석접기 기본형 완성
Basic pattern of BANGSOK JUPGI is completed

4

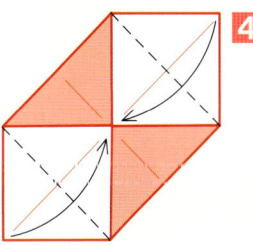

모서리를 중심에 꼭 맞춰 골짜기모양 접기를 하세요.
Fold along the D-lines making sure to meet exactly at center.

※ 방석접기 기본형은 위의 두 가지 모두 정확하게 접을 수 있습니다. 그러나 삼각접기에서 접는 방석접기의 기본형이 쉽고, 중심도 정확하게 맞출 수 있습니다.

※ The two ways of BANGSOK JUPGI are equally good. But the SAMGAK JUPGI is easier for children to learn.

※ 방석 : 깔고 앉는 용도로 사용했습니다. 세계에서 유일하게 장판문화가 발달한 우리나라에서는 신라시대(BC 57-AD 935)부터 몸을 따뜻하게 하고, 편안함을 주기 위해 사용된 것으로 알려졌습니다. 이로 인해 손님 또는 웃어른이 찾아오면 먼저 방석을 내미는 우리의 예절문화로 발전되어 왔습니다.

※ Bangsok : Bangsok has been used as a cushion to sit on for comfort. From the days of the Shilla Dynasty (BC 57-AD 935), it was widely used in Korea to warm the body on the coated paper floor of the Korean house. This resulted in a cultural tradition that bangsoks are offered to the guests and the elderly the first thing upon their arrival.

방석접기로부터의 발전 / BANGSOK JUPGI and its Variations

연 꽃 / Lotus blossom

★ 연꽃을 한지로 접으면 부드럽고 우아한 분위기를 나타냅니다.
★ 냅킨으로 접어 식탁 위를 장식해 보세요.

★ When Korean paper is used, the lotus blossom gives a soft, elegant atmosphere.
★ With napkins, make lotus blossoms for your table decoration.

〈방석접기 기본형〉에서 시작하세요.   Start from the 〈BANGSOK JUPGI〉.

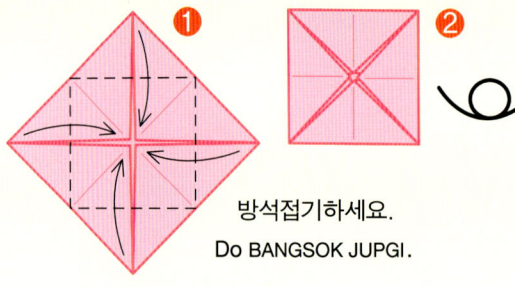

❶ 방석접기하세요. / Do BANGSOK JUPGI.
❷
❸ 방석접기하세요. / Do Bangsok fold.
❹

❼ 같은 방법으로 뒤쪽에 있는 또 하나의 모서리를 올려 주세요.
In the same way, pull up another layer.

❻

❺ 접은 모서리를 눌러 주며 뒤쪽에 접혀 있는 것을 위로 잡아당기세요.
While pressing down the top corner, pull upward the folded part in the back.

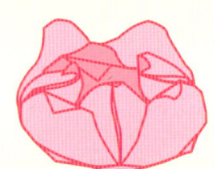

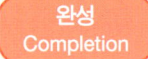
완성 / Completion

바람개비 ⑬ / Pinwheel

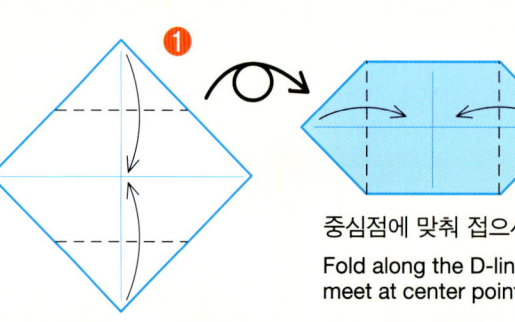

❶ 중심점에 맞춰 접으세요. / Fold along the D-lines.
❷ 중심점에 맞춰 접으세요. / Fold along the D-lines to meet at center point.
❸
❹

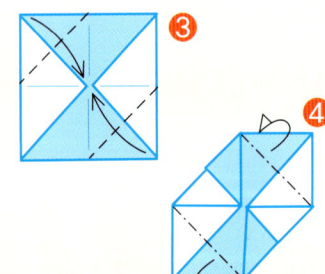

❺
❻ ⇨ 화살표 방향으로 잡아당기며 펼치세요. / Pull out in the direction of ⇨.

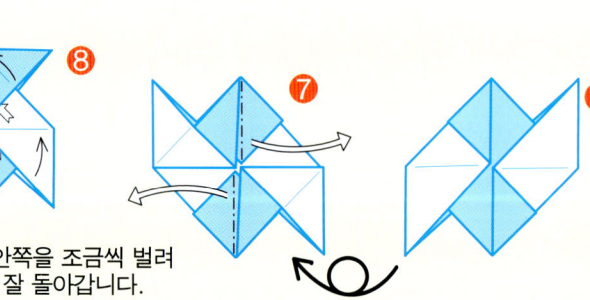

❼
❽ ⇨ 화살표 안쪽을 조금씩 벌려 주면 바람에 잘 돌아갑니다.
Open up a little at ⇨. Then the pinwheel will spin better.

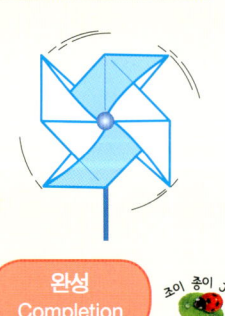

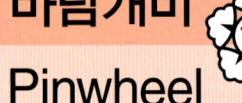
완성 / Completion

상 자
Box

❶ 접었다 펴세요.
Fold and unfold along the D-lines.

❷ 접었다 펴세요.
Fold and unfold along the D-lines.

❸ 방석접기하세요.
Do the BANGSOK fold.

❹ 접었다 펴세요.
Fold and unfold along the D-lines.

❺ 다시 펴세요.
Unfold.

❻ 중심선에 맞춰 접으세요.
Fold along to meet at center.

❼ 다시 펴세요.
Unfold.

❽ ○부분을 안쪽으로 끌어 당겨 세워 접으세요.
Pull the ○ toward inside and let that side stand up like ❾.

❾ 접기선을 잘 보고 안쪽으로 접어 넣으세요.
Carefully fold in the top corner like ❿.

❿ ❽~❾와 같은 방법으로 접으세요.
Repeat ❽~❾.

⓫ 안쪽으로 접어 넣으세요.
Fold to inside.

완성 Completion

❹를 접을 때 기본선 안쪽으로 접으면 작은 상자가 되고, 기본선 밖으로 접으면 큰 상자가 됩니다.

When you fold ❹, if you fold in, you will get a small box, and if you fold out, you will get a big box.

상자 뚜껑으로 덮어보세요.
Now, close the box with a cover.

종이바람총
Wind gun

★ 쓰다 남은 스케치북 등 두꺼운 종이를 사용하세요.
★ Make use of card board paper such as the cover of a used sketch book, etc to make the wind gun.

직사각형의 종이를 사용하세요. Use a rectangular paper.

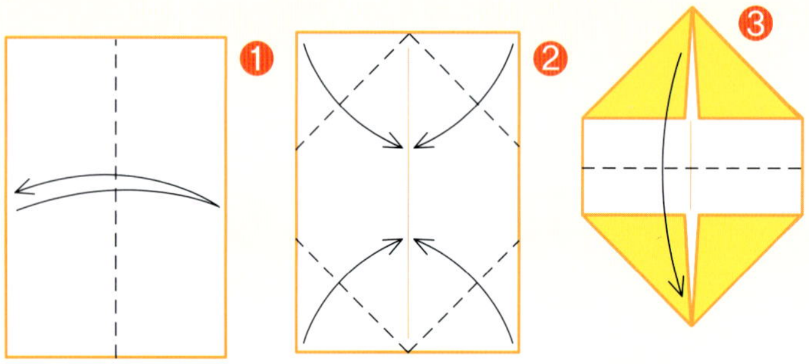

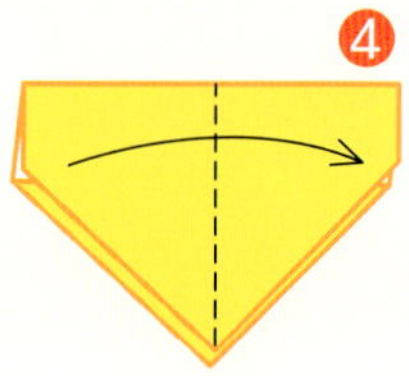

④ 반으로 접으세요.
Fold in half.

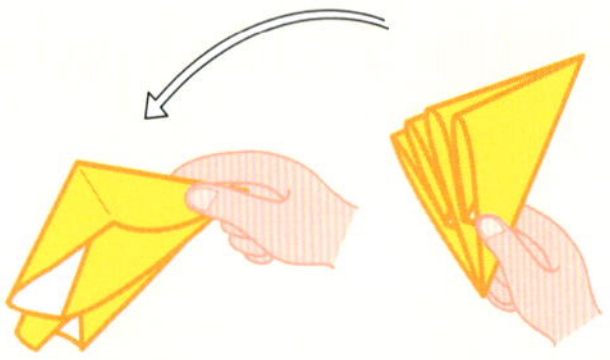

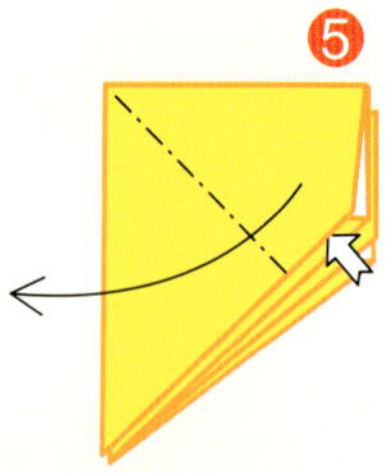

⑤ ➩화살표 안쪽을 펼쳐 눌러 접으세요.
Open at ➩ and fold back along the DD-line, pressing flat.

⑦ ➩화살표 안쪽을 펼쳐 눌러 접으세요.
Open at ➩ and fold back along the DD-line, pressing flat.

완성 Completion

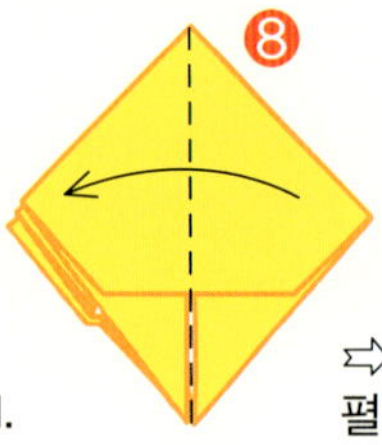

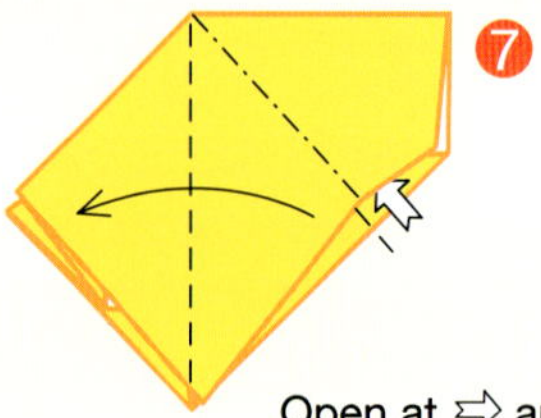

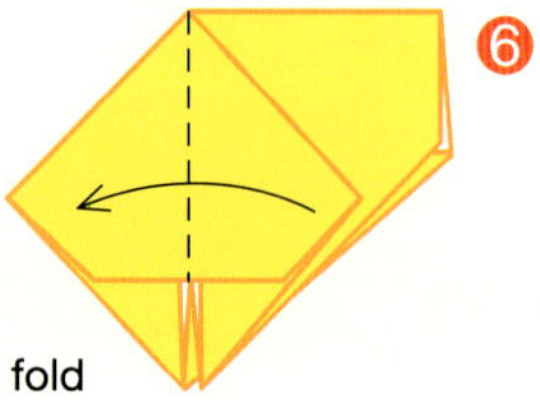

○부분을 잡고 힘껏 내리치면 팡~ 하는 소리가 납니다.
Firmly grab the end with ○ mark and give a strong down blow. It will make a big bang sound.

꽃팽이
Flower Top

〈방석접기 기본형〉에서 시작하세요. Start from the 〈BANGSOK JUPGI〉.

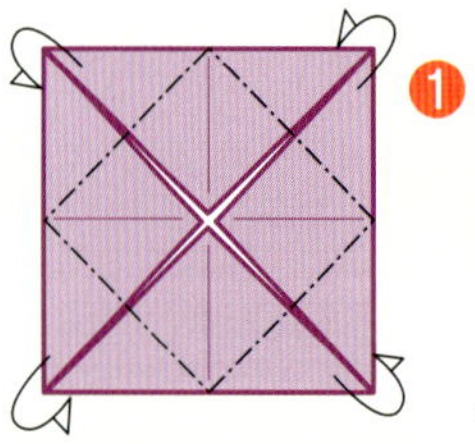

뒤로 접은 후, 풀칠하여 붙이세요.
After gluing revere side, fold the 4 corners backwards and hold together tightly.

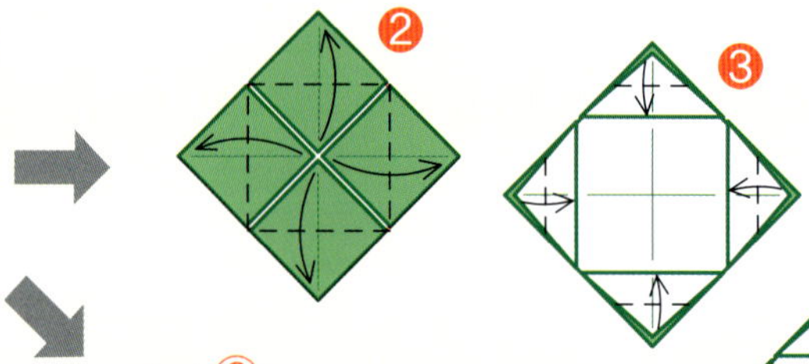

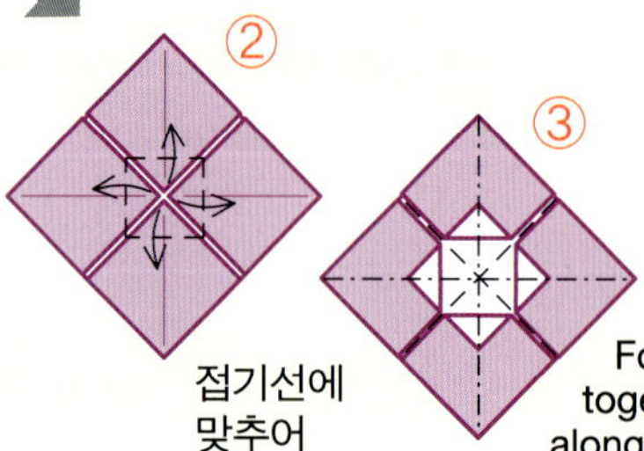

접기선에 맞추어 모아 접으세요.
Fold together along the crease lines.

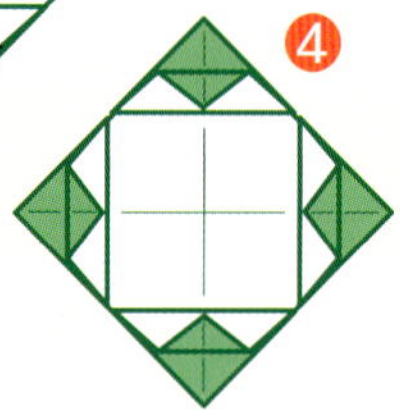

2장을 접으세요.
Make 2 of this.

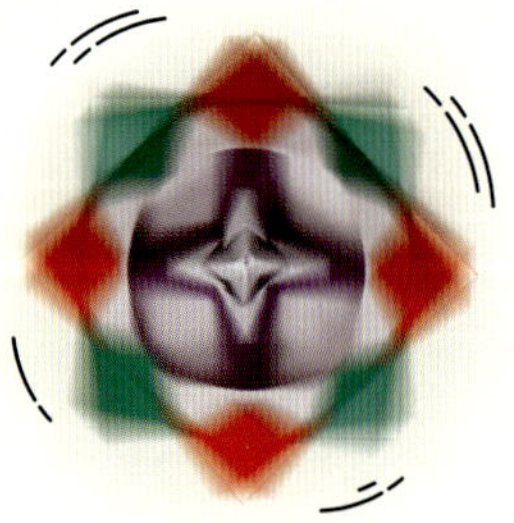

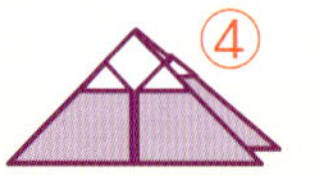

중심에 끼워 넣으세요.
Tuck it into the middle of the model.

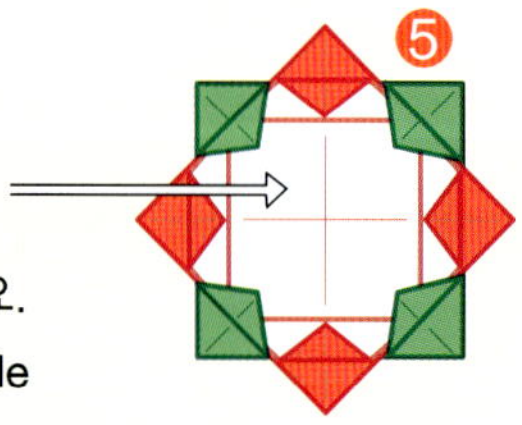

2장을 서로 포개어 붙이세요.
Fold 2 pieces of papers and overlap each other.

완성 Completion

© 강명옥 / Myung-ok Kang

동서남북
E·W·S·N

〈방석접기 기본형〉에서 시작하세요.
Start from the 〈BANGSOK JUPGI〉.

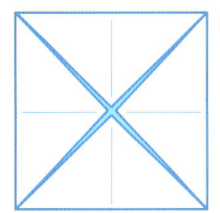

모빌을 접을 때의 색면
For a mobile, start with the light side of paper.

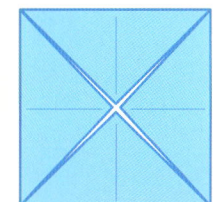

동서남북을 접을 때의 색면
For a toy called EWSN (East-West-South-North), start with the dark side.

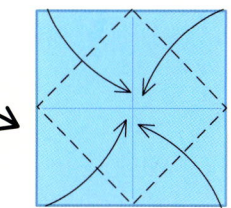

방석접기하세요.
Do BANGSOK fold.

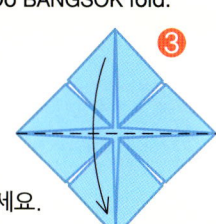

반으로 접으세요.
Fold in half.

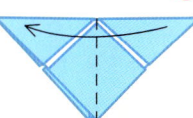

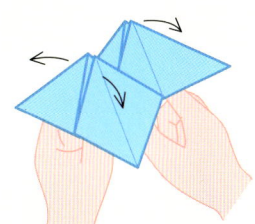

동서남북놀이를 해 보세요.
Play with the toy E·W·S·N

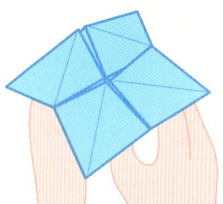

⇨ 화살표 안쪽을 펼쳐 눌러 접으세요.

Open at ⇨ and keeping the center crease aligned, press flat.

완성
Completion

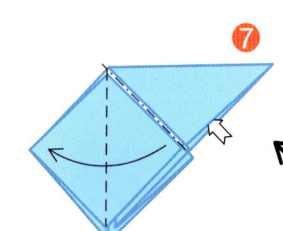

네 모서리를 펴세요.
Open up the four corners following the arrows.

⇨ 화살표 안쪽을 펼쳐 눌러 접으세요.

Open at ⇨ and keeping the center crease aligned press flat.

💚 조립방법 💚 How to assemble the numerous units

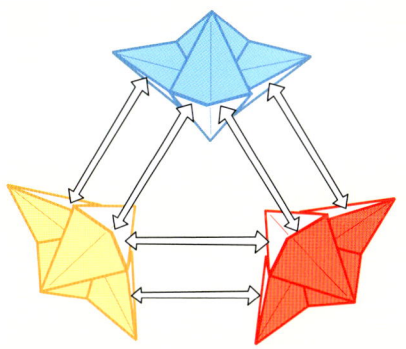

화살표로 연결된 부분을 풀칠하여 붙이세요.
Put the glue on the parts connected with arrows and paste them together.

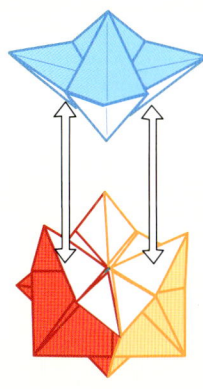

（6장 조립하는 모습）

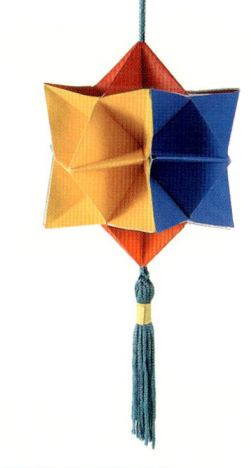

모빌 완성
Mobile Completion

실을 꿰고 술을 달아 장식 모빌로 이용하세요.
Put the thread and tassel as shown in the picture and enjoy it.

KOREA JONG IE JUPGI 73

바지저고리
Baji Jeogori ⑮

★ 흰종이로 접은 바지저고리와 치마저고리는 토속신앙, 불교 의식 등에서 죄를 씻어내는 의식(관욕제 灌浴祭)을 치른 후, 불에 태워 하늘에 올려 보낼 때 사용되어 오고 있다.

★ Baji Jeogori and Chima Jeogori which are made of white paper have been used when making the burning jeogories fly after the ceremony of shamanistic beliefs or Buddhism which purges people's sins.

〈방석접기 기본형〉에서 시작하세요.
Start from the 〈BANGSOK JUPGI〉.

저고리 Jeogori

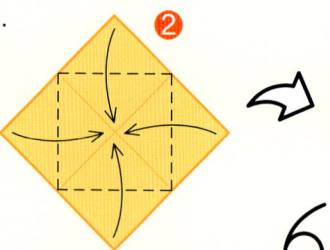

방석접기하세요.
Do the BANGSOK JUPGI.

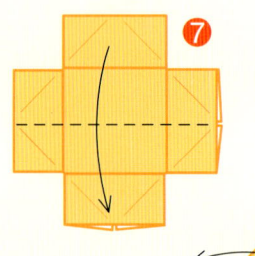

방석접기하세요.
Do the BANGSOK JUPGI.

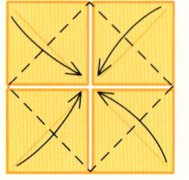

⇨ 화살표 안쪽을 펼쳐 눌러 접으세요.

Open at ⇨. And keeping the center creases aligned, press flat.

바지 Baji

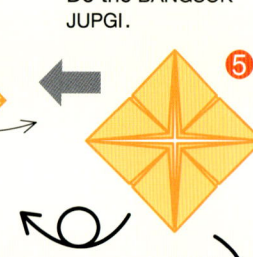

⇨ 화살표 안쪽을 펼쳐 눌러 접으세요.

Open at ⇨. And keeping the center creases aligned, press flat.

저고리 완성
Jeogori Completion

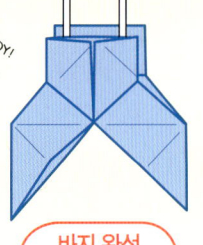

완성
Completion

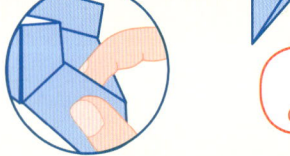

바지 완성
Baji Completion

안으로 집어 넣으세요.
Put the Baji (pants) into Jeogori (jacket).

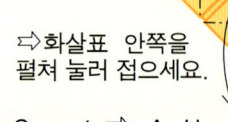

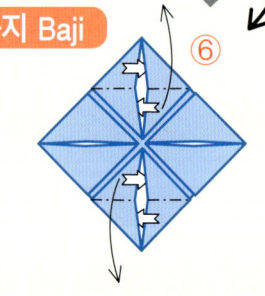

점선 모양대로 접으세요.
Fold along the DD-lines.

양쪽을 화살표 방향으로 펴세요.
Pull to both sides like the arrows and open.

연필꽂이 완성
Pencil vase Completion

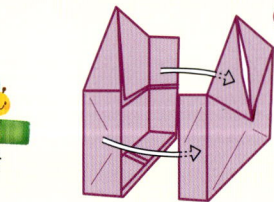

풀칠하여 서로 붙이세요.
Stick together with glue.

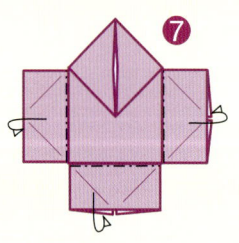

뒤로 접으세요.
Fold back.

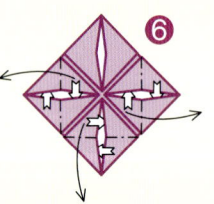

색종이보다 두꺼운 종이로 접으세요.
Make a fold with thicker paper than colored paper.

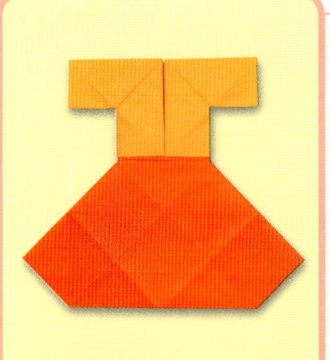

치마저고리
Chima Jeogori

★ 치마저고리와 바지저고리는 우리나라 전통의상 한복(韓服)으로 평상시에 입는 옷입니다.

★ Chima Jeogori and Baji Jeogori are the Korean traditional costume which is called Hanbok and used in daily life.

74쪽 ❻에서 시작하세요. Start from ❻ step of page 74.

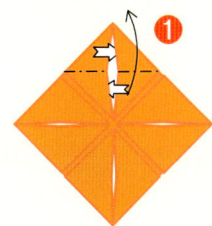
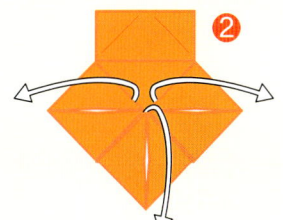
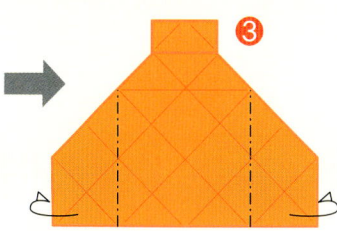

⇨화살표 안쪽을 펼쳐 눌러 접으세요.
Open at ⇨. And keeping the center creases aligned, press flat.

펼치세요.
Open it up.

뒤로 접으세요.
Fold back.

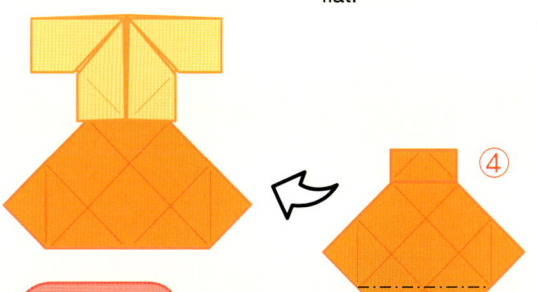
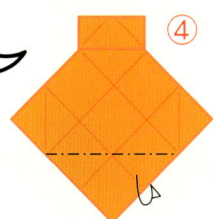
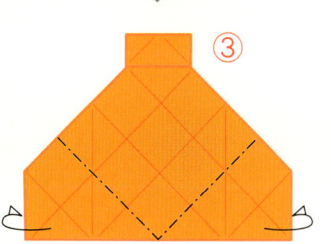
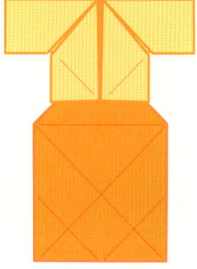

완성 Completion

74쪽 저고리 완성의 안으로 집어 넣으세요.
Tuck into Chima Jeogori done as shown on page 74.

뒤로 접으세요.
Fold back.

뒤로 접으세요.
Fold back.

완성 Completion

66쪽 저고리 완성의 안으로 집어 넣으세요.
Tuck into Chima Jeogori done as shown on page 66.

왕관 Crown

74쪽 ❼에서 시작하세요.
Start from ❼ step of page 74.

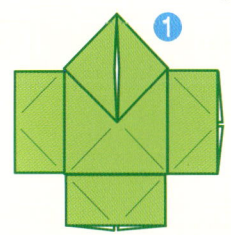
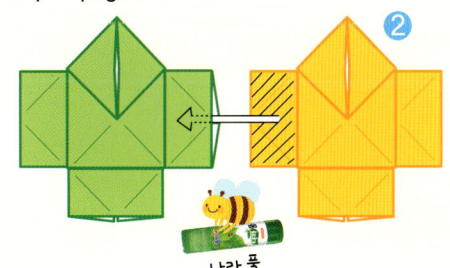

머리 둘레에 맞도록 여러 개를 접으세요.
Looking at Step ❷ apply glue to the shaded area.

빗금친 부분에 〈나라풀〉로 풀칠하여 끼워 넣으세요.
Fold several pieces to fit for the correct size of your head and glue them together as shown above.

왕관 완성 Crown Completion

의자 Chair

74쪽 ❼에서 시작하세요.
Start from ❼ step of page 74.

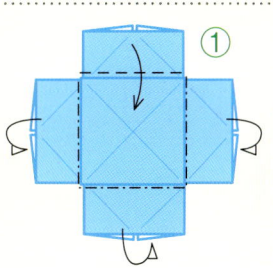
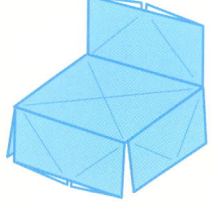

세 부분은 산모양 접기를, 나머지 한 부분은 골짜기모양 접기를 하세요.

Fold the top part by the D-line. And fold back all other 3 sides along the DD-lines.

의자 완성 Chair Completion

말하는 새
Talking bird

〈방석접기 기본형〉에서 시작하세요.
Start from the 〈BANGSOK JUPGI〉.

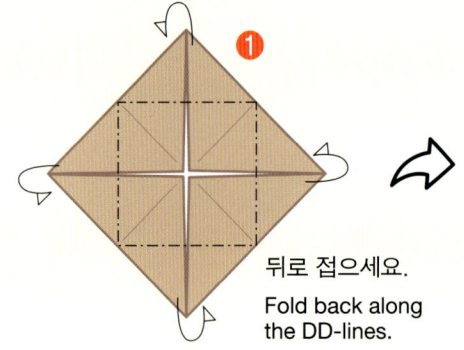

뒤로 접으세요.
Fold back along the DD-lines.

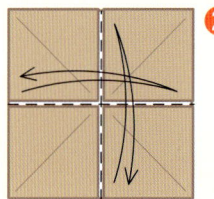

접었다 펴세요.
Fold and unfold.

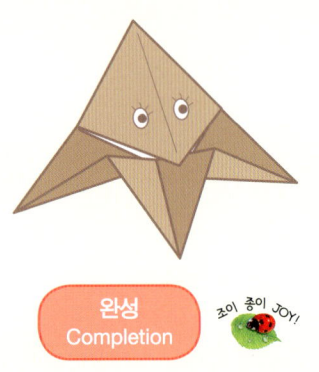

완성
Completion

양쪽 모서리를 밀었다, 당겼다 하면 먹이 찾는 까마귀 부리가 됩니다.
If you hold the side corners as shown in the picture and pull and push repeatedly, then the beak will open and close as if to peck on food.

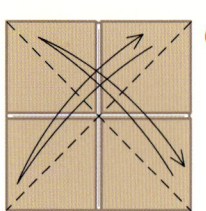

접었다 펴세요.
Fold and unfold.

○부분이 겹쳐지도록 점선 모양대로 접으세요.
Fold along the D-lines and DD-lines for all 4 circled points to meet at center.

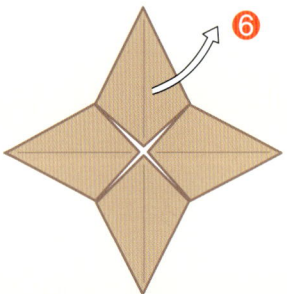

안쪽의 종이를 화살표 방향으로 잡아당기세요.
Pull out the inner paper in the direction of the arrow.

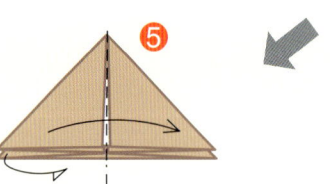

모서리를 세우듯 접어 입체를 만드세요.
Raise the corners making space inside like ⑥.

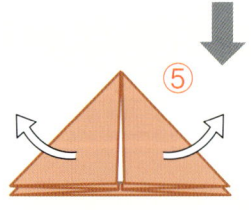

펼치세요.
Open to both sides following the arrows.

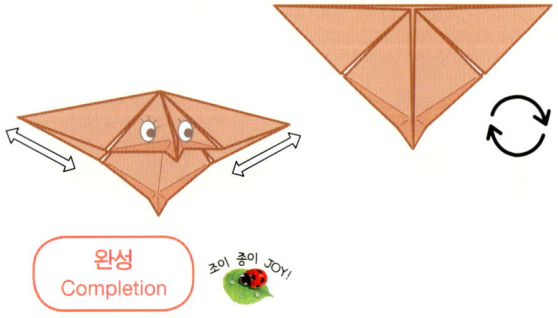

완성
Completion

양쪽 모서리를 밀었다, 당겼다 하면 먹이를 찾는 새의 부리가 됩니다.
If you grab at both side-ends and pull and push, you will get a beak of a crow as if to peck on food.

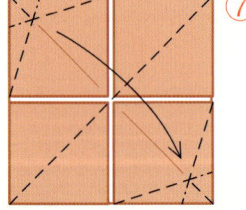

양쪽 끝을 새 부리처럼 꼭꼭 눌러 주고 반으로 접으세요.
Press down the two ends.

접기선을 잘 보고 접었다 펴세요.
Fold and unfold following the D-lines.

기본형 5. 고기 접기
The Basic Pattern Fish fold 5. GOGI JUPGI

★ 고기접기는 두 종류의 접기 방법이 있습니다. ★ There are two ways of GOGI JUPGI.

■ 접는 방법 How to fold Ⓐ

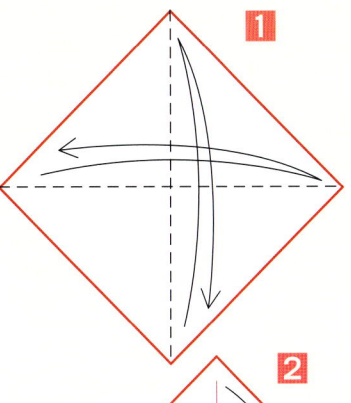

골짜기모양 접기로 접었다 편 선을 만드세요.

Fold to make a horizontal crease and then fold again to make a vertical crease.

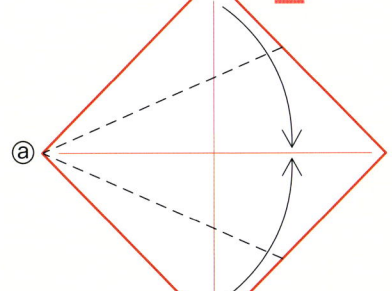

접었다 편 선 ⓐⓑ에 맞춰 접으세요.

Fold along the D-lines to meet at center line ⓐⓑ.

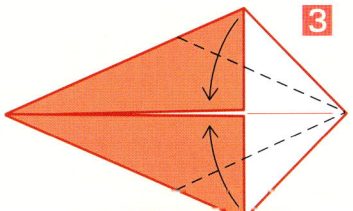

다시 한 번 위·아래 모두 골짜기모양 접기를 하세요.

Fold again along the D-lines to meet at center crease.

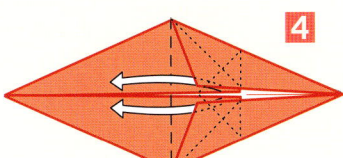

위·아래 모두 안쪽에 접힌 부분을 밖으로 빼내세요.

Pull out the folded parts from inside.

■ 접는 방법 How to fold Ⓑ

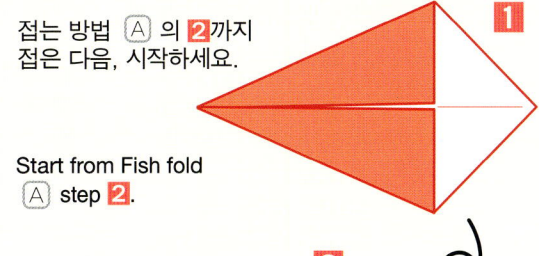

접는 방법 Ⓐ 의 2까지 접은 다음, 시작하세요.

Start from Fish fold Ⓐ step 2.

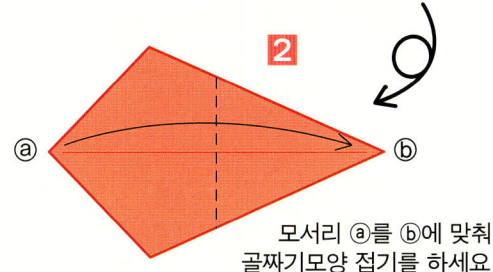

모서리 ⓐ를 ⓑ에 맞춰 골짜기모양 접기를 하세요.

Fold along D-line to meet at center line ⓐⓑ.

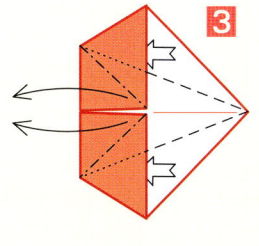

위 아래 모두 ⇨ 화살표 방향으로 잡아당겨 눌러 접으세요.

At top and bottom, pull in the direction of ⇨. And keeping center creases aligned, press flat.

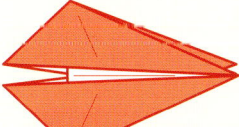

고기접기 기본형 2 완성
GOGI JUPGI 2 is completed.

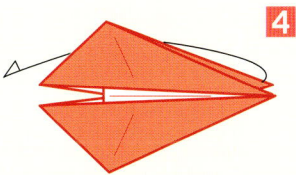

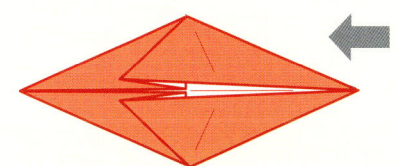

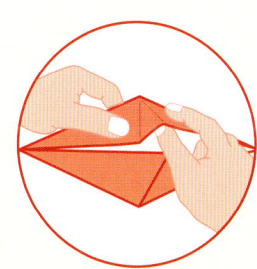

고기접기 기본형 1 완성
GOGI JUPGI 1 is completed.

4 를 접을 때 위의 그림을 참고 하세요.
When you fold 4, look at the diagram carefully inside the circle above.

화살표 방향으로 펴세요.
Open in the direction of.

※ Ⓑ 의 방법이 더욱 정확하고 쉽습니다.
※ Ⓑ is easier and can be done more precisely.

KOREA JONG IE JUPGI 77

고기접기로부터의 발전

GOGI JUPGI and its Variations

물 개 / Seal ⑯

〈고기접기 기본형 1〉에서 시작하세요.
Start from the 〈GOGI JUPGI 1〉.

❶ 뒤로 접으세요.
Fold back along the DD-line.

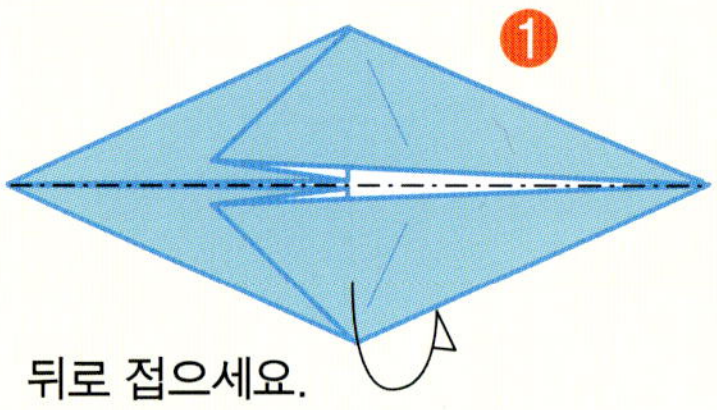

❷ 중심선에 맞춰 접으세요. 뒤쪽도 같은 방법으로 접으세요.
Fold along the line and also fold back on the other side.

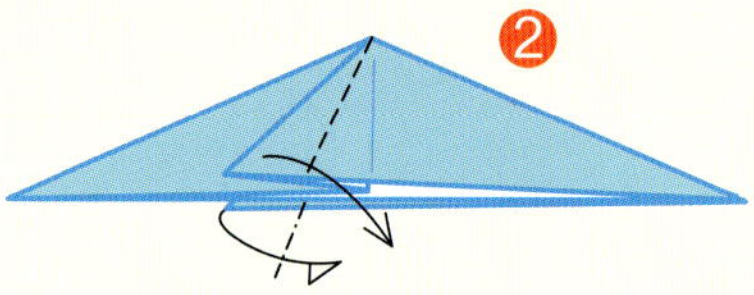

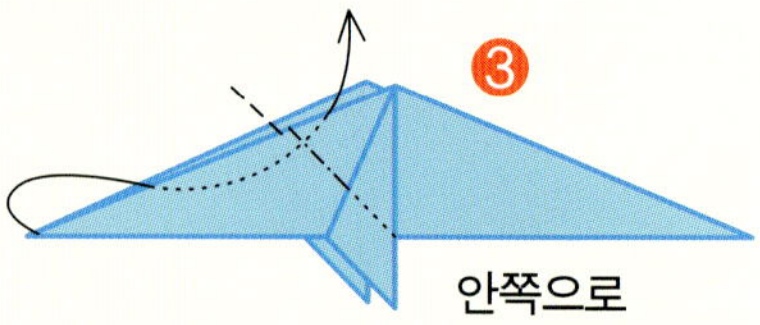

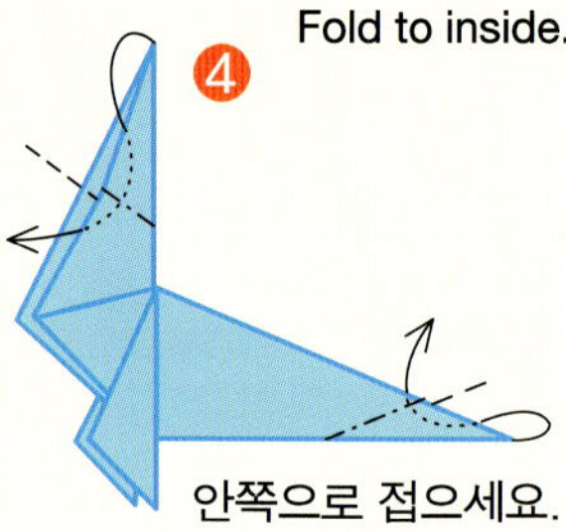

❸ 안쪽으로 접으세요.
Fold to inside.

❹ 안쪽으로 접으세요.
Fold to inside.

❺ 밖으로 뒤집어 접으세요.
Fold to outside.

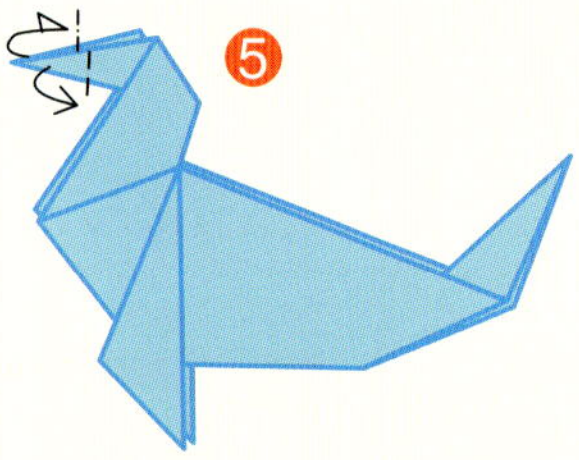

❻ 수평이 되도록 접으세요.
Fold for the bottom triangles to be at a right angle with body.

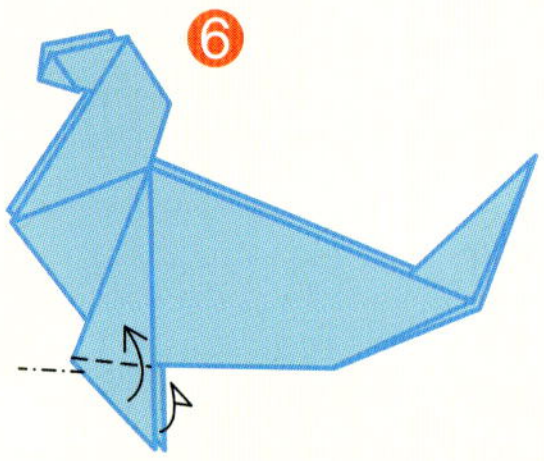

완성 / Completion

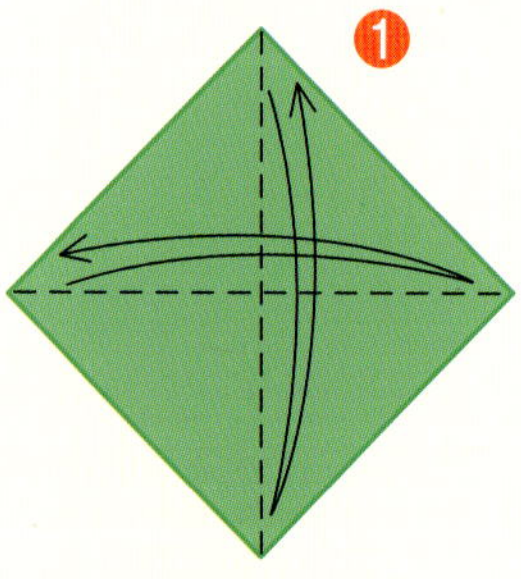

리 스 / Wreath

❶ 접었다 펴세요.
Fold and unfold.

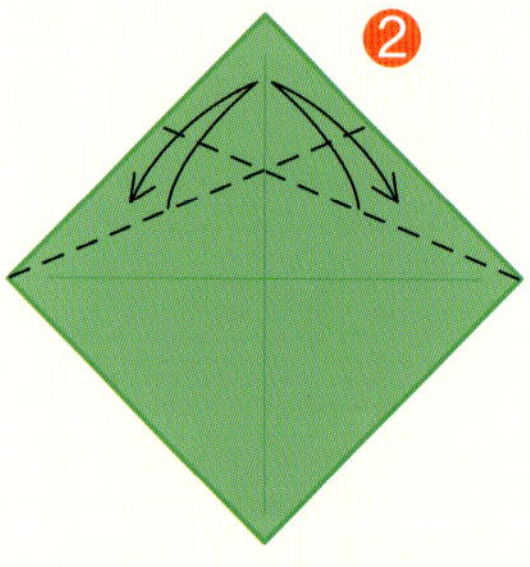

❷ 접었다 펴세요.
Fold and unfold.

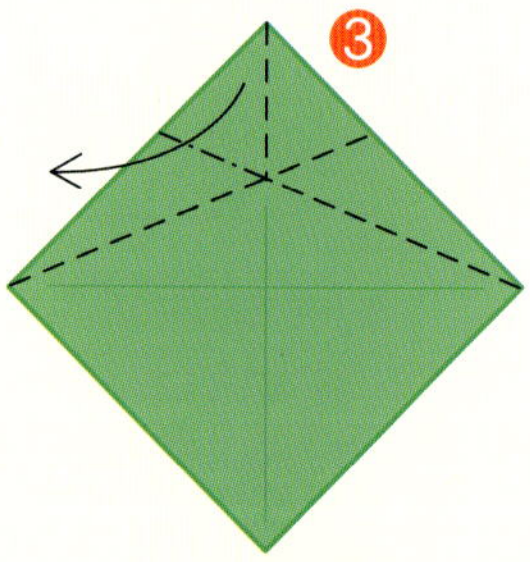

❸

❹

❺ ⇨ 화살표 안쪽을 펼쳐 눌러 접으세요.
Open at ⇨ and fold following the DD-lines.

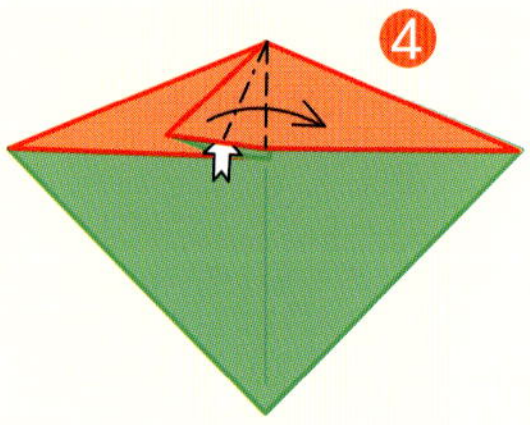

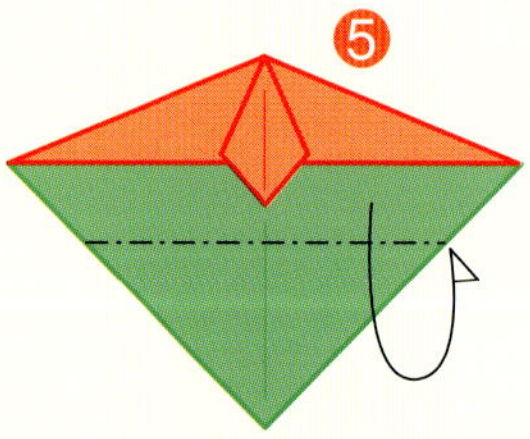

8장을 접으세요.
Make 8 of this.

❻ 2장을 연결하는 모습.
Two of them are connecting.

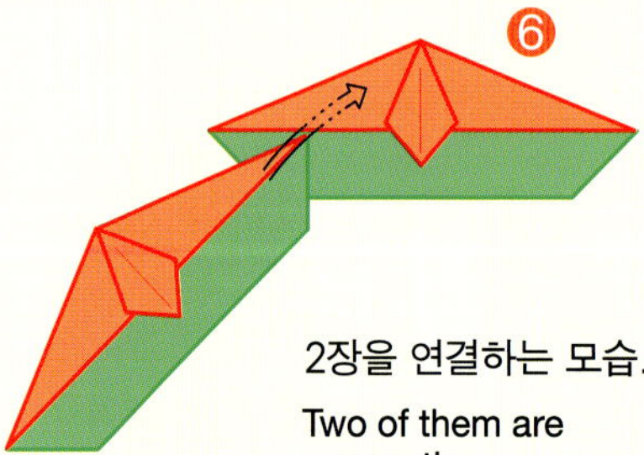

완성 / Completion

ⓒ 강명옥 / Myung-ok Kang

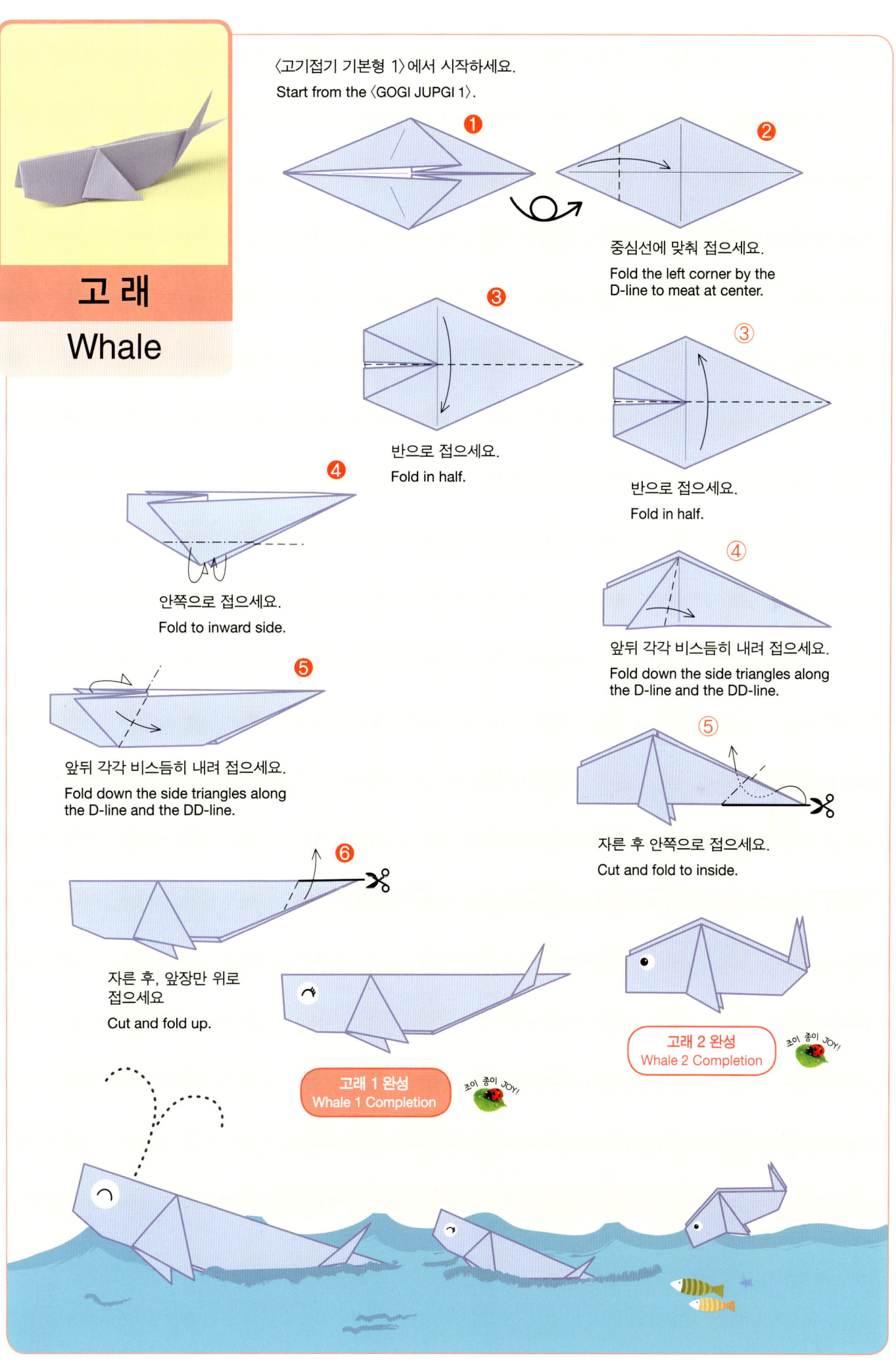

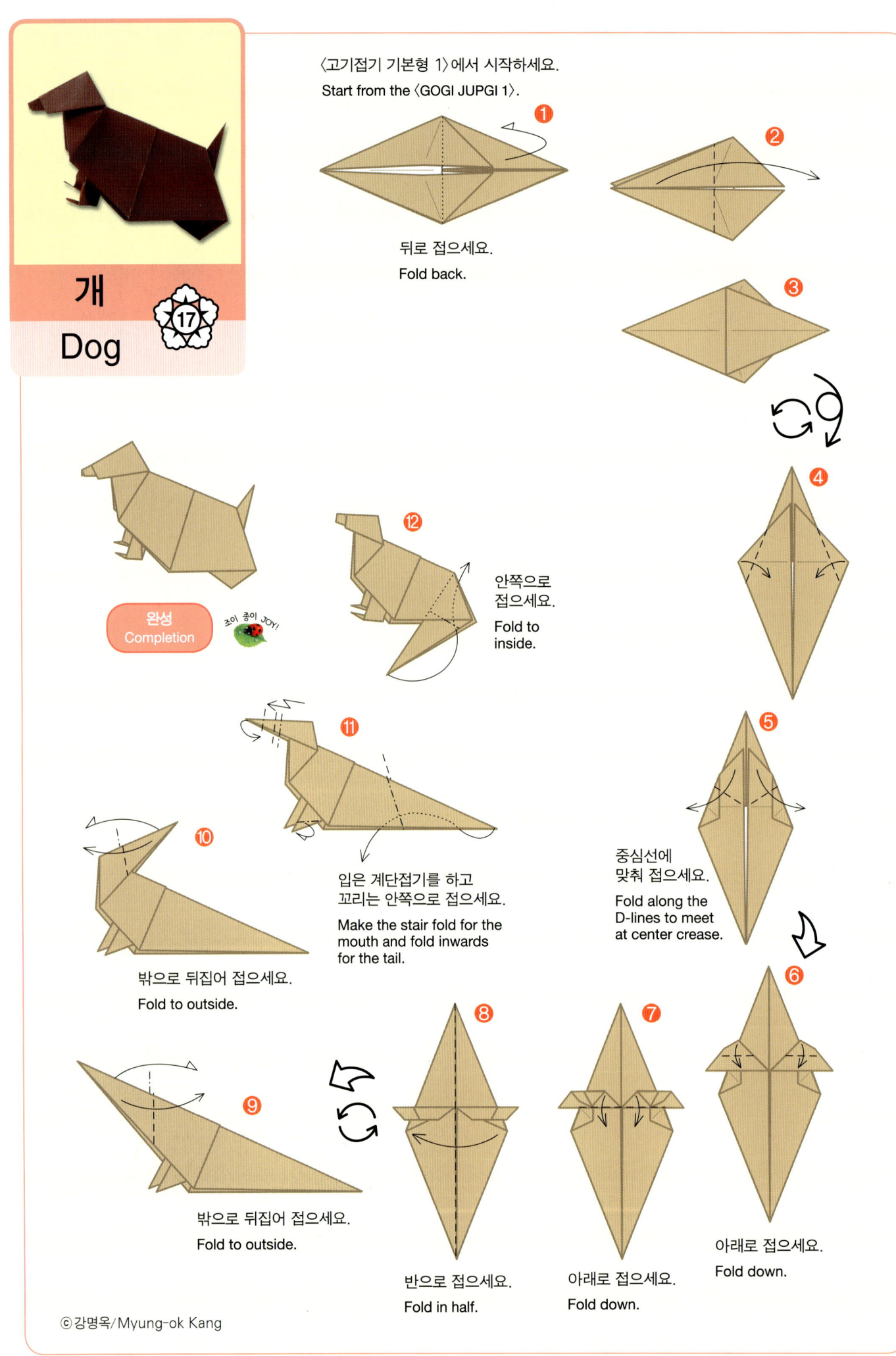

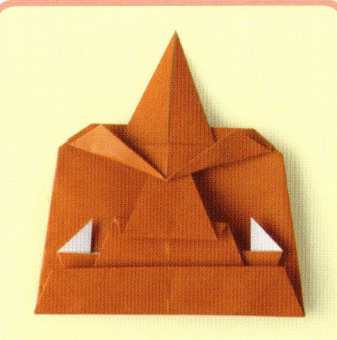

도깨비
Hobgoblin (18)

★ 할로윈데이는 10월의 마지막 날로 귀신을 쫓아버리기 위한 의식에서 비롯되었다가 축제로 변모하였습니다.
이 날 사람들은 우스꽝스러운 복장이나 무서운 도깨비의 복장을 하고 사탕이나 과자들을 나누어 먹습니다.

★ Halloween on 31 October, which was originated from yearly celebration to make ghosts out and has been changed to the festival.
On Halloween, people go in ridiculous costume or scary costume and share their candies and snacks each other.

〈고기접기 기본형 1〉에서 시작하세요.
Start from the 〈GOGI JUPGI 1〉.

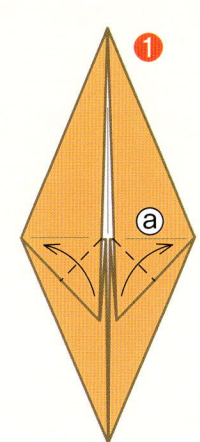

ⓐ선에 맞춰 접으세요.
Fold diagonally to meet at line ⓐ.

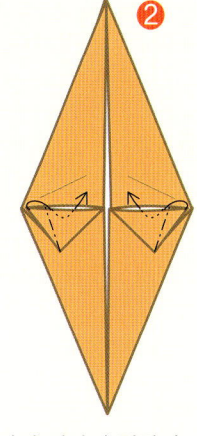

도깨비의 이빨이 직각이 되도록 안쪽으로 접기하세요.
Fold to inside so that each of the two white teeth be at a right angle to the center horizontal line.

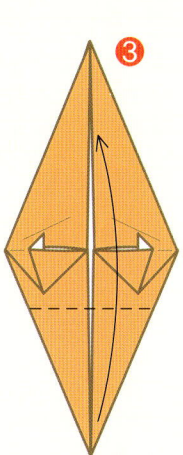

이빨이 가려지지 않도록 접어 올리세요.
Fold with care so that the teeth will not be hidden.

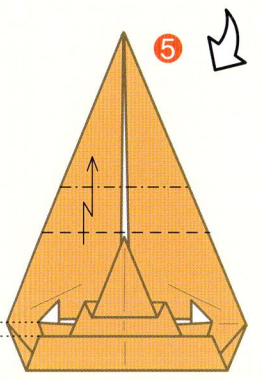

조금만 간격을 두고 접으세요.
For the middle part, step fold following the arrow. In the lower part, fold with a small gap.

도깨비와 할로윈 호박을 만들어 보세요.
Let's make Hobgoblin and Halloween pumpkin.

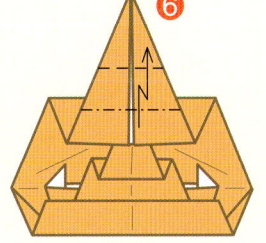

계단접기하세요.
Step fold.

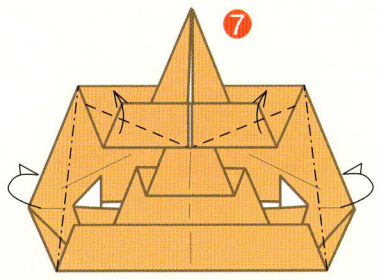

접기선을 잘 보고 접으세요.
Fold along the D-lines and DD-lines.

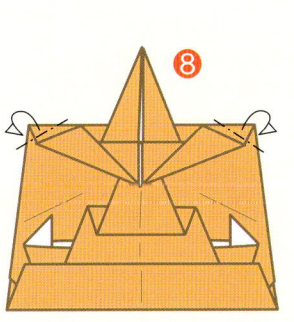

뒤로 접으세요.
Fold back at the upper corners.

완성 Completion

© 김상헌 / Sang-heun Kim

티라노사우루스
Tyrannosaurus

ⓒ김상헌 / Sang-heun Kim

★ 티라노사우루스는 '포군 도마뱀'이라는 뜻으로, 지구상에 살았던 육식 공룡 중 가장 무섭고 사나운 공룡으로 알려져 있습니다.

★ Known as the 'king tyrant lizard', the Tyrannosaurus was one of the scariest and the fiercest dinosaur that ever lived on earth.

〈고기접기 기본형 1〉에서 시작하세요.
Start from the 〈GOGI JUPGI 1〉.

몸 Body

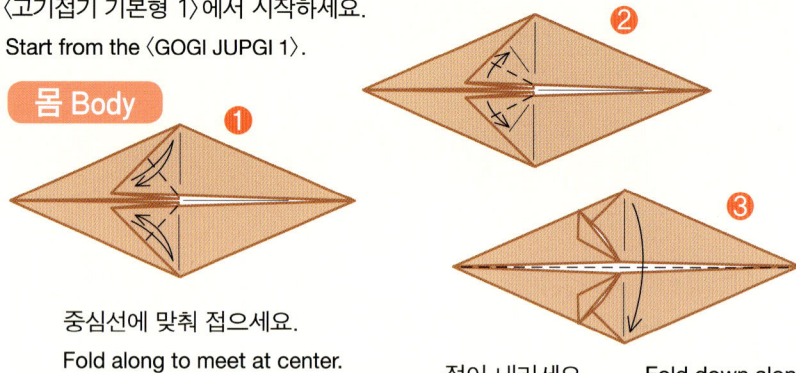

① 중심선에 맞춰 접으세요.
Fold along to meet at center.

③ 접어 내리세요. Fold down along the D-lines.

④ 밖으로 뒤집어 접으세요. Fold to outside.

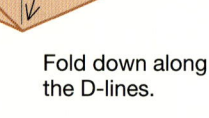

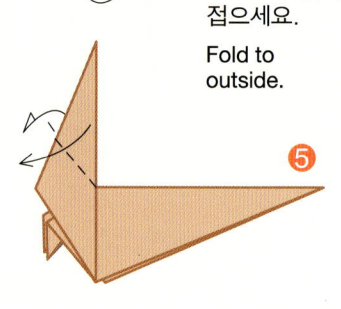

⑤ 밖으로 뒤집어 접으세요. Fold to outside.

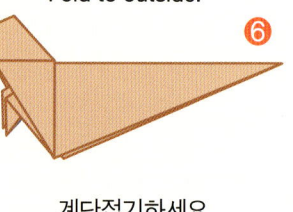

⑥ 계단접기하세요. Step fold.

다리 Leg

① 접어 내리세요. Fold down along the D-lines.

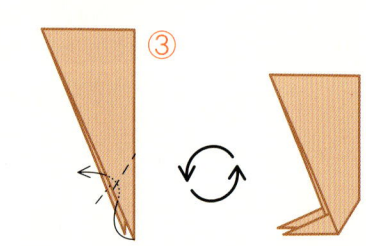

② ③ 안쪽으로 접으세요. Fold to inside.

 다리 완성 Leg Completion

 몸 완성 Body Completion

완성 Completion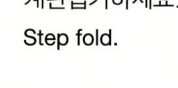

기본형 6. 쌍 배 접 기
The Basic Pattern Douuble boat fold 6. SSANGBAE JUPGI

★ 쌍배접기는 두 종류의 접기 방법이 있습니다. ★ There are two different ways in the SSANGBAE JUPGI.

■ 접는 방법   How to fold Ⓐ

1 골짜기모양 접기로 접었다 편 선을 만드세요.
Fold by the D-line and unfold.

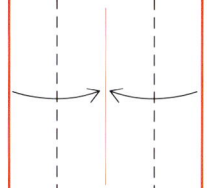
2 중심선에 맞춰 접으세요.
Fold to meet at center.

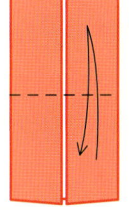
3 접었다 펴세요.
Fold and unfold.

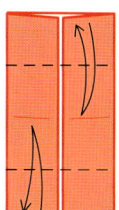
4 접었다 펴세요.
Fold and unfold.

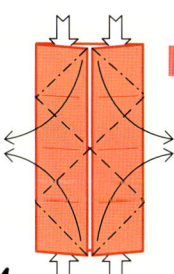
5 ⇨ 화살표 안쪽을 펼쳐 눌러 접으세요.
Open at ⇨ and keeping center creases aligned, press flat.

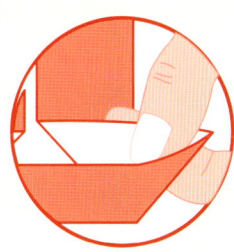
5를 접을 때 **3**~**4**에서 만들어진 접었다 편 선을 따라 조심스럽게 접으세요.
When you fold **5**, carefully fold following the lines made in **3**~**4**.

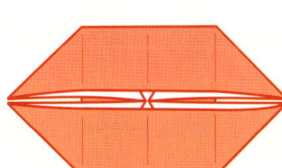
쌍배접기 기본형 1 완성
The SSANGBAE JUPGI form 1 is completed.

■ 접는 방법   How to fold Ⓑ

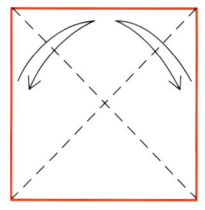
1 대각선으로 접었다 편 선을 만드세요.
Fold along the D-lines and unfold to make two diagonal creases.

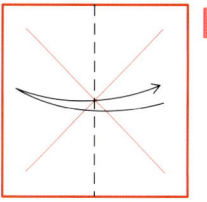
2 반을 접었다 펴세요.
Fold along the D-line and unfold.

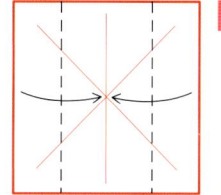
3 중심에 맞춰 골짜기모양 접기 하세요.
Fold along the D-lines to meet at center.

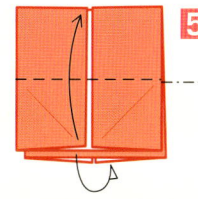  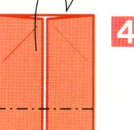
5 앞뒤 모두 접어 올리세요.
Fold up the bottom edge to meet at the top edge. Repeat the same on the other side.

4 뒤로 접으세요.
Fold back.

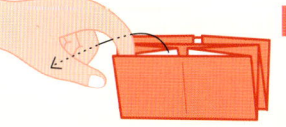
6 검지손가락을 집어 넣어 밖으로 잡아당겨 접으세요.
Put the index finger into the corner. And pull out and press flat.

7 나머지 부분도 같은 방법으로 접으세요.
Repeat the same at all other corners.

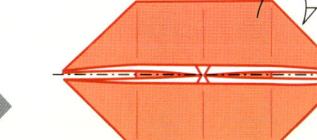
※ 쌍배접기 기본형 1 완성에서 가운데를 접으면 쌍배접기 기본형 2 완성이 됩니다.
※ When you fold back at the center on the SSANGBAE JUPGI form 1, you get the SSANGBAE JUPGI form 2.

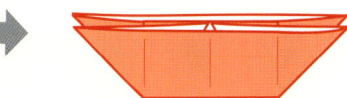
쌍배접기 기본형 2 완성
The SSANGBAE JUPGI form 2 is completed.

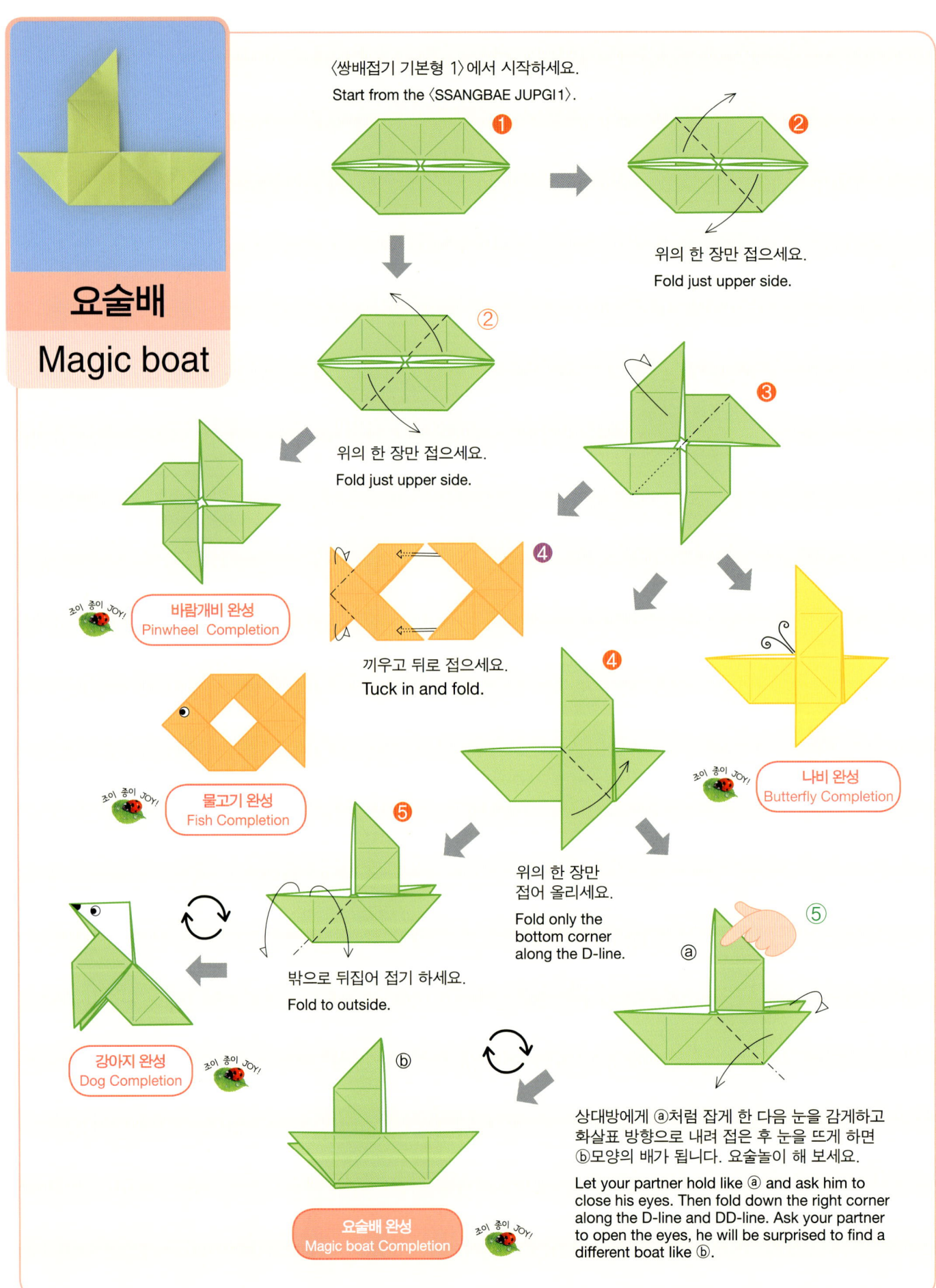

나비
Butterfly
19

★ 꽃과 나비를 접으면 봄풍경을 꾸밀 수 있습니다.
★ You can make a spring landscape with folded flowers and butterflies.

〈쌍배접기 기본형 2〉에서 시작하세요.
Start from the 〈SSANGBAE JUPGI 2〉.

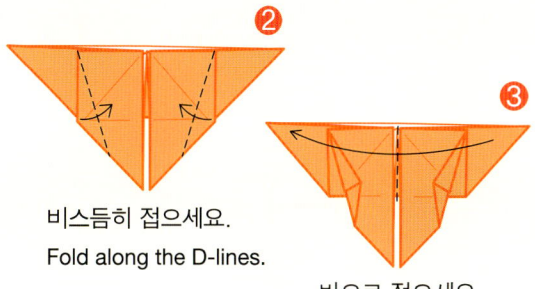

❶ 윗장만 접어 내리세요.
Fold down both triangles.

❷ 비스듬히 접으세요.
Fold along the D-lines.

❸ 반으로 접으세요.
Fold in half.

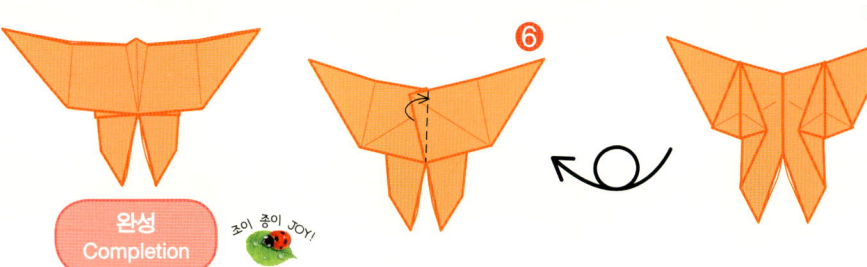

❹ 윗장만 비스듬히 접으세요.
Fold just the front side along the D-line.

❺

❻

완성
Completion

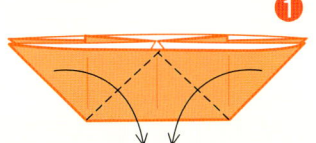

종이접기
JONG IE JUPGI(PAPER FOLDING)

색종이를 곱게 접어서
물감으로 예쁘게 색칠하고
알록달록 오색실 꼬리 달아
비행기를 만들자.
솔솔 바람부는 뒷동산에
동네 친구 모두 모여서
파란 하늘향해 날리면
새처럼 날아간다.
하늘 끝까지 날아라
높이 더 높이

Folding a sheet of colored paper,
Painting in loverly colors,
With a long tail of five-colored threads,
Let's make an airplane.
On the windy hill behind,
Village kids came running.
They fly the airplane;
It flies like a bird.
High up into the sky,
Higher, still higher.

도화지를 곱게 접어서
색연필로 예쁘게 색칠하고
노랑 파랑 은행잎 돛대 달아
종이배를 만들자.
졸졸 노래하는 시냇가에
동네 친구 모두 모여서
파란 시냇물에 띄우면
물따라 흘러간다.
동해 바다까지 흘러라
멀리 더 멀리

Folding a sheet of sketch paper,
Painting in lovely color pencil,
With a mast of yellow, green leaves,
Let's make a paper boat.
By the singing river,
Village kids came running,
They float the paper boat;
It floats on the blue river.
Far away to the East Sea,
Farther, still farther.

©유경숙 작시
Words by Kyong-suk Yu

모빌
Mobile ⑳

〈쌍배접기 기본형 1〉에서 시작하세요.　Start from the 〈SSANGBAE JUPGI1〉.

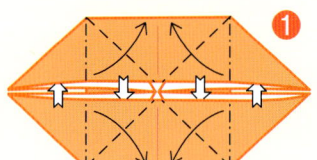

❶ ⇨ 화살표 안쪽을 펼쳐 눌러 접으세요.
Open at ⇨ and keeping center creases aligned, press flat.

❷ 중심선에 맞춰 접으세요.
Fold along to meet at center.

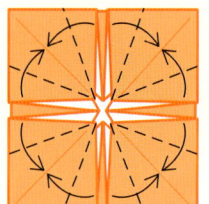

❸ ⇨ 화살표 안쪽을 펼쳐 눌러 접으세요.
Open inside out ⇨. Keeping the center edges aligned, press flat.

❹ 나머지 부분도 같은 방법으로 접으세요.
Repeat ❸ in the other 3 squares.

메달 완성
Pendant Completion

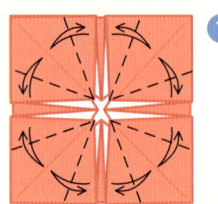

모빌 완성
Mobile Completion

나라풀

❼ 모서리와 모서리를 〈나라풀〉로 붙여 연결하세요.
Glue them together at the sides as the completed Mobile.

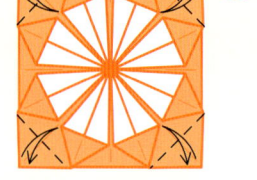

❻ 접었다 펴고 6장을 만드세요.
Fold and unfold and Make 6 of these.

❺

테이블 Table

모빌접기 ❷에서 시작하세요.
Start from ❷ step of Moblie.

★ 테이블과 의자 접기는 어린이들에게 재미있는 소꿉놀이와 장난감이 됩니다.
★ The folded table and chair can be good toys for children's playhouse.

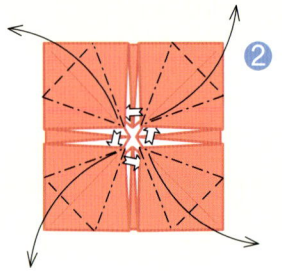

❶ 접었다 편 선에 만드세요.
Fold and unfold as the arrows.

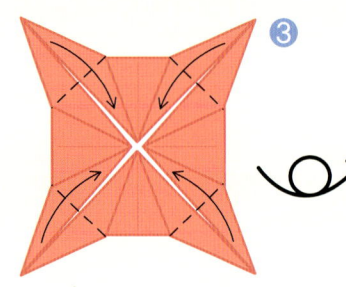

❷ ❸

테이블 완성
Table Completion

문양 응용 Pattern application

모빌접기 ❷에서 시작하세요.　Start from ❷ step of Moblie.

 ① 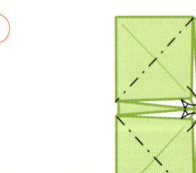 ② 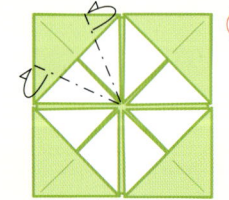 ③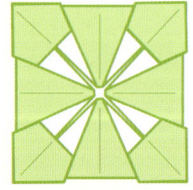

네 부분 모두 뒤로 접으세요.
Fold back all 4 corners.

다른 모양을 고안해 보세요.
Try to come up with.

문양 응용 완성
Pattern application Completion

색종이의 무한한 창조성!
계속 변형할 수 있는 아름다운 문양의 세계

Eternal creativity of colored paper!
World of beautiful pattern which are changeable continuously

86쪽 모빌접기 ❷에서 시작하세요.
Start from ❷ step of Moblie page 86.

다른 모양을 고안해 보세요.
Try to come up with.

KOREA JONGIE JUPGI 87

보물선
Treasure boat ㉑

★ 방석접기 기본형과 쌍배접기 기본형을 복합적으로 이용한 작품입니다.
★ The Treasure Boat is a combined outcome of two basic folding styles, namely, BANGSOK JUPGI and SSANGBAE JUPGI.

〈방석접기 기본형〉에서 시작하세요.
Start from the 〈BANGSOK JUPGI〉.

❶ ❷ ❸

쌍배접기를 하세요.
Make 〈SSANGBAE JUPGI〉.

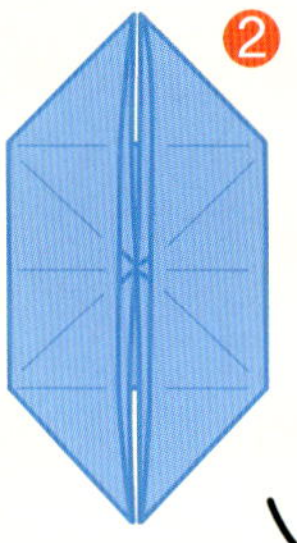

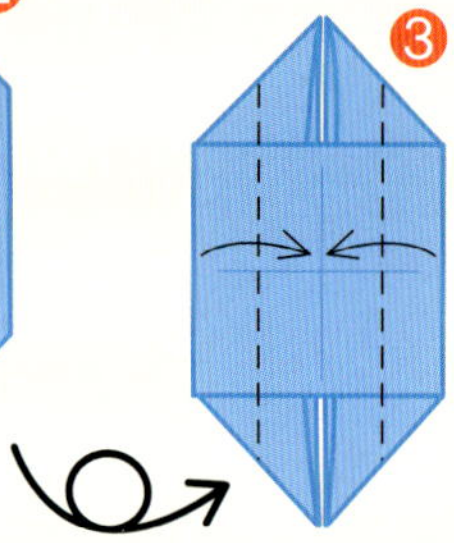

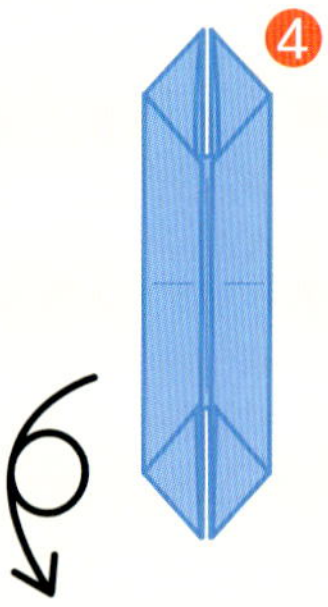

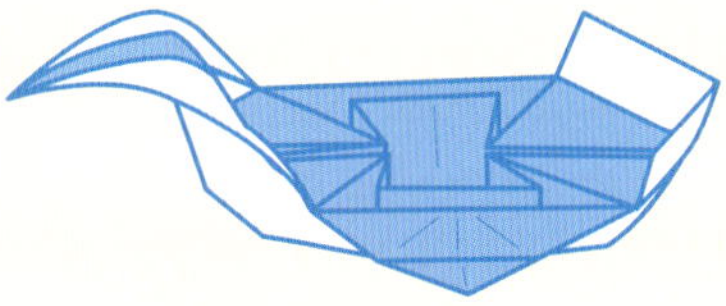

❹

❺

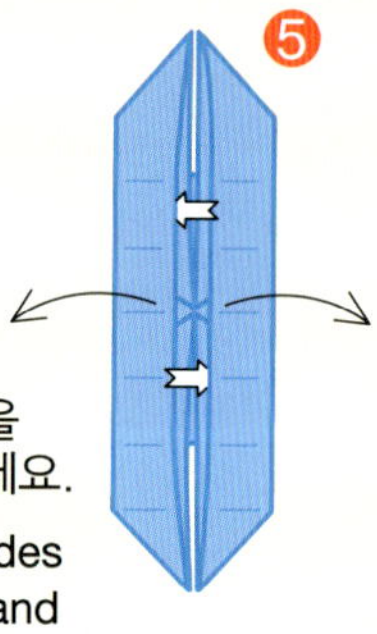

⇨ 화살표 안쪽을 펼쳐 눌러 접으세요.
Open to both sides from inside ⇨ and fold pressing flat.

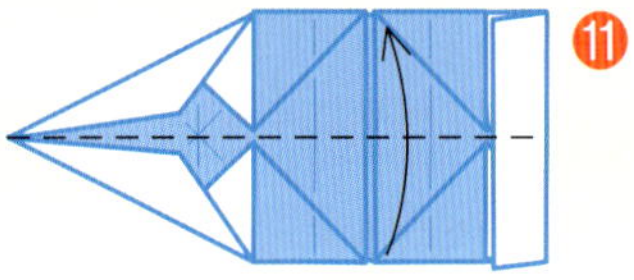

❻

❼ 중간 그림
middle process.

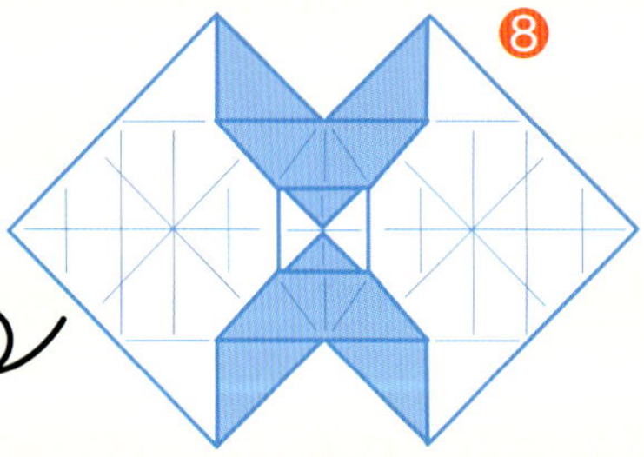

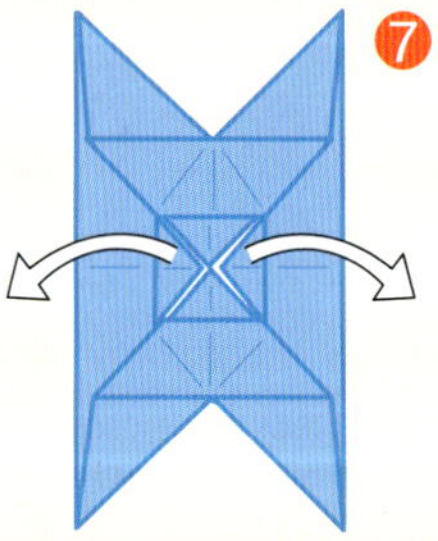

중심에 있는 색종이 끝부분을 화살표 방향으로 당겨 펴세요.
Open wide by pulling out center corners following the arrows.

❽

❾
한 부분만 남기고 세 부분 모두 중심을 향해 접으세요.
Fold all corners to center except one corner.

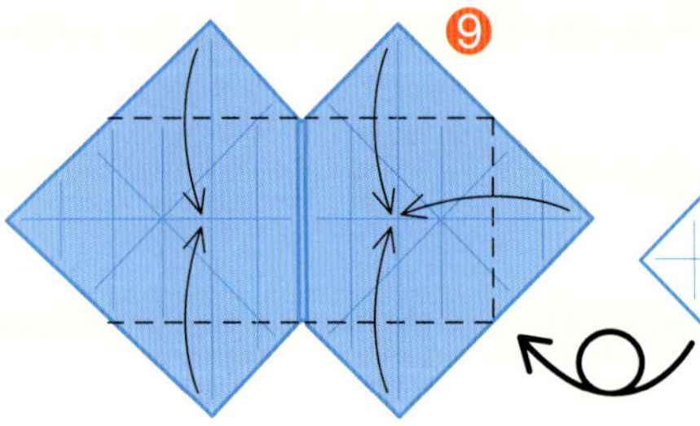

❿
세 부분 모두 접으세요.
Fold to inside.

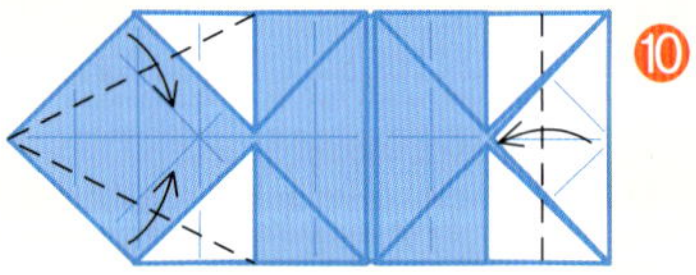

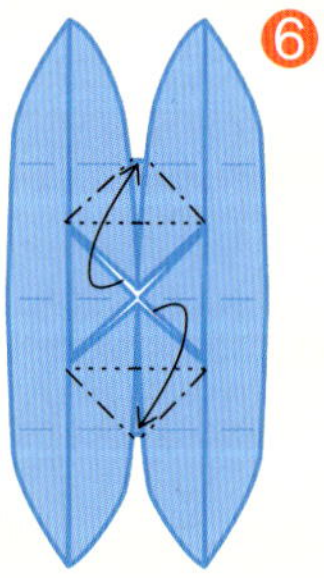

⓫
반으로 접으세요.
Fold in half.

⓬
그림과 같이 잡고 화살표 방향으로 잡아 당겨 입체를 만드세요.
Hold the material as in the diagram and pull upward like arrows to make a space inside.

완성
Completion

기본형 7. 삼각주머니접기
The Basic Pattern — Triangle pocket fold — 7. SAMGAKJUMEONI JUPGI

★ 삼각주머니접기는 두 종류의 접기 방법이 있습니다.
★ There are two different ways in the SAMGAKJUMEONI JUPGI.

■ 접는 방법 How to fold Ⓐ

1 골짜기모양 접기로 반을 접으세요.
Make valley fold.

2 골짜기모양 접기로 반을 접으세요.
Fold along the D-line.

3 ⇨ 화살표 안쪽을 펼쳐 눌러 접으세요.
Open at ⇨ and keeping center creases aligned, press flat.

주머니 안쪽을 펼쳐 눌러 접으세요.
Open inside of pocket and then press flat.

4

5 ⇨ 화살표 안쪽을 펼쳐 눌러 접으세요.
Open at ⇨ and keeping center creases aligned, press flat.

■ 접는 방법 How to fold Ⓑ

1 접었다 펴세요.
Fold and unfold.

2 접었다 펴세요.
Fold and then unfold. Repeat once more for the other.

3 ○부분이 겹쳐지도록 점선 모양대로 접으세요.
Fold along the D-lines and DD-lines for all 4 circled points to meet at center.

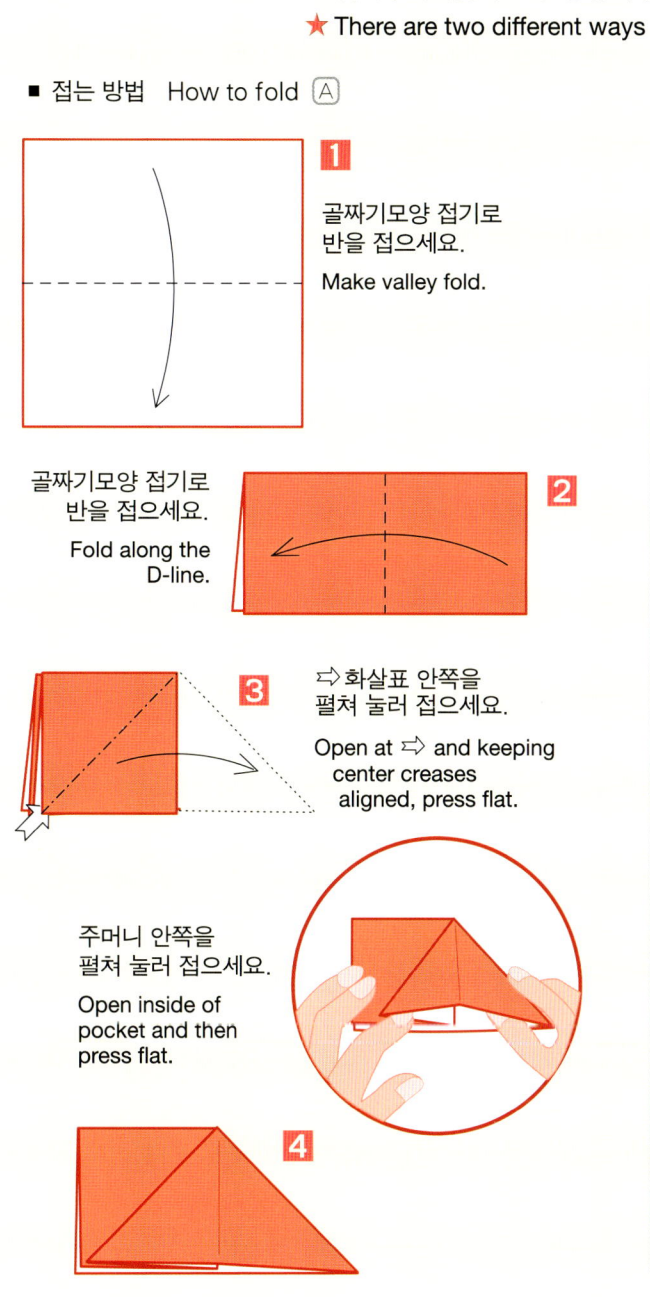

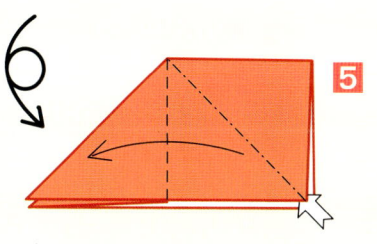

삼각주머니접기 기본형 완성
The SAMGAKJUMEONI JUPGI form is completed

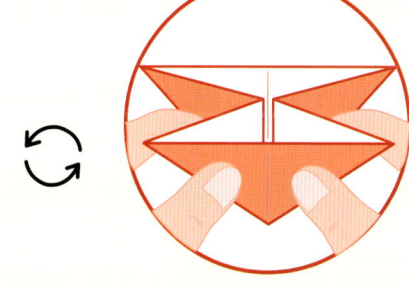

※ Ⓑ의 접기 방법이 익숙해지면 접기가 편리합니다.   ※ Once you learn, Ⓑ is easier to fold.

삼각주머니접기로부터의 발전

SAMGAKJUMEONI JUPGI and its Variations

풍선 / Balloon

★ 큰 색종이나 포장지로 풍선을 접은 후 던지기 놀이를 해 보세요.
★ 크리스마스 트리에 학과 풍선을 실로 매달아 장식해도 좋습니다.

★ Fold several balloons with large colored paper or wrapping paper, and play with them.
★ It is fun to decorate the Christmas tree with cranes and balloons.

❶ 〈삼각주머니접기 기본형〉에서 시작하세요.
Start with 〈SAMGAKJUMEONI JUPGI〉.

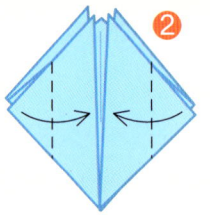

❷ 중심선에 맞춰 접으세요.
Fold in to meet at center.

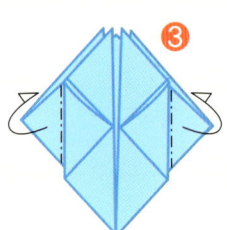

❸

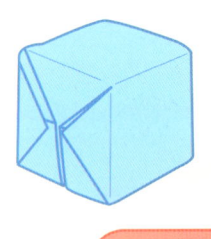

완성 Completion

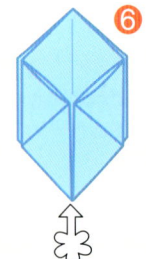

❻ 입으로 바람을 넣어 부풀리면 풍선이 되고 모서리를 반듯하게 정리하면 정육면체가 됩니다.
If you just blow it with air, it will be a balloon. If you make creases at edges, it will be a cube.

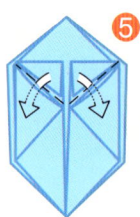

❺ 화살표 안쪽으로 접어 넣으세요. 반대쪽도 같은 방법으로 접으세요.
Fold to inside like the. Repeat the same on the other side.

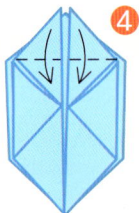

❹ 접어 내리세요.
Fold down.

물고기 / Fish

〈삼각주머니접기 기본형〉에서 시작하세요.
Start with 〈SAMGAKJUMEONI JUPGI〉.

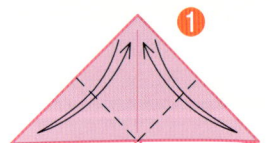

❶ 접었다 펴세요.
Fold and unfold.

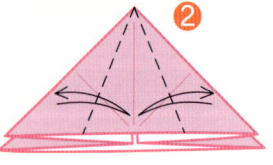

❷

❸ 접기선을 잘 보고 모아 접으세요.
Fold together along the crease lines.

반대쪽도 ❹~❺과 같은 방법으로 접으세요.
Repeat the other side, too.

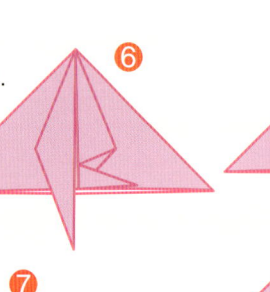

❻ ❹

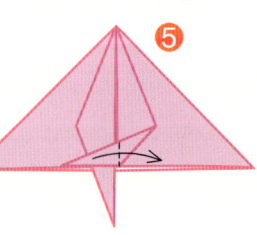

❼ ❺ ❽

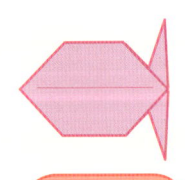

완성 Completion

ⓒ 강명옥 / Myung-ok Kang

토끼 / Rabbit

90쪽 풍선 ⑤ 까지 앞면만 접으세요.
Start with balloon step ⑤ but only the front part on page 90.

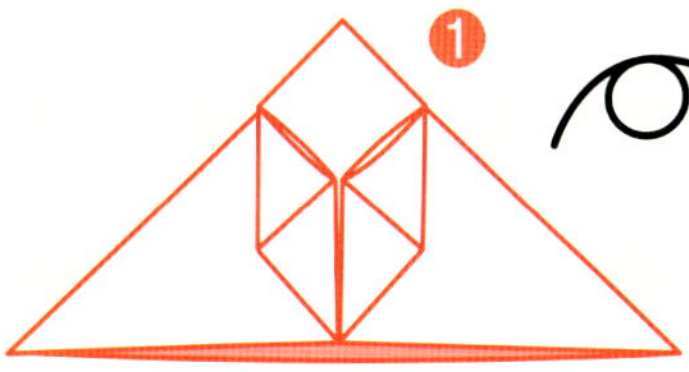

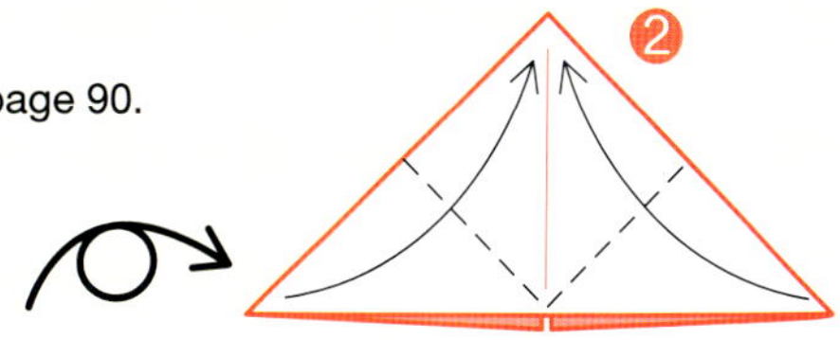

①

② 중심에 맞춰 접어 올리세요.
Fold along the D-lines to meet at center.

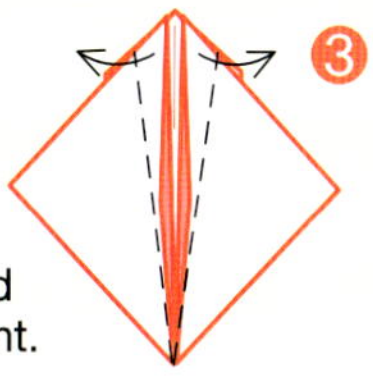

③ 비스듬히 접으세요.
Make valley fold a little bit aslant.

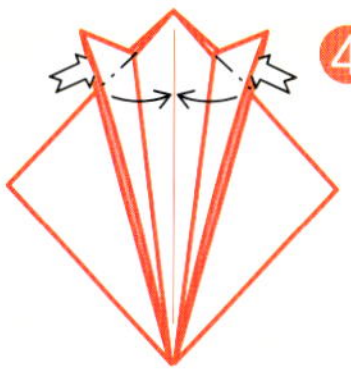

④ ➪ 화살표 안쪽을 펼쳐 눌러 접으세요.
Open at ➪ and keeping center creases aligned, press flat.

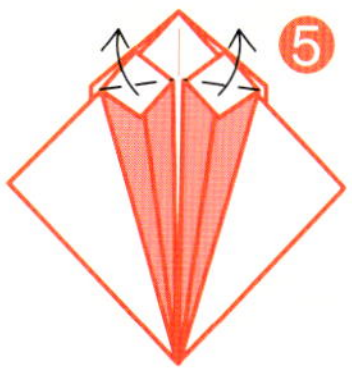

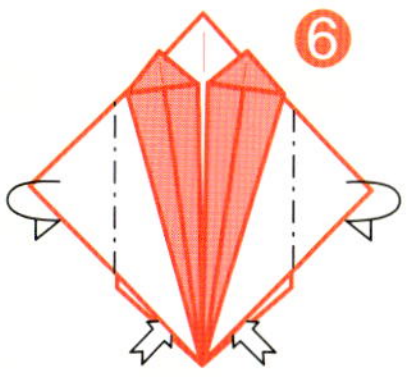

⑤

⑥ 뒤쪽으로 접어 넣으세요.
Fold back along the DD-lines.

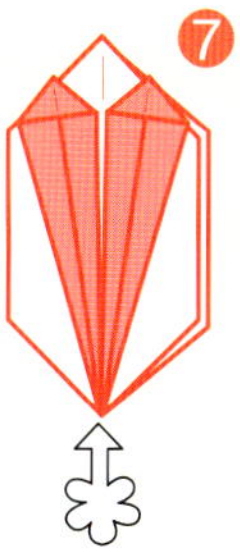

⑦ 입김을 불어 넣어 입체를 만드세요.
Blow to inside to make a 3-dimensional space.

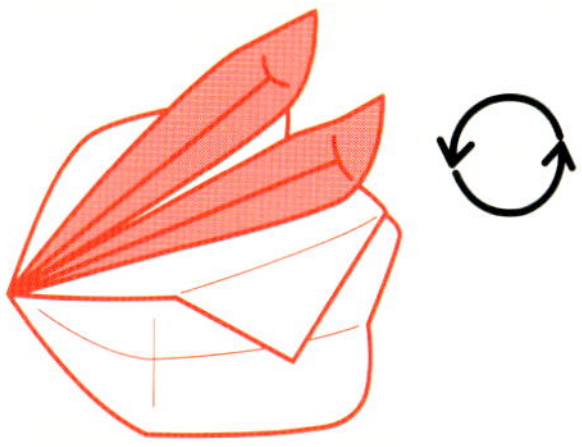

완성 / Completion

박쥐 / Bat

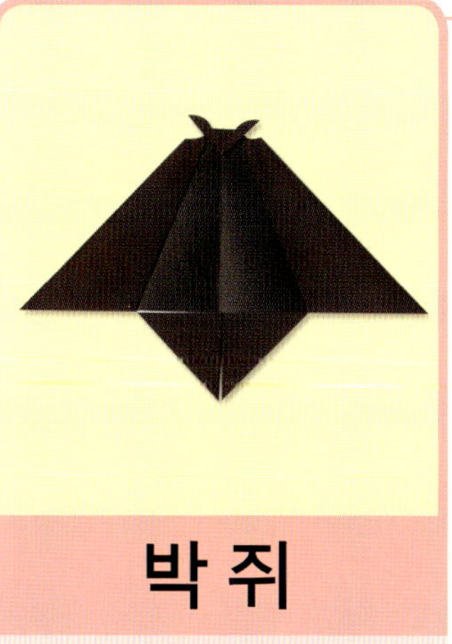

〈삼각주머니접기 기본형〉에서 시작하세요.
Start with 〈SAMGAKJUMEONI JUPGI〉.

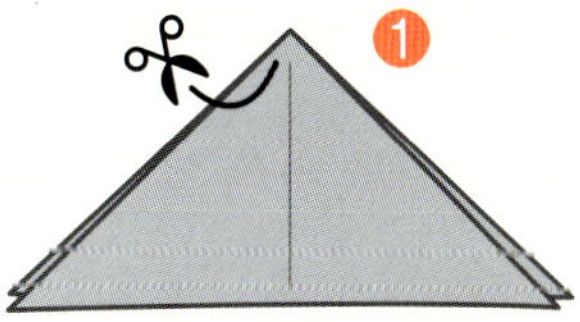

① 표시선을 잘 보고 둥글게 자르세요.
Look at the round cut line carefully and cut.

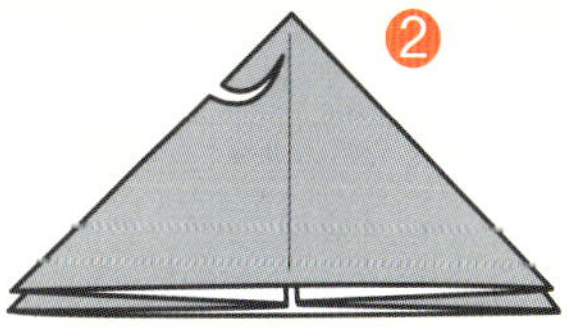

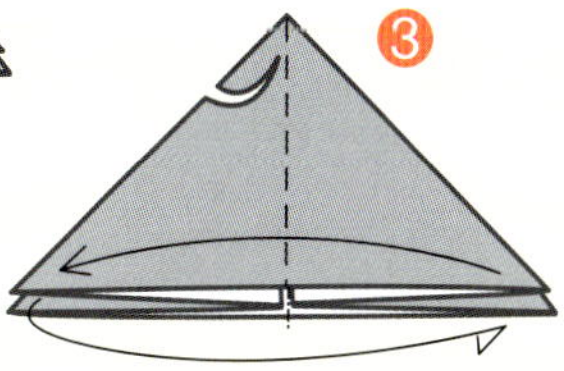

②

③ 앞뒤 각 한 장씩 접으세요.
Fold just one side on both front and back along the center vertical line.

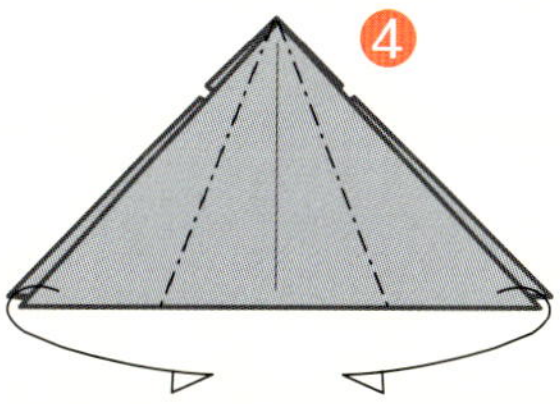

④ 뒤로 접으세요.
Fold back.

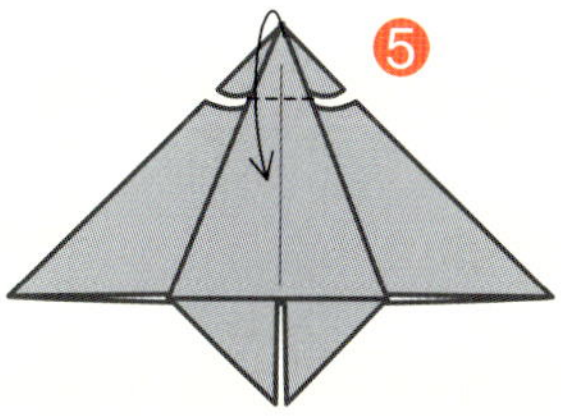

⑤ 모서리를 접어 내리세요.
Fold down the top part.

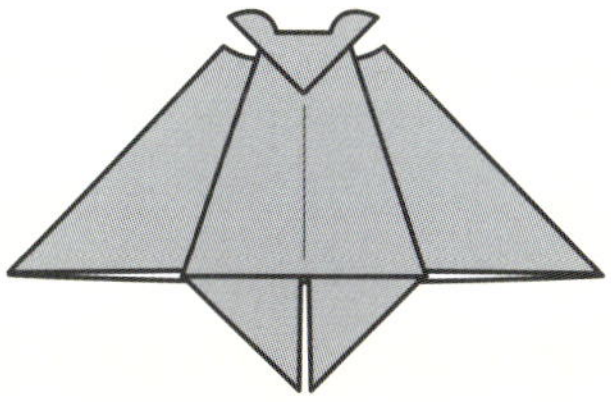

완성 / Completion

교회
Church

★ 크리스마스 카드에 붙이거나 눈오는 겨울 풍경 꾸미기에 이용해 보세요.
★ With the folded Church, it is fun to decorate the Christmas tree or put on the greeting cards.

〈삼각주머니접기 기본형〉에서 시작하세요.
Start with 〈SAMGAKJUMEONI JUPGI〉.

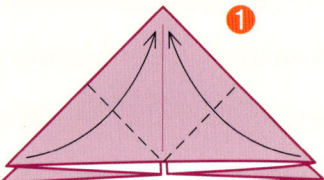

윗장만 중심선에 맞춰 접으세요.
Fold just the upper side along the D-lines.

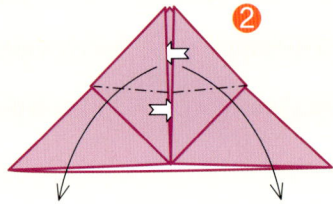

화살표 안쪽을 펼쳐 눌러 접으세요.
Open at ⇨ and keeping center creases aligned, press flat.

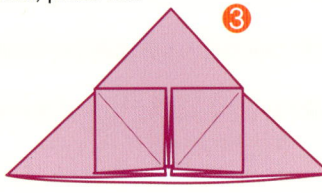

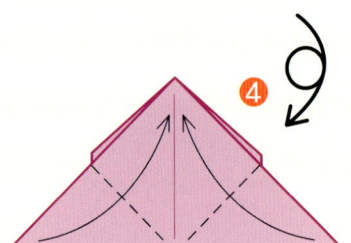

반대쪽도 ❶~❸과 같은 방법으로 접으세요.
Repeat the other side, too.

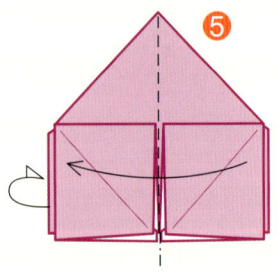

앞뒤 각 한 장씩 접으세요.
Fold just one side on both front and back along the center vertical line.

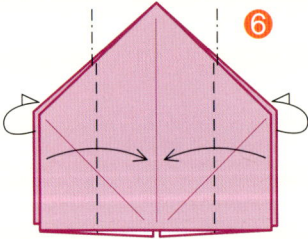

앞뒤 모두 중심선에 맞춰 접으세요.
Fold in edges to meet at center line front and back.

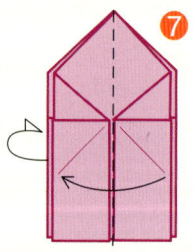

앞뒤 각 한 장씩 접으세요.
Fold just one side on both front and back along the center vertical line.

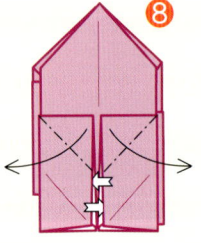

화살표 안쪽을 펼쳐 눌러 접으세요.
Open at ⇨ and keeping center creases aligned, press flat.

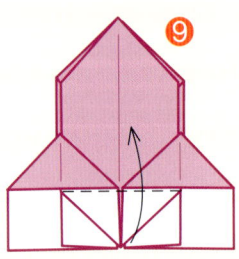

윗장만 접어 올리세요.
Fold just upper side.

반대쪽도 같은 방법으로 접으세요.
Repeat the other side, too.

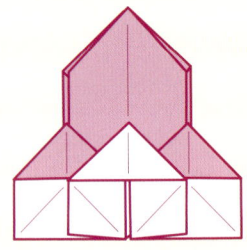

완성
Completion

교회 접기를 다양하게 활용해 보세요.
Create other shapes and art work by using the church folding shape.

모빌
Mobile

★ 서로 다른 색으로 접어 조립하여 배색의 조화를 공부해 보면 더욱 재미있습니다.
★ Fold these Mobiles in many different colors. And then study the combination of the colors. It will be fun and a good lesson on color harmony in art.

〈삼각주머니접기 기본형〉에서 시작하세요.
Start with 〈SAMGAKJUMEONI JUPGI〉.

❶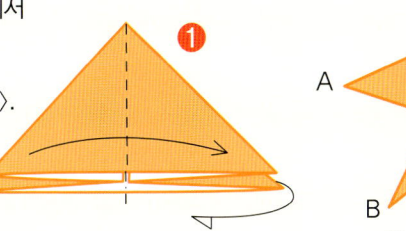

앞과 뒤를 펼쳐 입체로 만드세요.
Open the corners to make a space inside like ❷.

❷

같은 모양을 6개 만드세요.
Make 6 of this.

❸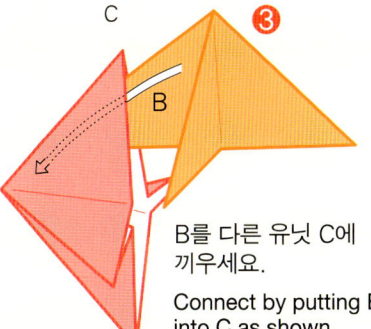

B를 다른 유닛 C에 끼우세요.
Connect by putting B into C as shown.

❹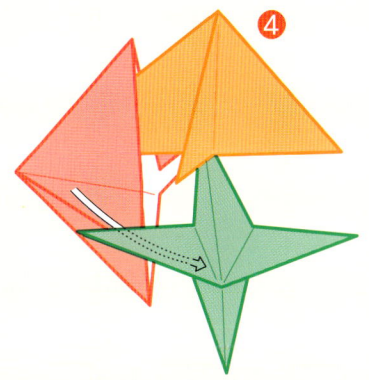

또 하나의 유닛을 그림과 같이 조립하세요.
Add one more unit as shown.

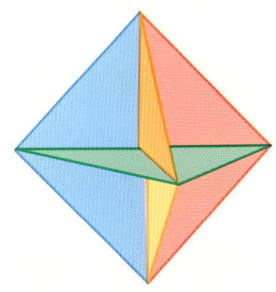

 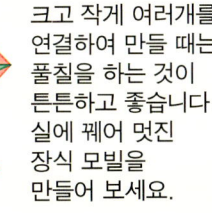

완성 / Completion

손바닥으로 살짝 들고 입으로 불면 빙글빙글 잘 돌아갑니다.
If you put it on your hand and blow, it will turn round and round.

※ 풀칠을 안하고 빠지지 않도록 조립하는데 묘미가 있습니다.
※ The charm of this folding is that the mobile can be assembled without using the glue.

크고 작게 여러개를 연결하여 만들 때는 풀칠을 하는 것이 튼튼하고 좋습니다. 실에 꿰어 멋진 장식 모빌을 만들어 보세요.

If you want to make a string of mobiles like the picture, it is safe to use glue.
Use strong thread and tinsel.

❼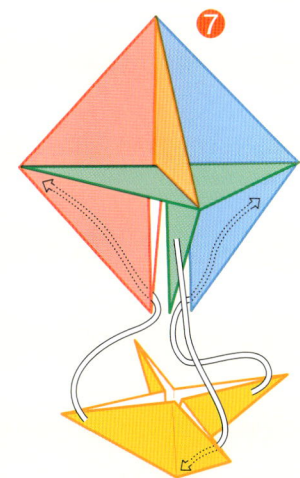

나머지 유닛도 같은 방법으로 조립하세요.
Add the last unit in the same way.

❻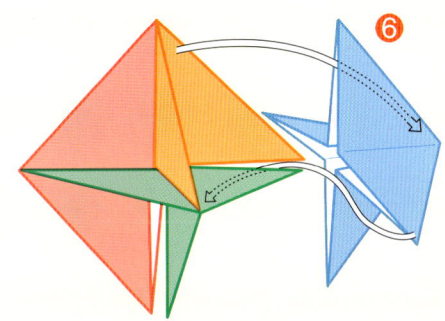

같은 방법으로 유닛 한 개를 더 끼워 조립하세요.
Add one more unit at the bottom in the same way.

❺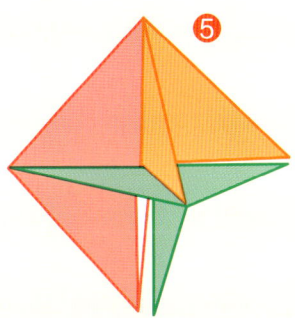

세 개의 유닛을 연결한 모습.
This shows how to connect the three units.

KOREA JONG IE JUPGI 93

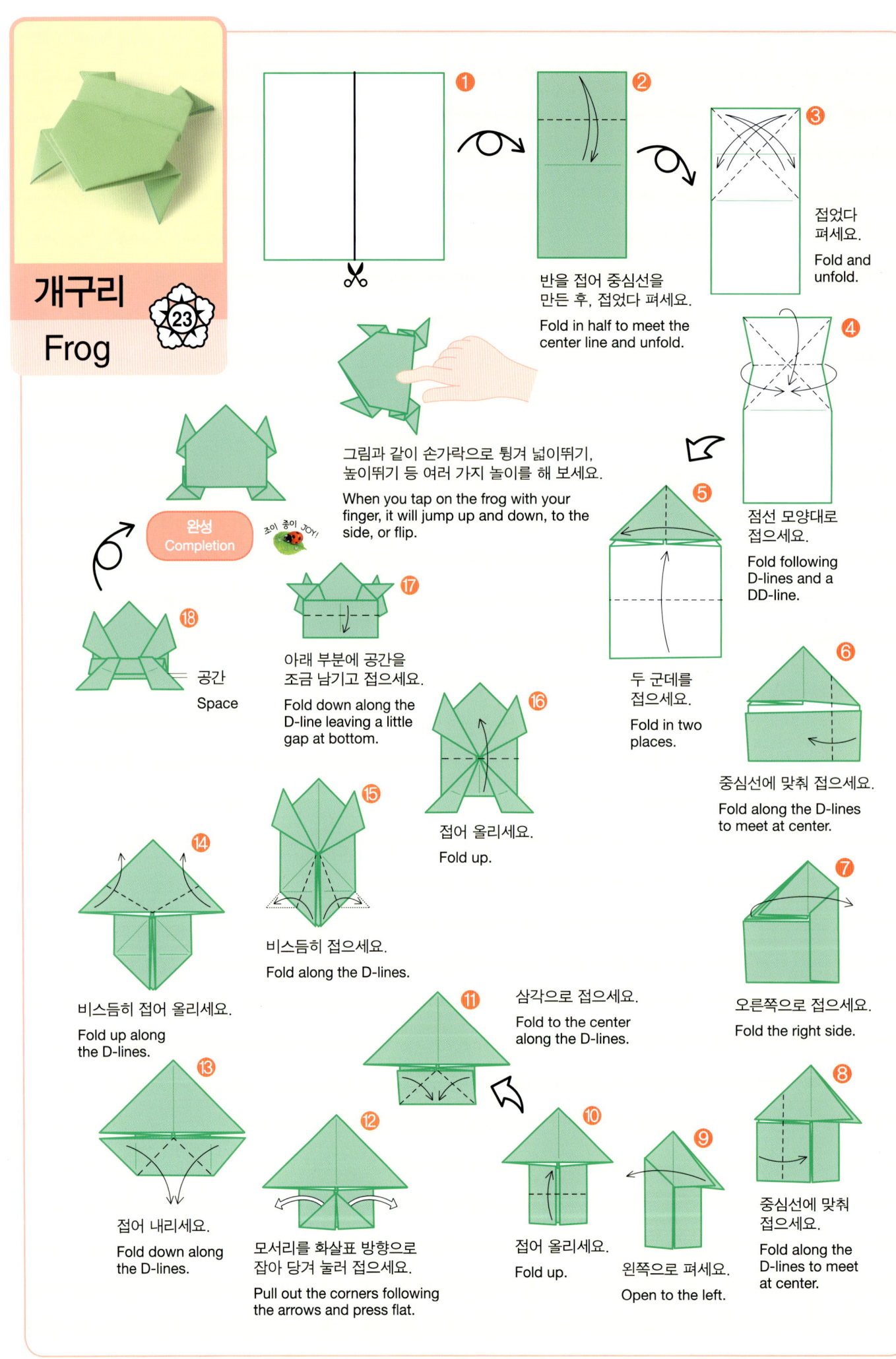

행운의 거북
Lucky turtle

★ 거북의 두눈은 해와 달을 상징하며 천리를 끌고 가는 힘을 가지고 있다고 합니다.
거북은 진리, 진실, 인내, 승리, 장수와 건강을 상징합니다.
행운과 소망을 담아 보세요.

★ Turtle's eyes symbolize sun and moon also they have power to drag away long distances. A turtle symbolizes truth, patience, longevity and health. Make a turtle which carrying happiness and desire.

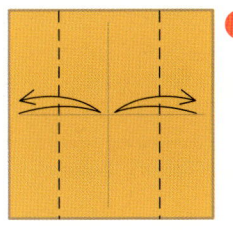
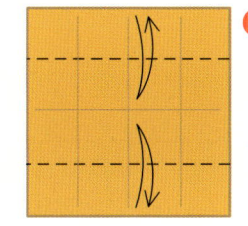
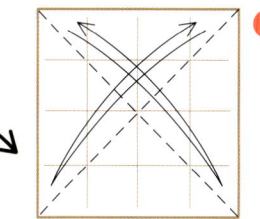

접었다 펴세요. Fold and unfold along the D-lines.

○부분이 겹쳐지도록 점선 모양대로 접으세요.

Fold along the D-lines and DD-lines for all 4 circled points to meet at center.

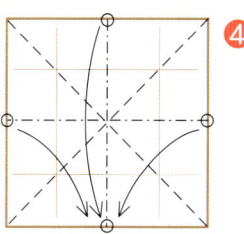

⇨ 화살표 안쪽을 펼쳐 눌러 접으세요.

Open at ⇨ and keeping the center crease aligned press flat.

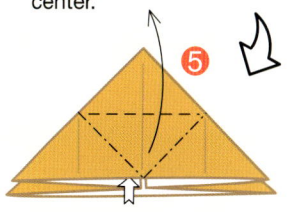

⇨ 화살표 안쪽을 펼쳐 눌러 접으세요.

Open at ⇨ and keeping the center crease aligned press flat.

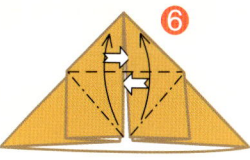

반대쪽도 ❺~❻ 과 같은 방법으로 접으세요.

Repeat the other side, too.

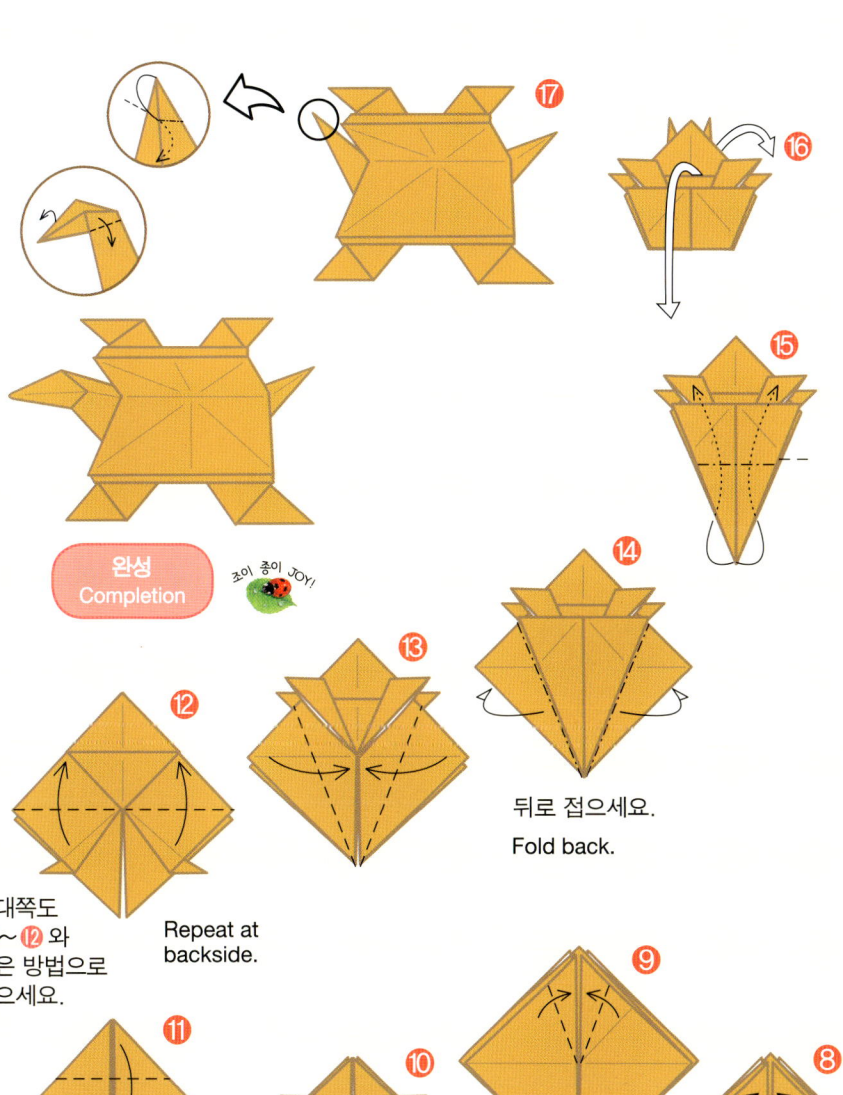

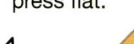

접었다 펴세요.
Fold and unfold along the D-lines.

한 장만 내려 접으세요.
Fold down just the front piece.

한 장만 내려 접으세요.
Fold down just the front piece.

반대쪽도 ❽~⓬ 와 같은 방법으로 접으세요.

Repeat at backside.

뒤로 접으세요.
Fold back.

KOREA JONG IE JUPGI 95

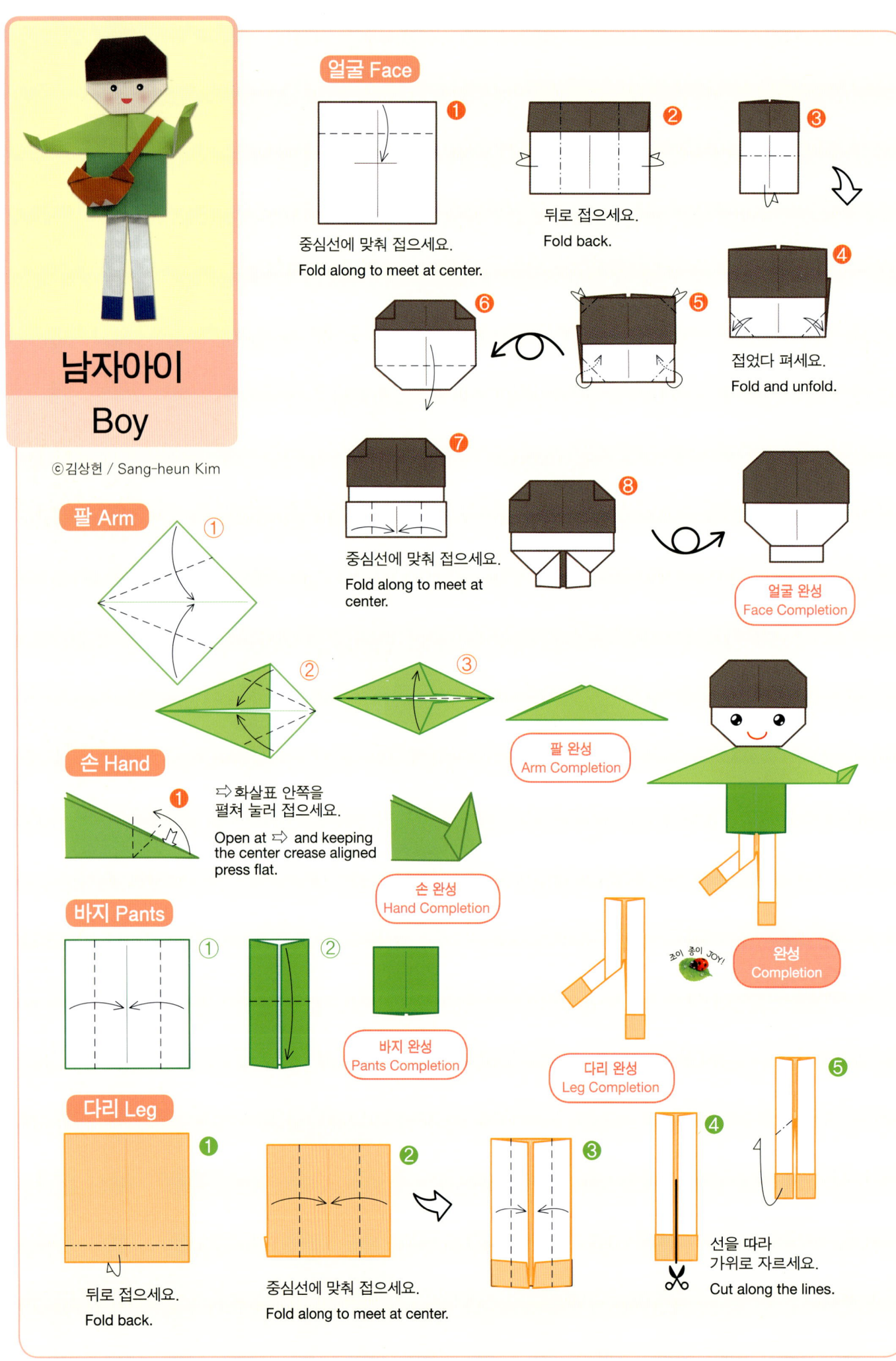

여자아이 Girl

ⓒ김상현 / Sang-heun Kim

얼굴 Face

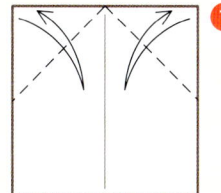

접었다 펴세요.
Fold and unfold.

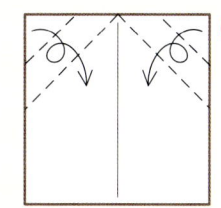

연달아 접으세요.
Follow the arrow and fold.

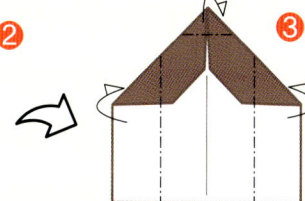

뒤로 접으세요.
Fold back.

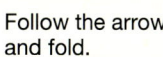

뒤로 접으세요.
Fold back.

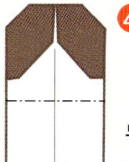

안쪽으로 접으세요.
Fold to inside.

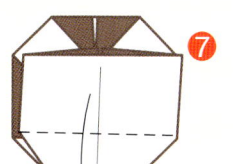

중심선에 맞춰 접으세요.
Fold along to meet at center.

팔 Arm

〈아이스크림접기 기본형〉에서 시작하세요.
Start from 〈ICE-CREAM JUPGI〉.

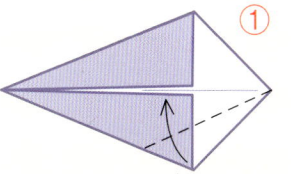

중심선에 맞춰 접으세요.
Fold along to meet at center.

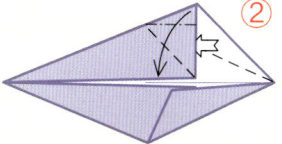

➪ 화살표 안쪽을 펼쳐 눌러 접으세요.
Open at ➪ and keeping the center crease aligned press flat.

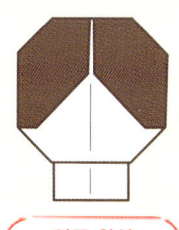

얼굴 완성
Face Completion

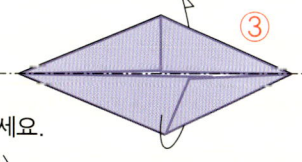

뒤로 접으세요.
Fold back.

치마 Skirt

〈삼각주머니접기 기본형〉에서 시작하세요.
Start from 〈SAMGAKJUMEONI JUPGI〉.

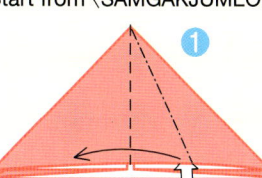

➪ 화살표 안쪽을 펼쳐 눌러 접으세요.
Open at ➪ and keeping the center crease aligned press flat.

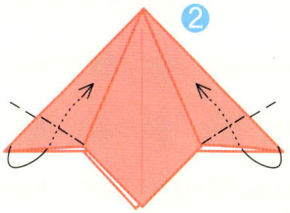

안쪽으로 접으세요.
Fold to inside.

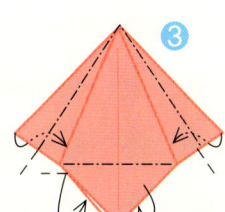

안쪽으로 접으세요.
Fold to inside.

팔 완성
Arm Completion

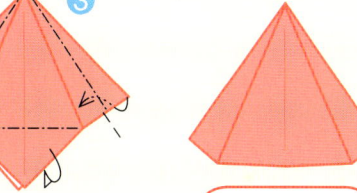

치마 완성
Skirt Completion

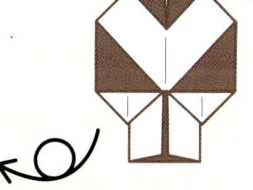

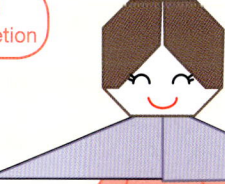

완성
Completion

종이나라 〈나라풀〉로 풀칠하여 붙이세요.
Glue with Jong le Nara's Transparent Glue stick.

KOREA JONG IE JUPGI 97

기본형 8. 사각주머니접기
The Basic Pattern Square pocket fold 8. SAGAKJUMEONI JUPGI

★ 사각주머니접기는 두 종류의 접기 방법이 있습니다.
★ There are two ways of folding the SAGAKJUMEONI JUPGI.

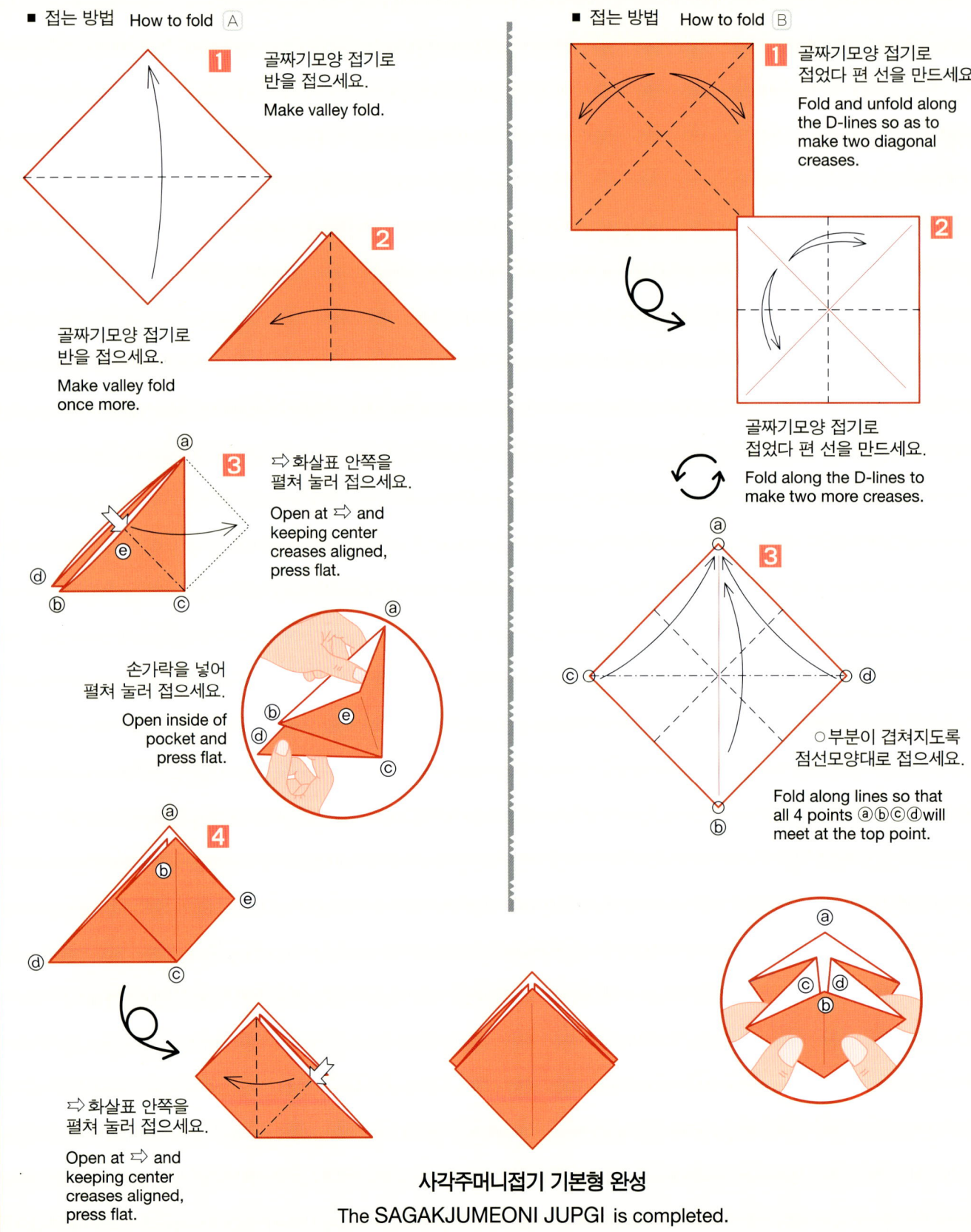

사각주머니접기 기본형 완성
The SAGAKJUMEONI JUPGI is completed.

사각주머니접기로부터의 발전

SAGAKJUMEONI JUPGI and its Variations

상 자

Box

〈사각주머니접기 기본형〉에서 시작하세요.

Start from 〈SAGAKJUMEONI JUPGI〉.

전부 펼치세요.

Unfold all.

앞뒤 각각
한 장씩 접으세요.

Fold along the D-line in the front and repeat on the back.

위의 한 장만
반으로 접었다 펴세요.

Fold just the top sheet along the D-line.

세 곳 모두 윗장을
중심선에 맞춰 접으세요.

Fold along the D-line to meet at center point.

뒷쪽도 같은
방법으로
접으세요.

Repeat on the back.

앞뒤 각각
내려 접으세요.

Fold down along the D-line. And repeat on the back.

⇨ 화살표 안쪽을 펼치며
⬆ 화살표 부분을 밀어
넣어 바닥이 평평해지도록
하세요.

Open at ⇨ and push upward ⬆ to make a flat bottom.

완성
Completion

달맞이꽃

Evening Primrose

〈사각주머니접기 기본형〉에서 시작하세요.

Start from 〈SAGAKJUMEONI JUPGI〉.

접었다 펴세요.

Fold and unfold to crease.

반으로 접으세요.

Fold down in half.

⇨ 화살표 안쪽을 펼쳐 눌러
접어 꽃잎을 다듬으세요.

Open at ⇨ and press flat. And adjust the petals to make a natural flower.

완성
Completion

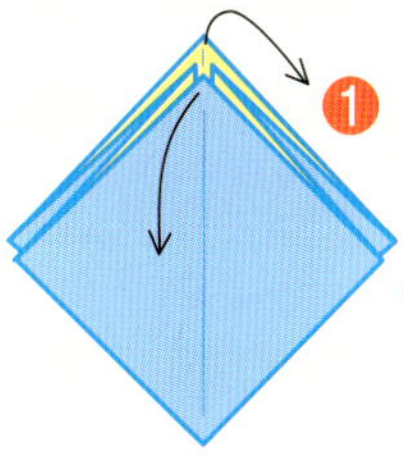

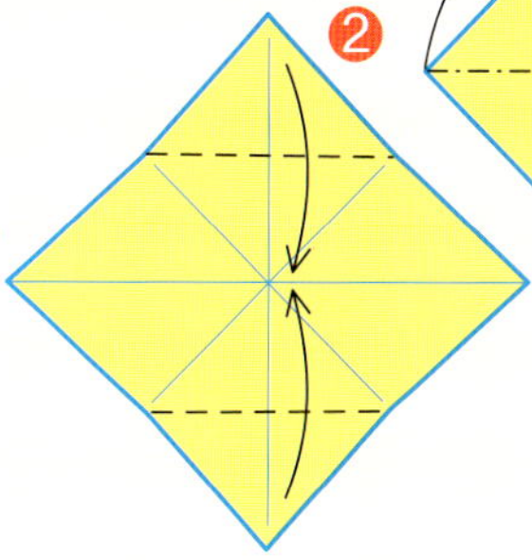

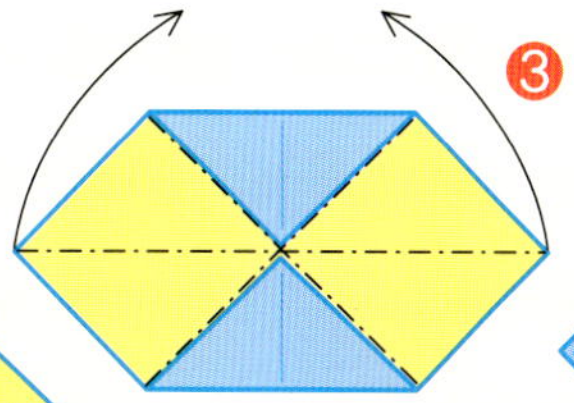

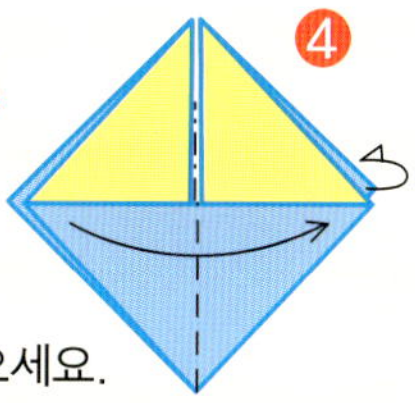

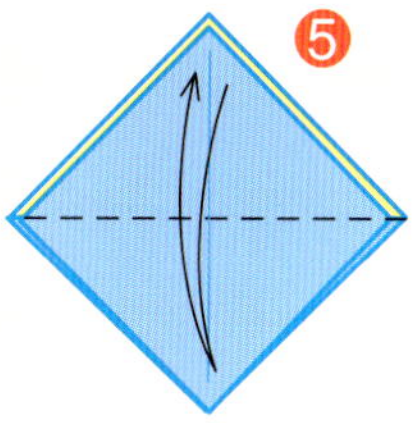

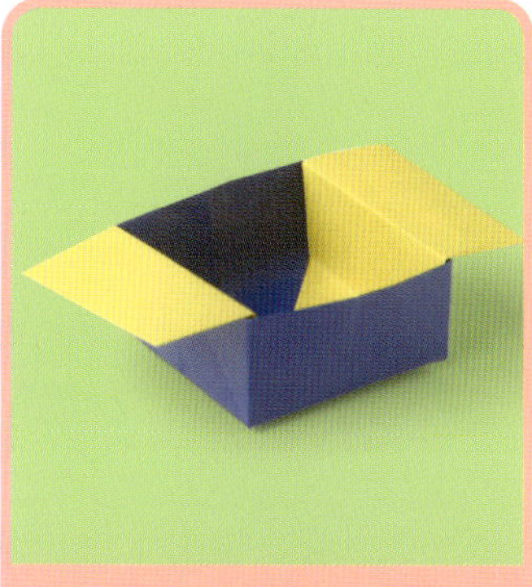

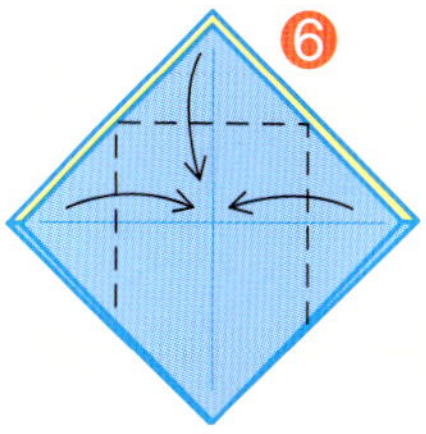

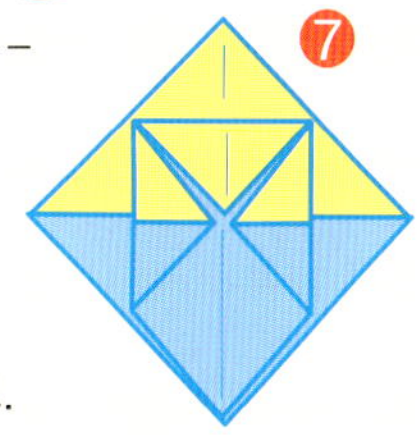

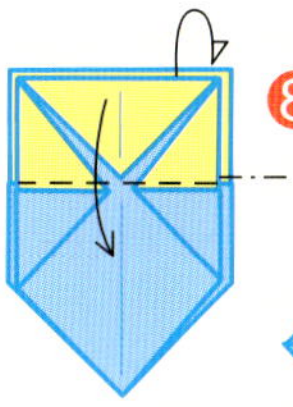

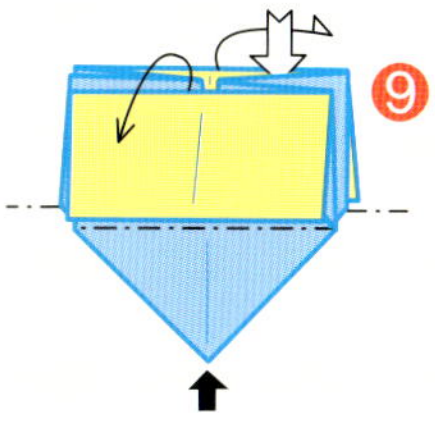

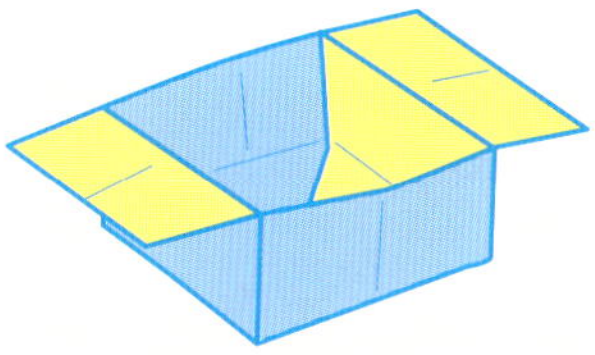

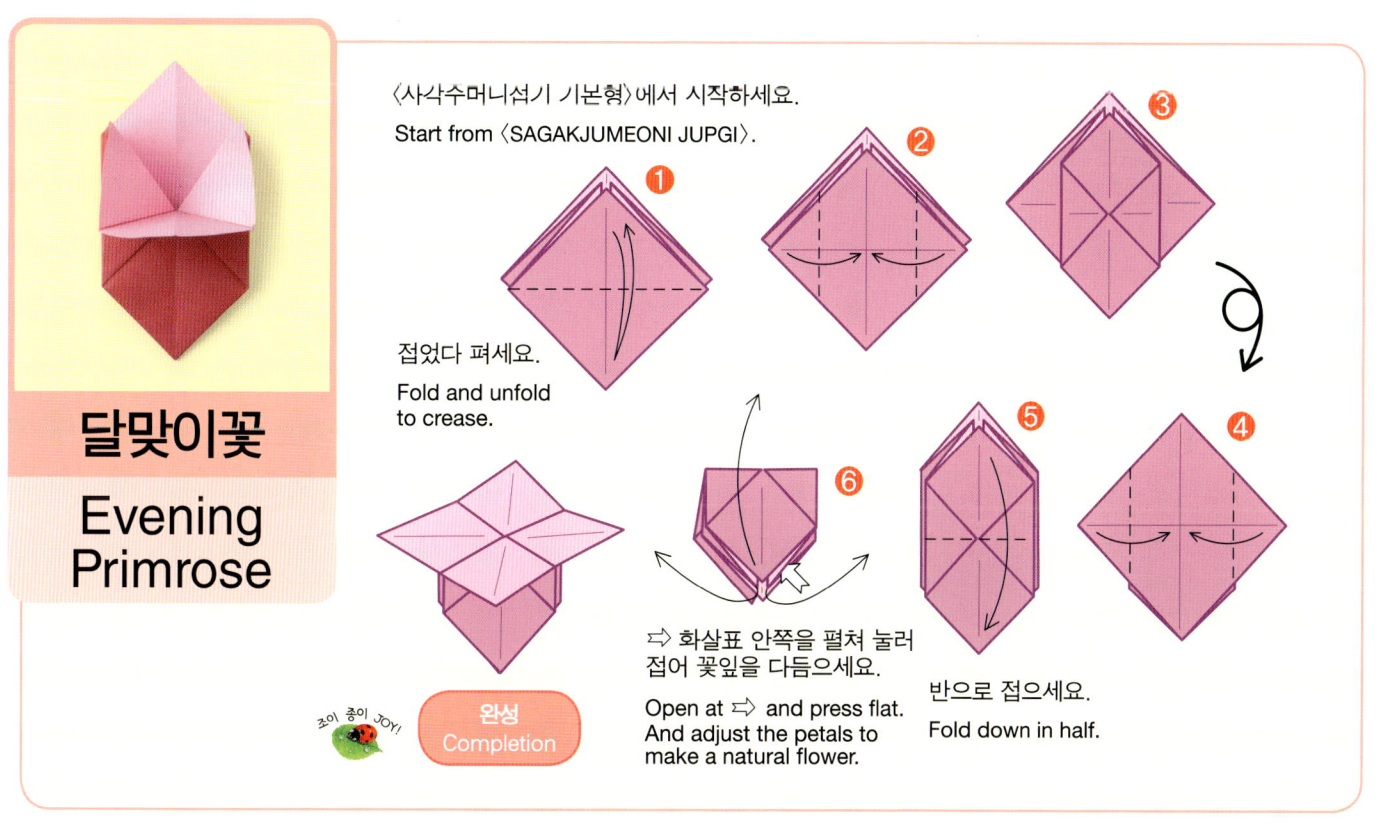

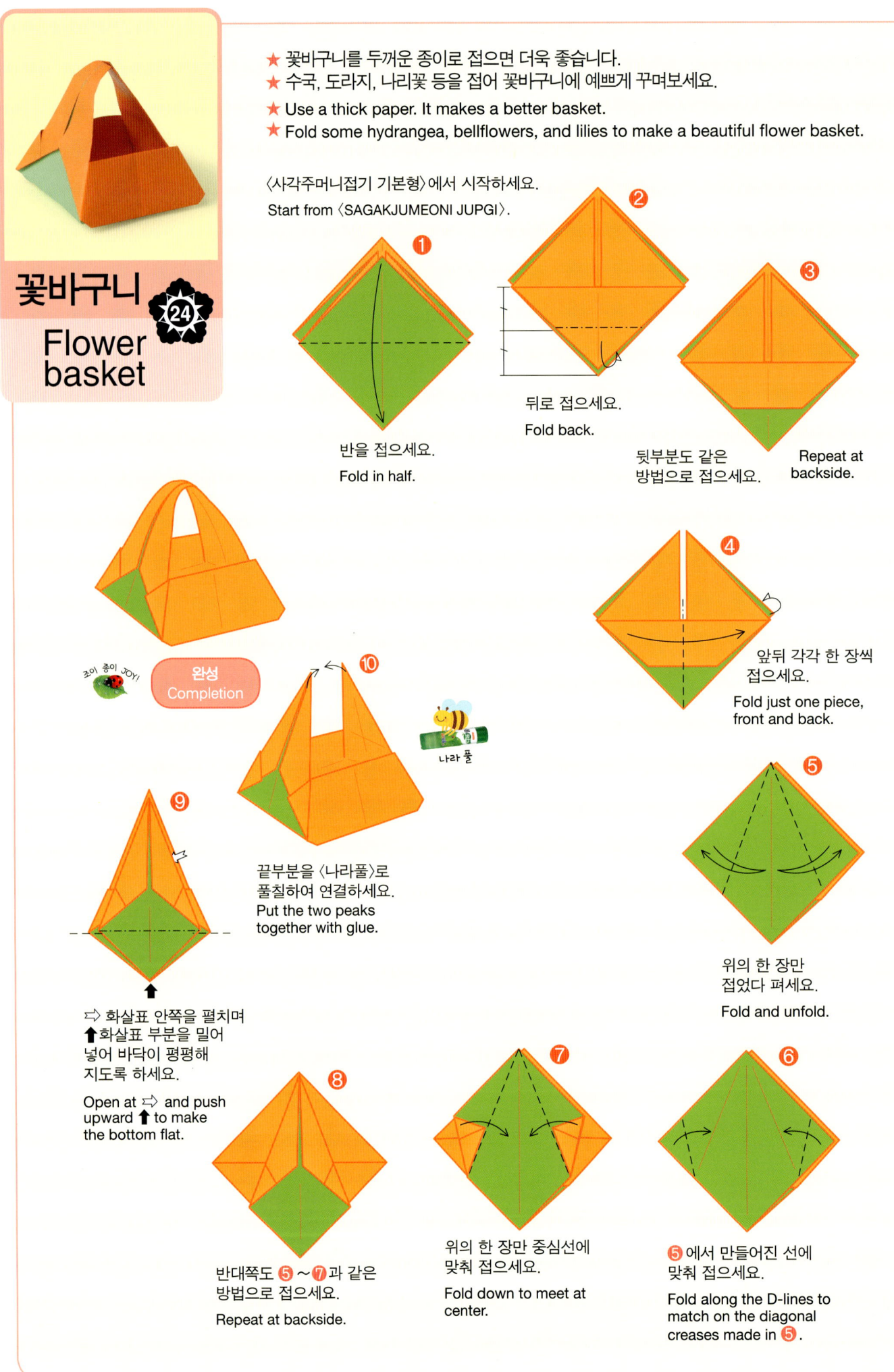

상 자
Box

★ 좋아하는 물건을 담아 책상 위에 놓아보세요.
★ Put your favorite things in this box on your desk.

〈사각주머니접기 기본형〉에서 시작하세요.
Start from 〈SAGAKJUMEONI JUPGI〉.

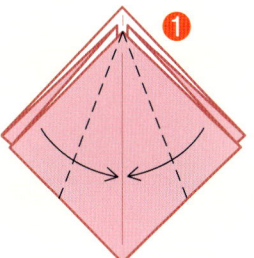

중심선에 맞춰 위의 한 장만 접으세요.
Fold down to meet at center.

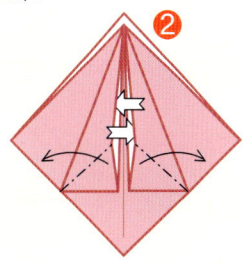

➪ 화살표 안쪽을 펼쳐 눌러 접으세요.
Open at ➪ and keeping center creases aligned, press flat.

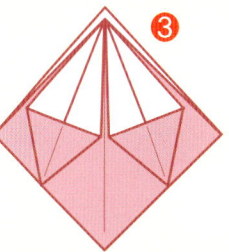

뒷부분도 같은 방법으로 접으세요.
Repeat at backside.

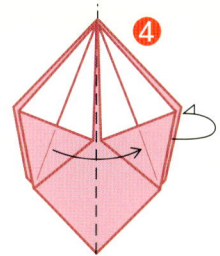

앞뒤 각각 한 장씩 접으세요.
Fold only one sheet in the front. Repeat on the back.

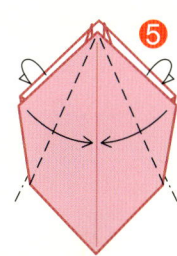

앞뒤 각각 중심선에 맞춰 접으세요.
Fold along the D-lines in the front and fold along the DD-lines in the back.

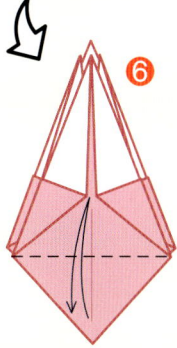

접었다 펴세요.
Fold and unfold.

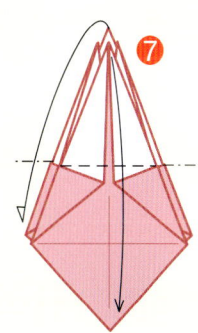

앞뒤 모두 접어 내리세요.
Fold down at front and back.

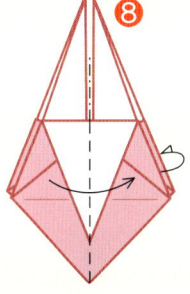

앞뒤 각각 한 장씩 접으세요.
Fold a set of wings in the front and back.

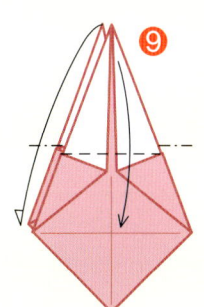

앞뒤 모두 접어 내리세요.
Fold down at front and back.

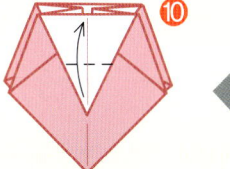

네 곳 모두 접어 올리세요.
Fold up at all corners.

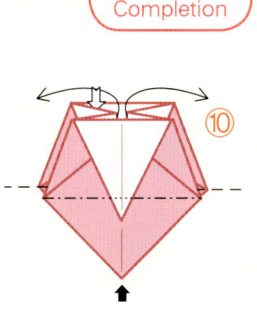

➪ 화살표 안쪽을 펼치며 ⬆ 화살표 부분을 밀어 넣어 바닥이 평평해 지도록 하세요.
Open the inside of ➪ and push at ⬆ part to make flatted bottom.

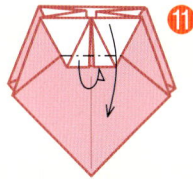

네 곳 모두 접으세요.
Fold at all orners.

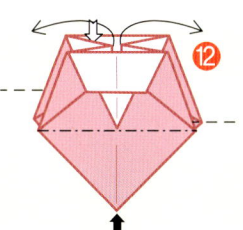

➪ 화살표 안쪽을 펼치며 ⬆ 화살표 부분을 밀어 넣어 바닥이 평평해 지도록 하세요.
Open at ➪ and push the bottom up ⬆ to make a flat bottom.

완성
Completion

조이 종이 JOY!

수국 Hydrangea (25)

〈사각주머니접기 기본형〉에서 시작하세요.
Start from 〈SAGAKJUMEONI JUPGI〉.

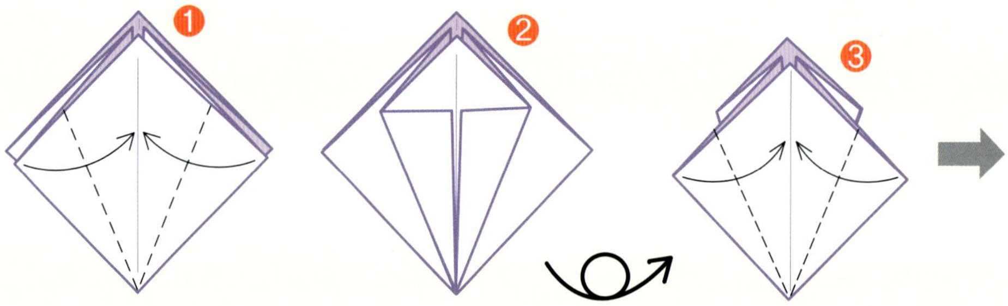

① 중심선에 맞춰 접으세요.
Fold along the D-lines to meet at center.

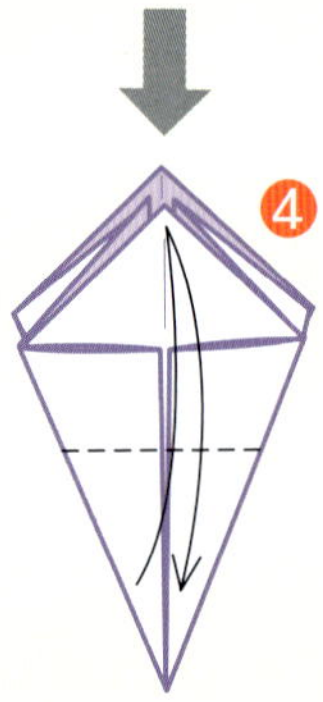

②

③

④ 접었다 펴세요.
Fold and unfold.

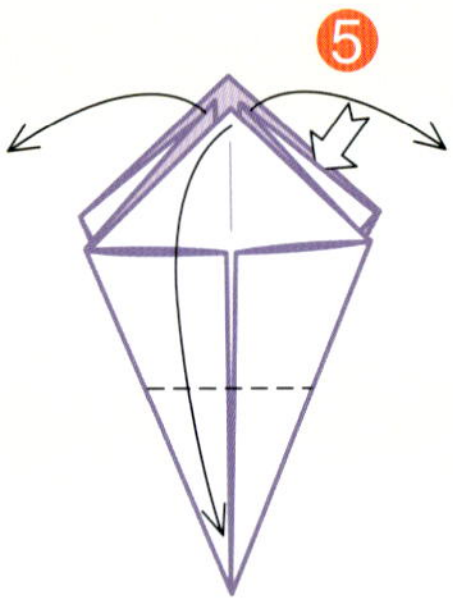

⑤ 펴세요.
Open.

수국 완성
Hydrangea Completion

💚 조립방법 💚 How to assemble the numerous units

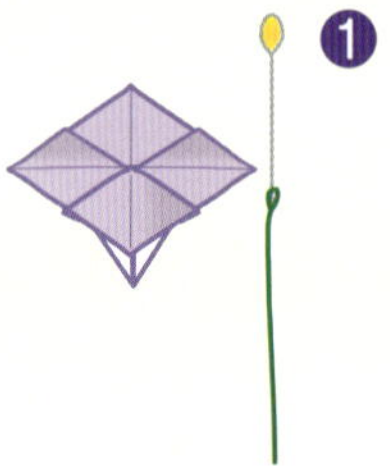

① 가느다란 철사에 꽃심을 이어 준비하세요.
Prepare thin metal thread.

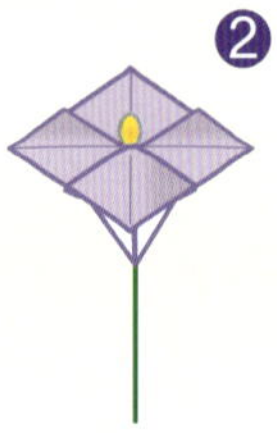

② 철사를 위에서 아래로 끼워 빼내세요.
Wire it from top to bottom like the picture.

③ 여러 송이를 만들어 바구니에 예쁘게 담아 보세요.
Make a lot of these and put them in the basket.

리스 Wreath

〈사각주머니접기 기본형〉에서 시작하세요.
Start from 〈SAGAKJUMEONI JUPGI〉.

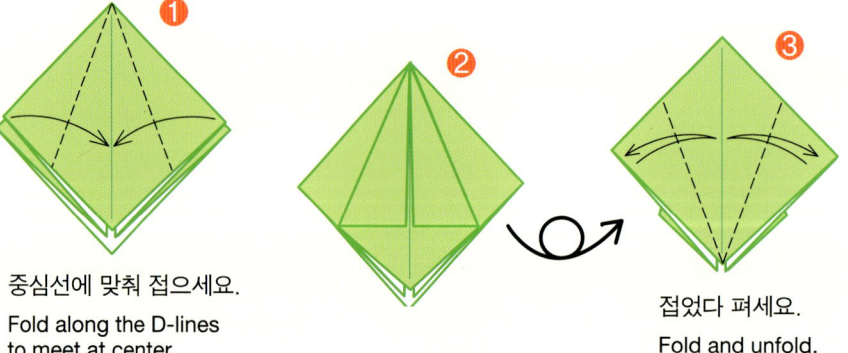

① 중심선에 맞춰 접으세요.
Fold along the D-lines to meet at center.

②

③ 접었다 펴세요.
Fold and unfold.

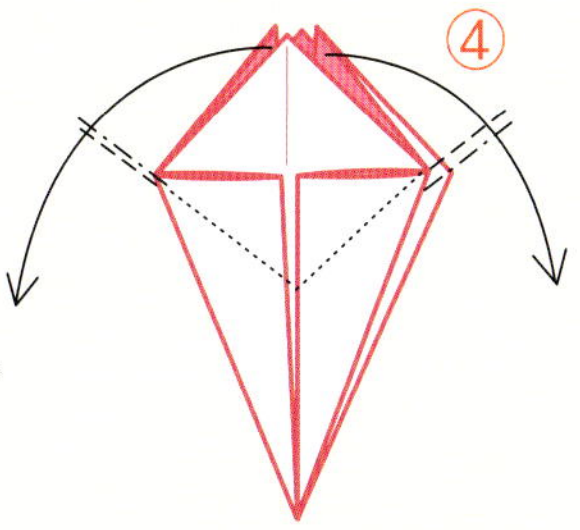

④

화살표 방향으로 빼내세요.
Pull out inner corner in the direction of arrow.

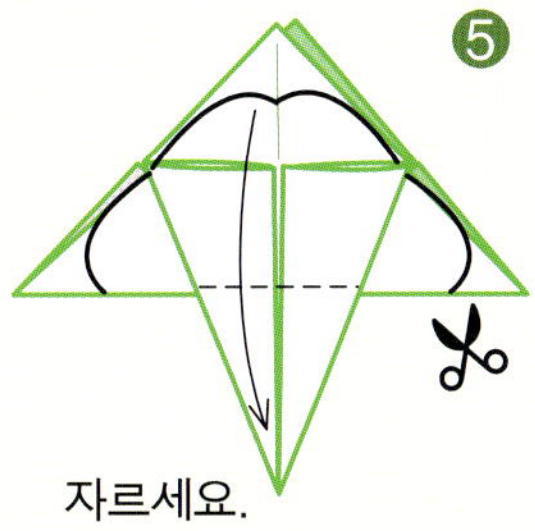

⑤

자르세요.
Look at the picture carefully and cut.

⑤

자르세요.
Look at the picture carefully and cut.

네잎클로버 완성
Four-leaf clover Completion

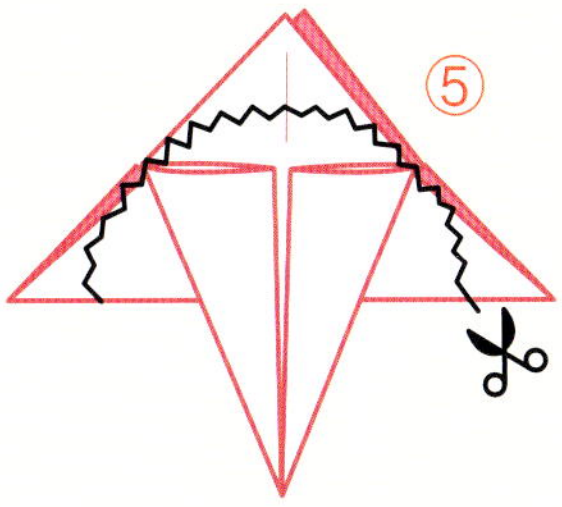

⑤

자르세요.
Look at the picture carefully and cut.

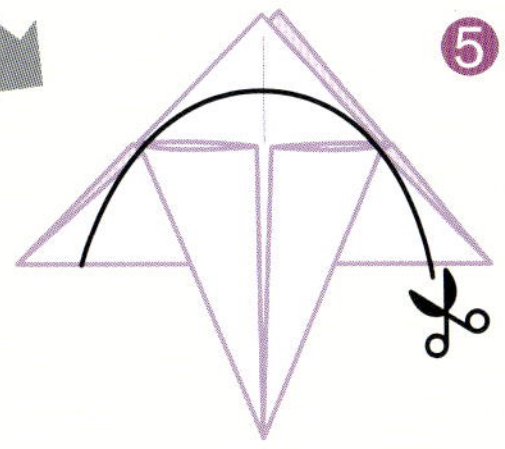

⑥

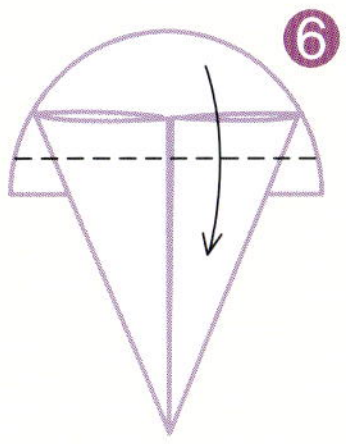

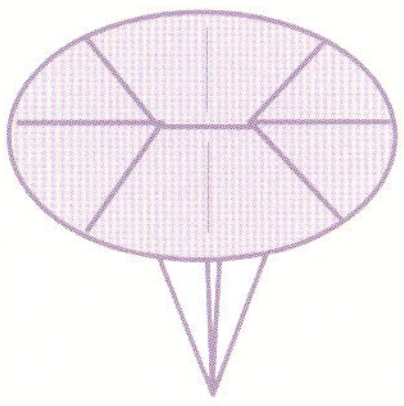

나팔꽃 완성
Morning glory Completion

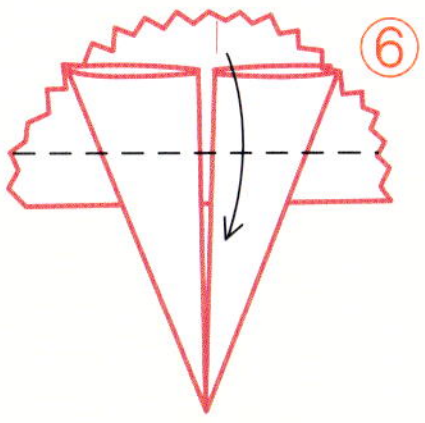

⑥

윗장만 접어 내리세요.
Fold down front side only.

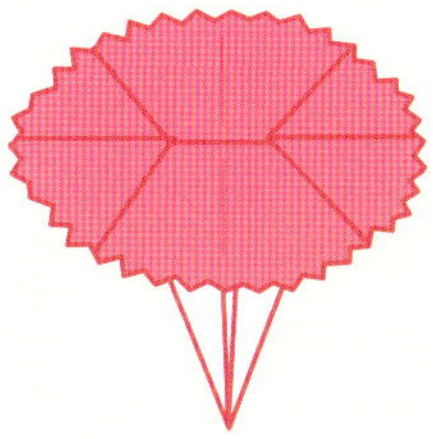

카네이션 완성
Carnation Completion

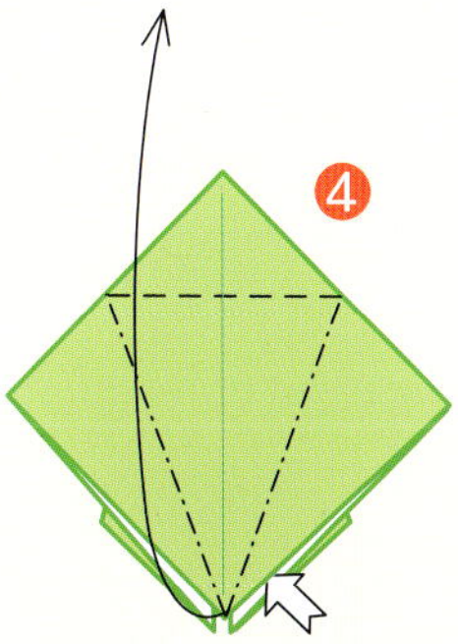

④

➡ 화살표 안쪽을 펼쳐 눌러 접으세요.
Open at ➡ and keeping center creases aligned, press flat.

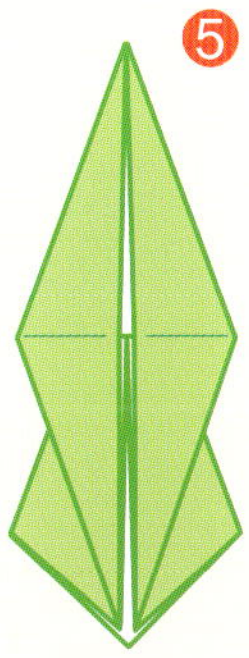

⑤

같은 모양을 8장을 접으세요.
Make 8 of this.

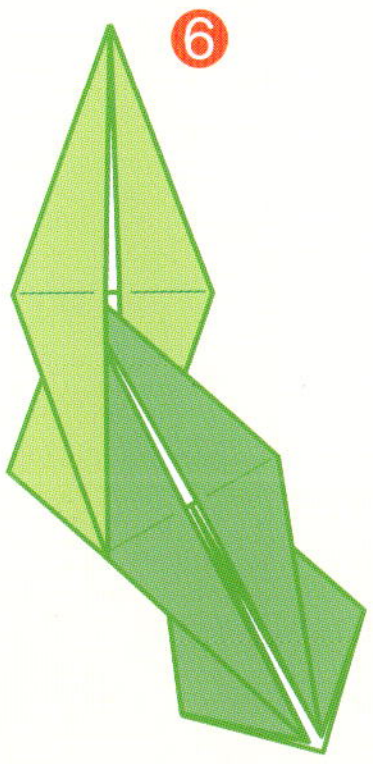

⑥

2장을 연결한 모습.
Connect two pieces.

완성
Completion

ⓒ 강명옥/Myung-ok Kang

KOREA JONG IE JUPGI 103

기러기
Wild-goose

ⓒ 곽정훈/Jeong-Hun Kwak

〈사각주머니접기 기본형〉에서 시작하세요.
Start from 〈SAGAKJUMEONI JUPGI〉.

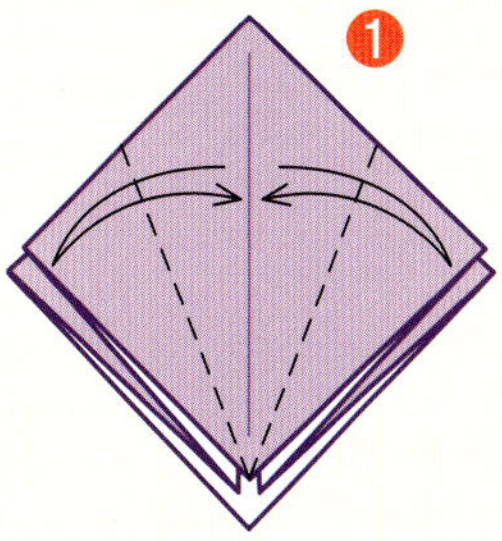

❶ 접었다 편 선을 만드세요.
Fold along the D-lines and unfold.

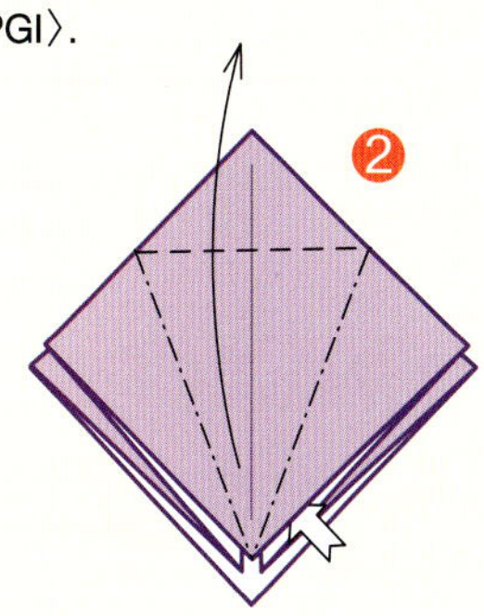

❷ ⇨ 화살표 안쪽을 펼쳐 눌러 접으세요.
Open at ⇨ and keeping center creases aligned, press flat.

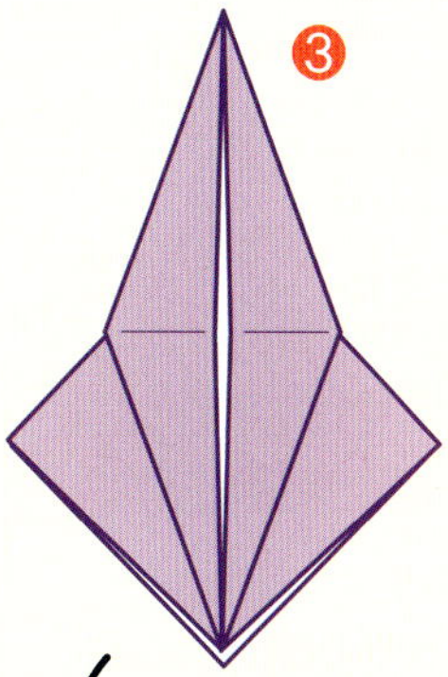

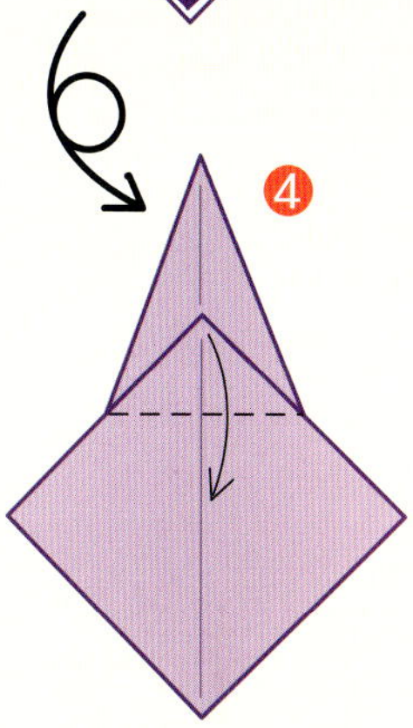

❸

❹

❺ 한 장만 접어 내리세요.
Fold down just the front piece.

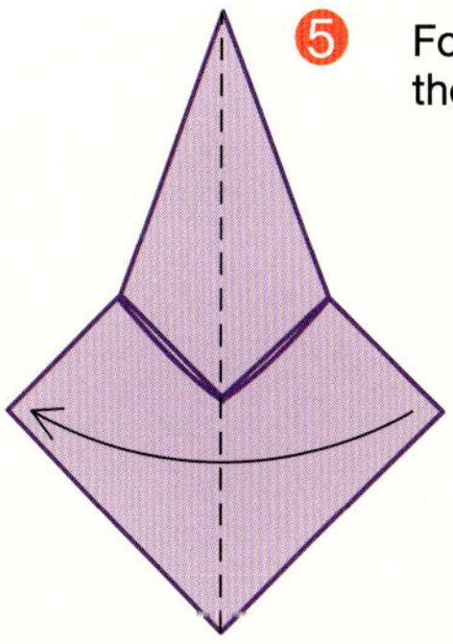

❻ 반으로 접으세요.
Fold in half along the D-line.

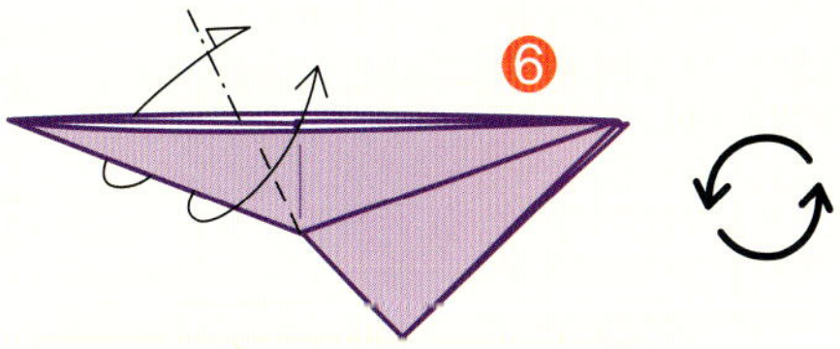

❼ 밖으로 뒤집어 접으세요.
Fold to outside.

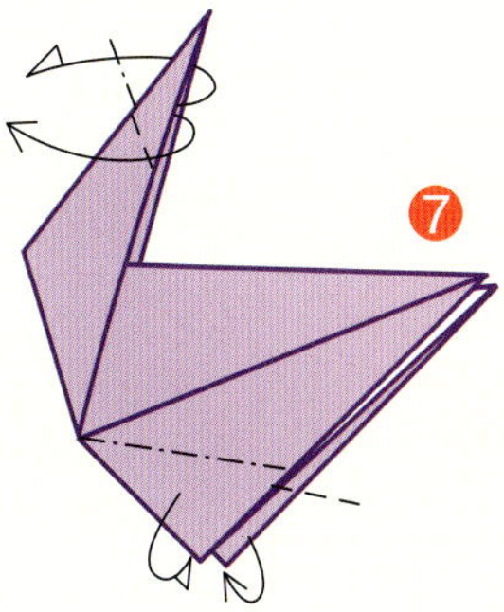

밖으로 뒤집어 접으세요.
Fold to outside.

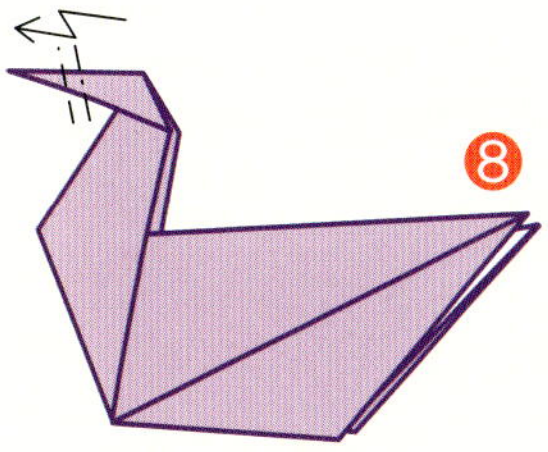

❽ 계단접기하세요.
Step fold.

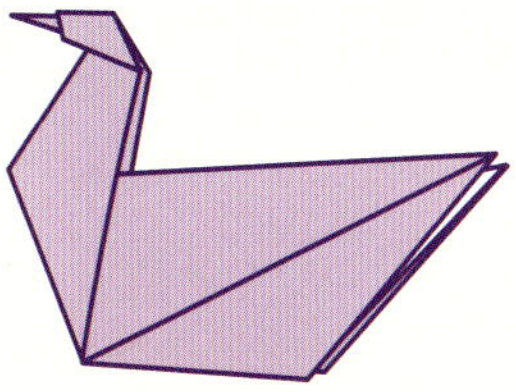

완성 / Completion

★ 신(信)·예(禮)·절(節)·지(知)의 덕(德)을 상징하는 기러기 작품(紙糊 종이죽공예)은 전안례(奠雁禮)라고 하여 혼례(婚禮)가 정해졌음을 알리는 예물이다.

★ 기러기는 짝이 죽어도 새롭게 짝을 구하지 않고 평생 홀로 첫 인연을 지키며 살며, 가족단위로 대단위 구성원을 집단으로 이루어 무리의우두머리에 의해 신호를 주고 받으며, 화목하게 살아가며 번영을 이룬다하여 인(因)과 연(緣)의 화합(和合), 가화만사성(家和萬事成)을 뜻하는 혼례의 상징물이다.

★ The wild-goose art has been used as symbols of faith, courtes virtue, moreover, it is a wedding present for the bride to announce the wedding ceremony has been made.

★ A wild goose never pairs up with others after his partner passed away and then lives alone for the rest of his life and the wild gooses group together as a family unit, which the leader of the group exchanges the signal. Also, the wild-goose is a symbol of wedding ceremony meaning the relation, harmony and "The harmonious family achieves considerable success socially" so that bride and groom can live in harmony or become a wealthy family.

기본형 9. 학접기
The Basic Pattern Crane fold 9. HAK JUPGI

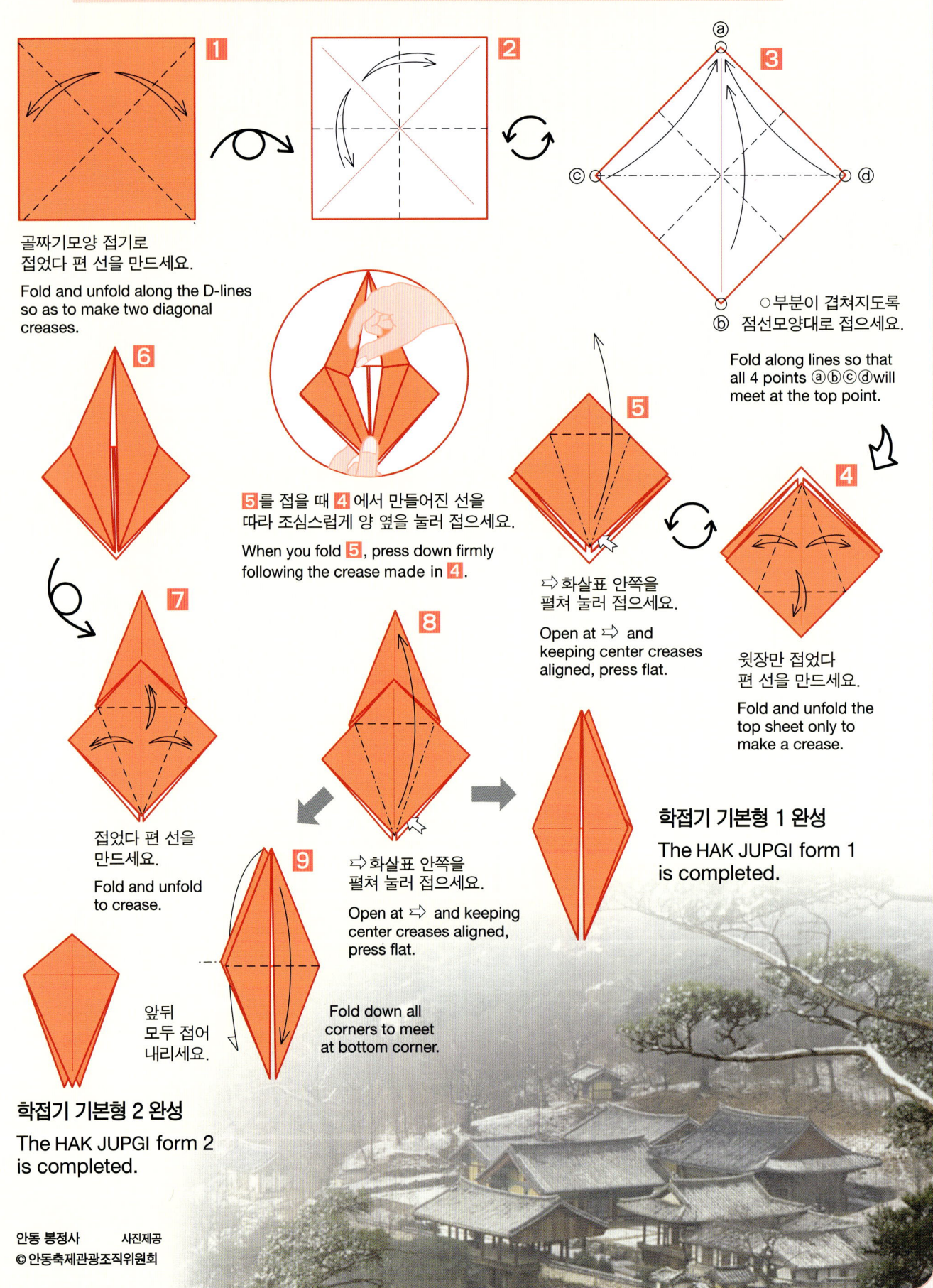

학접기로부터의 발전
HAK JUPGI and its Variations

학 Crane ㉖

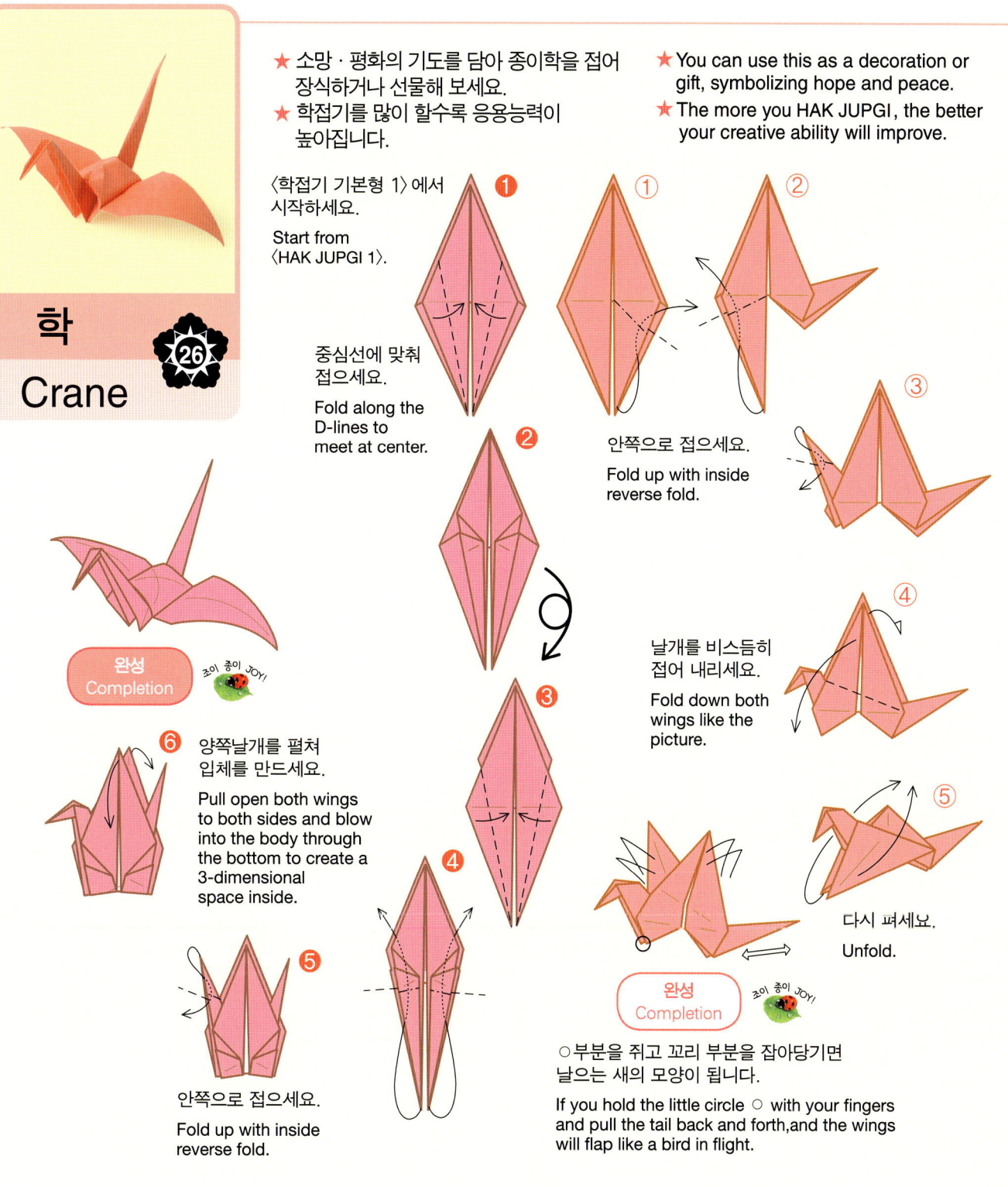

★ 소망·평화의 기도를 담아 종이학을 접어 장식하거나 선물해 보세요.
★ 학접기를 많이 할수록 응용능력이 높아집니다.

★ You can use this as a decoration or gift, symbolizing hope and peace.
★ The more you HAK JUPGI, the better your creative ability will improve.

〈학접기 기본형 1〉에서 시작하세요.
Start from 〈HAK JUPGI 1〉.

❶ 중심선에 맞춰 접으세요.
Fold along the D-lines to meet at center.

❷

❸

❹

❺ 안쪽으로 접으세요.
Fold up with inside reverse fold.

❻ 양쪽날개를 펼쳐 입체를 만드세요.
Pull open both wings to both sides and blow into the body through the bottom to create a 3-dimensional space inside.

완성 Completion

① ② 안쪽으로 접으세요.
Fold up with inside reverse fold.

③ 날개를 비스듬히 접어 내리세요.
Fold down both wings like the picture.

④ ⑤ 다시 펴세요.
Unfold.

완성 Completion

○부분을 쥐고 꼬리 부분을 잡아당기면 날으는 새의 모양이 됩니다.
If you hold the little circle ○ with your fingers and pull the tail back and forth, and the wings will flap like a bird in flight.

★ 평화를 상징하는 종이학에 대해 전해 내려오는 이야기로 안동 봉정사 창건 설화가 있습니다. 통일신라 시대 의상대사(AD 625-702)가 영주 부석사 에서 학(봉황)을 접어 바람에 날려보내 사뿐히 내려 앉은 자리에 세운 절이 안동 봉정사라는 것입니다. 우리나라에서 현존하는 가장 오래된 목조건축물인 안동 봉정사는 우아하고 고고한 학의 자태처럼 고풍스러운 위엄을 간직하고 있습니다.

★ The HAK JUPGI is the most representative model that has been transmitted from generation to generation in Korea. The story of the foundation of Bongjeongsa in Andong City is about a beautiful paper crane. The city was founded on the actual spot where the crane landed after being flown into the wind by Monk Uisang(AD 625-702). Legend has it that Bongjeongsa Temple in Andong City was founded in 682 in the Silla Dynasty era after the great Monk Uisang launched the paper crane. It is the oldest wooden building in korea and rather than being ornate and over decorated has a simple antique majesty.

달팽이 / Snail

〈학접기 기본형 1〉에서 시작하세요.
Start from 〈HAK JUPGI 1〉.

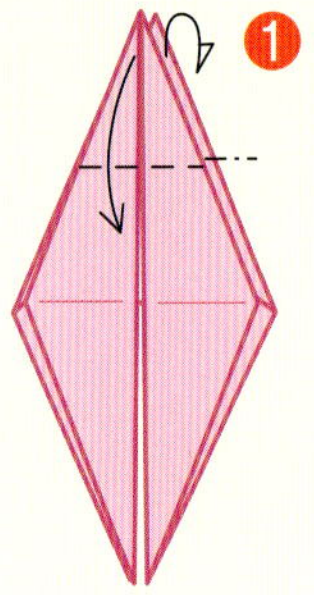

① 중심에 맞춰 접으세요.
Fold down the top corner to meet at center.

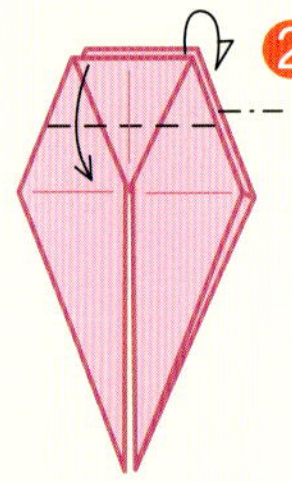

② 앞뒤를 모두 접어 내리세요.
Fold down the front and the back.

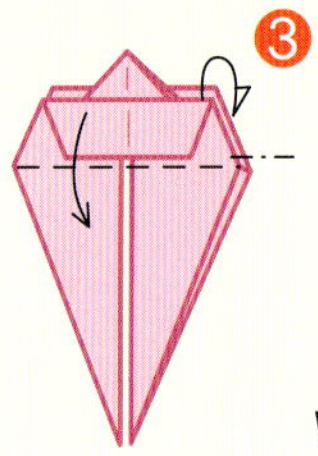

③

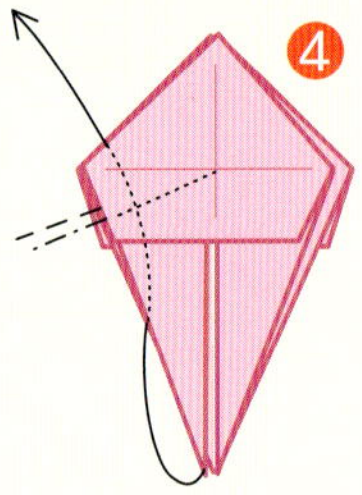

④ 안쪽으로 접으세요.
Fold to inside.

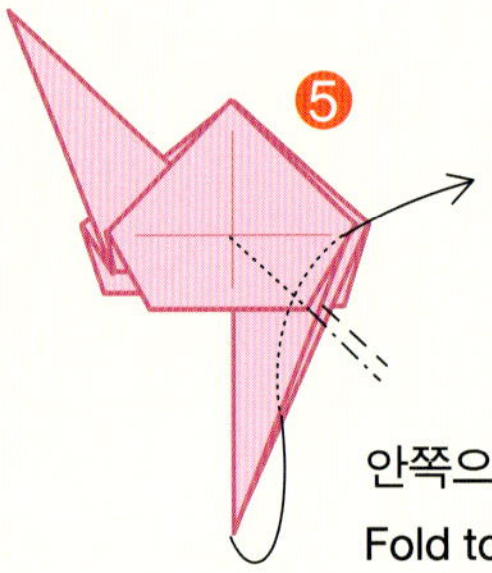

⑤ 안쪽으로 접으세요.
Fold to inside.

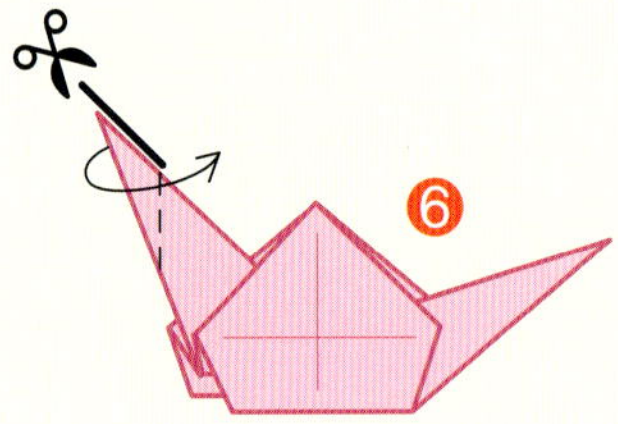

⑥ 가위로 자른 뒤 한매만 펼쳐 접으세요.
Cut the front part and open just one side.

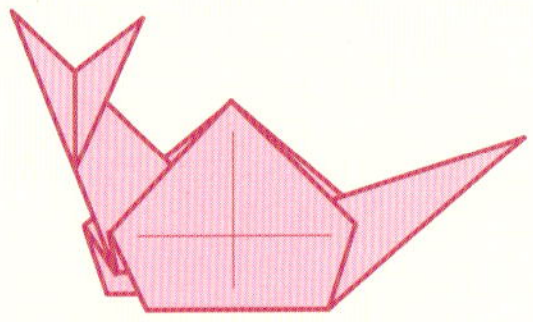

완성 Completion

낙타 / Camel

〈학접기 기본형 1〉에서 시작하세요.
Start from 〈HAK JUPGI 1〉.

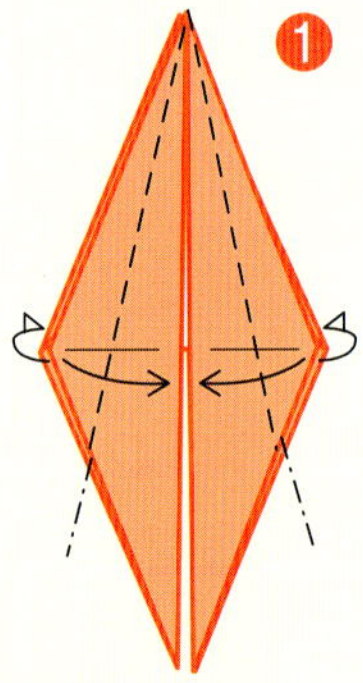

① 앞뒤 각각 중심선에 맞춰 접으세요.
Fold along the D-lines in the front. And fold along the DD-lines in the back.

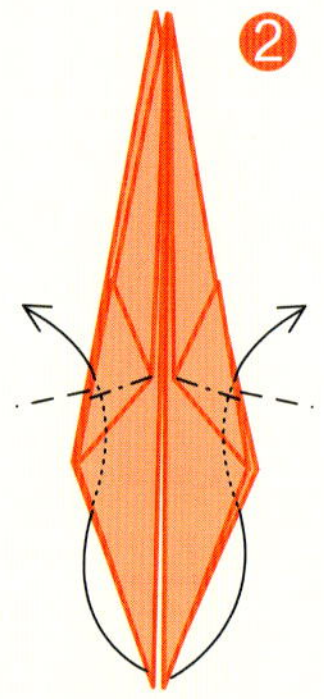

② 안쪽으로 접으세요.
Fold to inside.

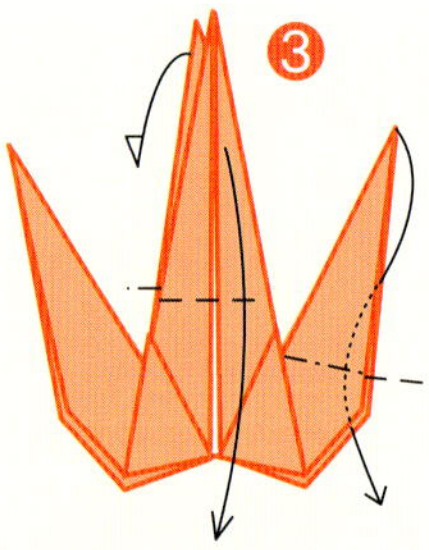

③ 앞뒤 각각 접어 내리세요.
Fold down the front center peak along the D-line and fold down.

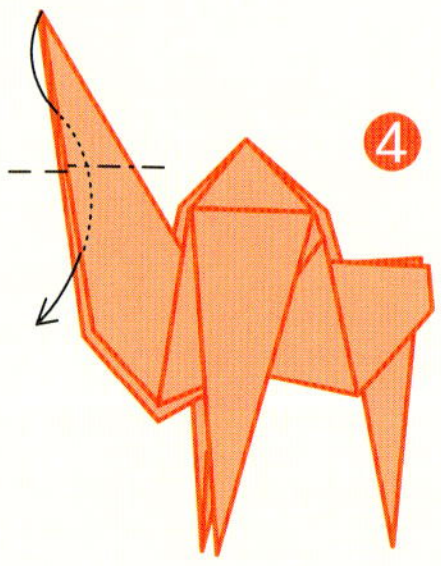

안쪽으로 접으세요.
Fold to inside.

④ 안쪽으로 접으세요.
Fold to inside.

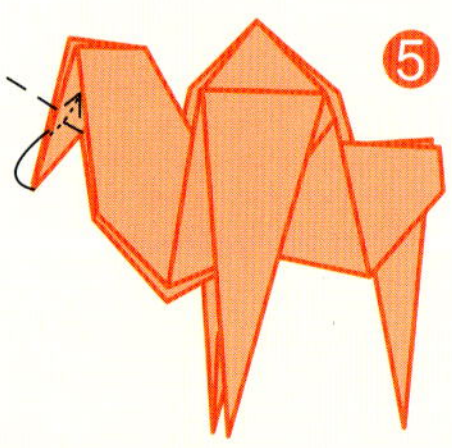

⑤ 안쪽으로 접으세요.
Fold to inside.

완성 Completion

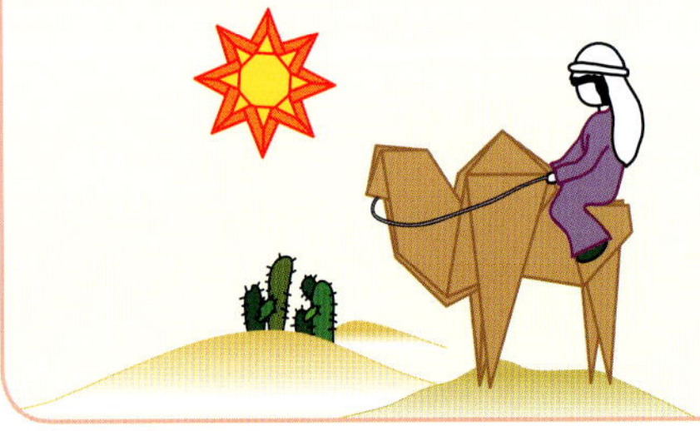

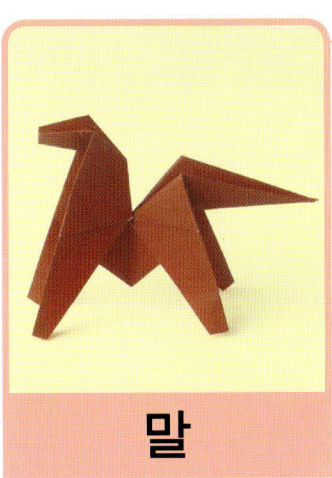

말
Horse

〈학접기 기본형 2〉에서 시작하세요.
Start from 〈HAK JUPGI 2〉.

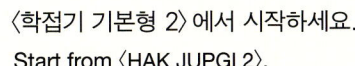

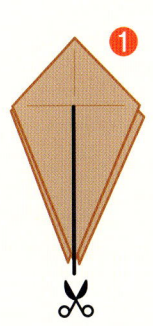

❶

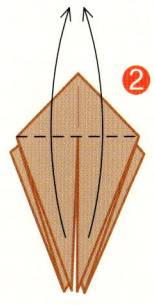

❷

위의 한 장만 접어 올리세요.
Fold up the front pieces.

표시선 만큼 자르세요.
Cut up to the horizontal crease line.

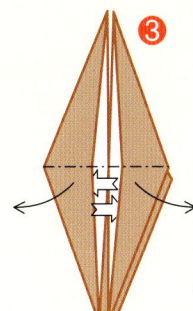

❸

화살표 안쪽을 펼쳐 눌러 접으세요.
Open at ⇨ and keeping center creases aligned, press flat.

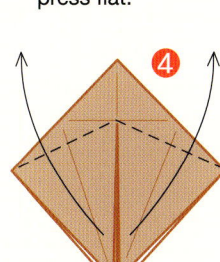

❹

위의 한 장만 비스듬히 접어 올리세요.
Fold up only the front corners along the D-lines.

❺

중심선에 맞춰 접으세요.
Fold in aslant to meet at center line.

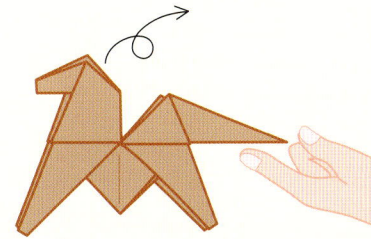

꼬리를 아래에서 위로 튕겨주면 한바퀴 돌고 다시 설 수 있습니다. 즐겁게 놀이해 보세요.
If you tap on the tail from underneath, the horse will jolt and stand up again.

완성
Completion

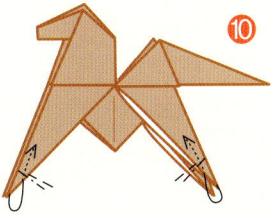

❿

다리 네 곳 모두 안쪽으로 접어 넣으세요.
At four feet, fold to inside.

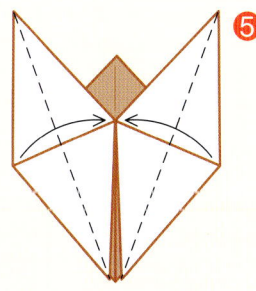

❻

뒷부분도 ❶~❺와 같은 방법으로 접으세요.
Repeat from step ❶~❺ at back side.

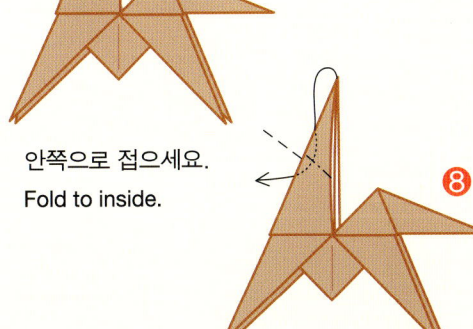

❾

안쪽으로 접으세요.
Fold to inside.

❽

안쪽으로 접으세요.
Fold to inside.

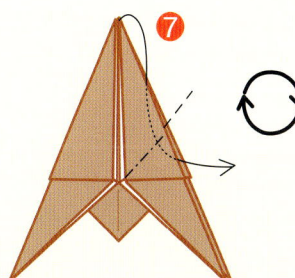

❼

안쪽으로 접으세요.
Fold to inside.

KOREA JONG IE JUPGI 109

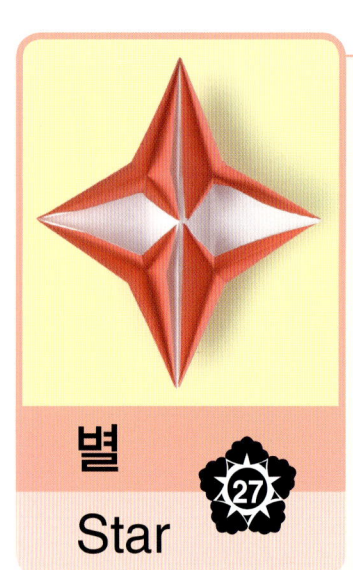

별
Star ㉗

★ 벽면 구성을 할 때 별나라 표현으로 좋은 작품이며, 여러 가지 색상으로 접어 색을 잘 조화시켜 연결하면 훌륭한 작품이 됩니다.
★ With many stars folded in different colors, you can decorate the wall of your children's rooms. The picture of star world can be a great work of art.

〈방석접기 기본형〉을 한 후, 〈사각주머니접기 기본형〉을 접어서 시작하세요.

Start after making a BANGSOK JUPGI and a SAGAKJUMEONI JUPGI.

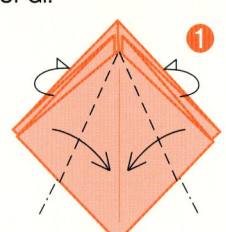

다시 펴세요.
Unfold.

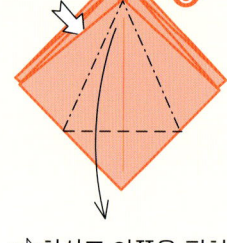

⇨ 화살표 안쪽을 펼쳐 눌러 접으세요.

Open at ⇨ and keeping center creases aligned, press flat.

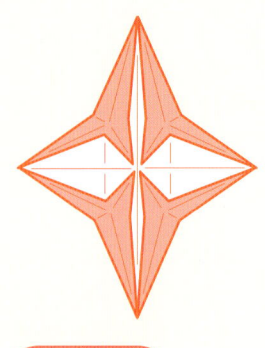

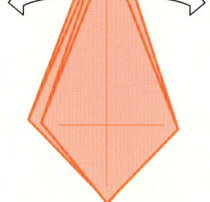

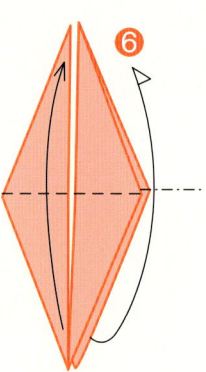

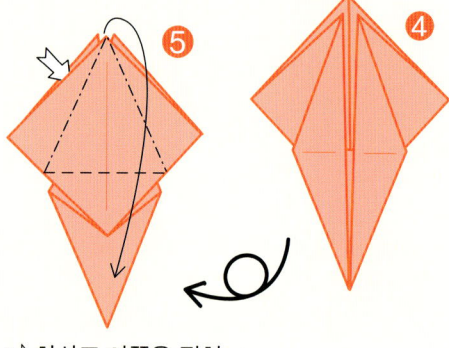

완성 / Completion

가운데 부분을 양쪽으로 잡아당겨 펴세요.
Pull out to both sides like the arrows.

접어 올리세요.
Fold up.

⇨ 화살표 안쪽을 펼쳐 눌러 접으세요.
Open at ⇨ and fold along the marked lines. Keeping center creases aligned, press flat.

행운의 별
Lucky Star

★ 사용하는 종이의 크기 (Size of paper) 22cm × 1cm

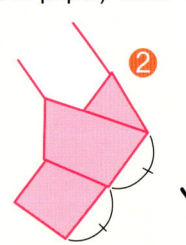

화살표 방향으로 넣으세요.
Insert to arrow direction.

화살표 방향으로 끼워 넣으세요.
Insert the inside of arrow.

뒤로 접으세요.
Fold back.

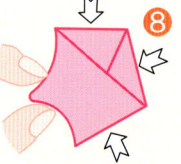

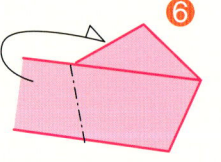

완성 / Completion

화살표 방향으로 눌러 주면서 별 모양을 입체로 만드세요.
Press to arrow direction and make the shape of star

마지막 끝부분을 안쪽으로 끼워 넣으세요.
Insert the end part into inside.

뒤로 접으세요. ❹~❻과 같은 방법으로 반복하여 접으세요.
Fold until end as same method the ❹~❻.

나 무
Tree

★ 사용하는 종이의 크기
(Size of paper)

아랫부분, 기둥
중간부분
윗부분

윗부분 Upper part

〈삼각주머니접기 기본형〉에서 시작하세요.
Start from the 〈SAMGAKJUMEONI JUPGI〉.

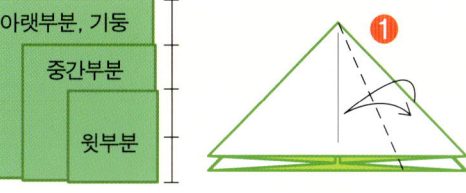

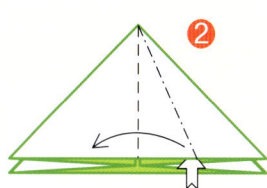

⇨ 화살표 안쪽을 펼쳐 눌러 접으세요.
Open at ⇨ and keeping center creases aligned, press flat.

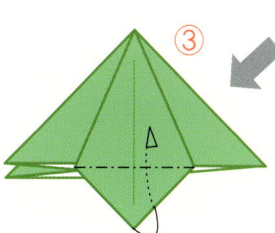

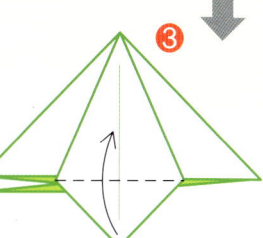

나머지 부분도 같은 방법으로 접으세요.
Repeat the same at all other corners.

속으로 접으세요.
Fold to inside.

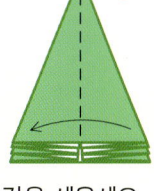

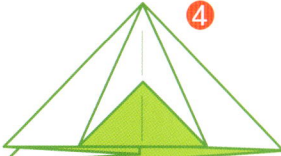

나머지 부분도 같은 방법으로 접으세요.
Repeat the same at all other corners.

완성
Completion

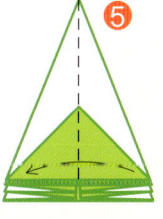

각을 세우세요.
Stand it as shown in the picture above.

3장을 접으세요.
Make 3 of this.

각을 세우세요.
Stand it as shown in the picture above.

완성
Completion

3장을 접으세요.
Make 3 of this.

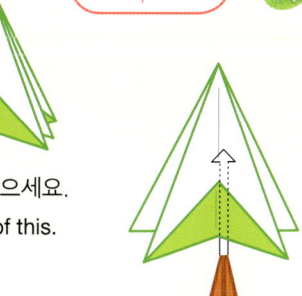

기둥 Wooden column

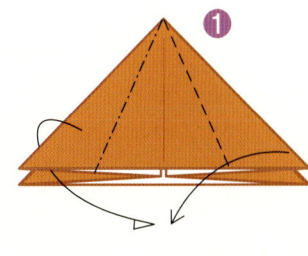

나머지 부분 같은 방법으로 접으세요.
Repeat the same at all other corners.

안쪽으로 끼워 넣으세요.
Tuck the tip inside.

화살표 안쪽으로 〈나라풀〉을 칠해끼 워 넣으세요.
Tuck it inside with the Jong Ie Nara transparent glue stick as the arrow sign indicates.

ⓒ김상헌/Sang-heun Kim

기본형 10. 꽃접기
The Basic Pattern Flower fold 10. KKOT JUPGI

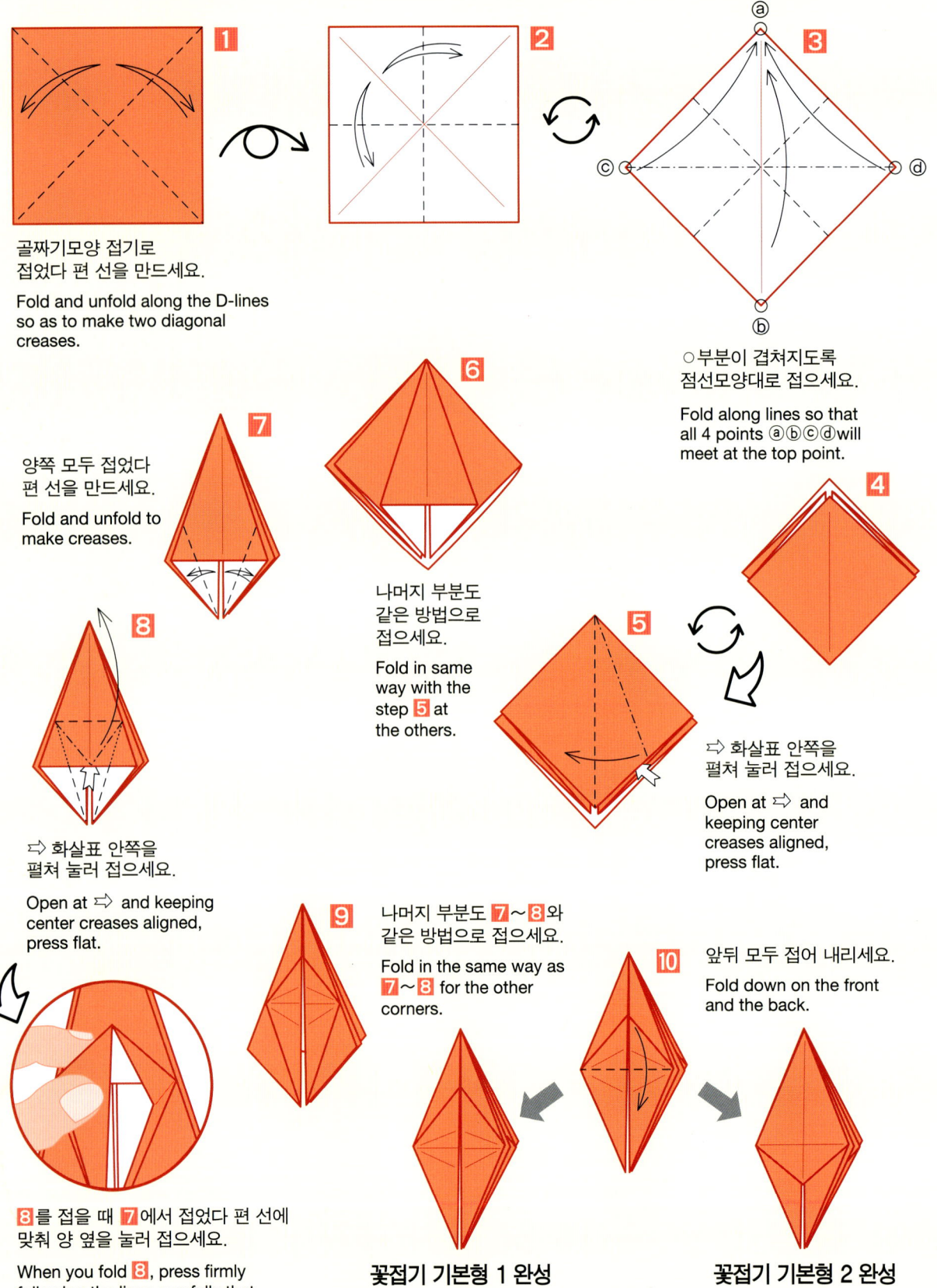

꽃접기로부터의 발전 KKOT JUPGI and its Variations

창포 Iris

★ 12매 조립, 20~24매를 조립하여 모빌을 만들 수 있습니다.
   모빌 만들기는 꽃의 끝부분을 실로 꿰어 조립하면 됩니다.
★ 12 or 20~24 of these put together, you can make a mobile by connecting them with thread.

〈꽃접기 기본형 2〉에서 시작하세요.
Start from the 〈KKOT JUPGI 2〉.

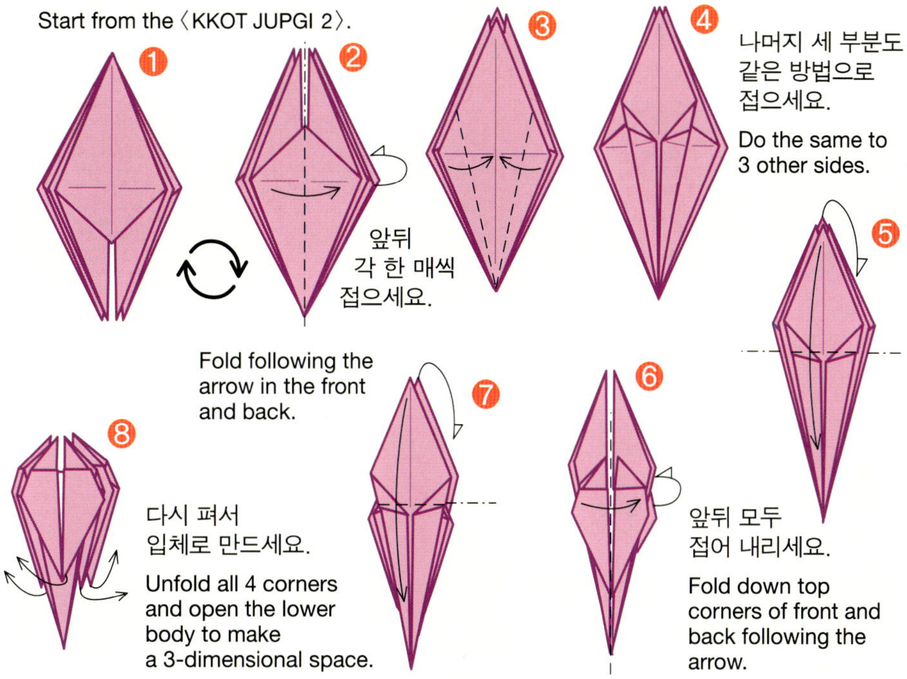

①
② 앞뒤 각 한 매씩 접으세요.
   Fold following the arrow in the front and back.
③
④ 나머지 세 부분도 같은 방법으로 접으세요.
   Do the same to 3 other sides.
⑤
⑥ 앞뒤 모두 접어 내리세요.
   Fold down top corners of front and back following the arrow.
⑦
⑧ 다시 펴서 입체로 만드세요.
   Unfold all 4 corners and open the lower body to make a 3-dimensional space.

완성 Completion

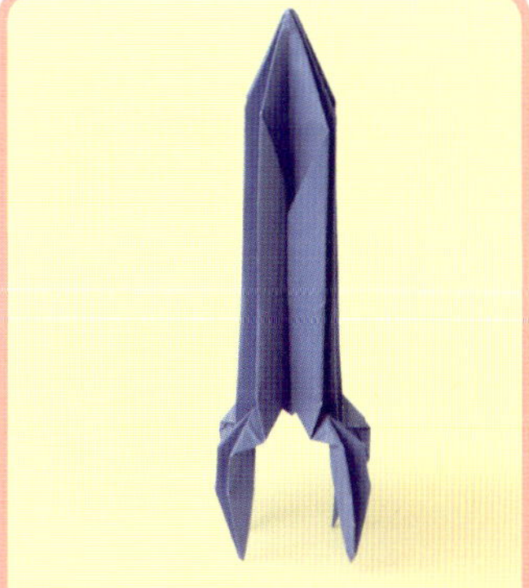

로켓 Rocket

★ 로켓을 접어보며 별나라 여행의 꿈을 꾸면서 과학심을 길러 보세요.
★ While folding a rocket, have a dream of travelling into the star world. This will motivate your children to have a scientific perspective.

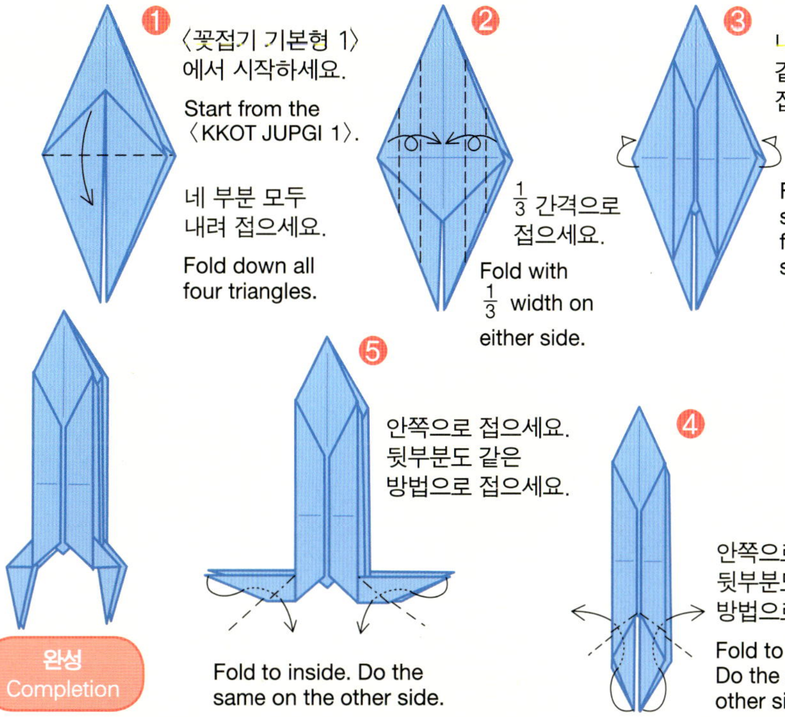

① 〈꽃접기 기본형 1〉에서 시작하세요.
   Start from the 〈KKOT JUPGI 1〉.
   네 부분 모두 내려 접으세요.
   Fold down all four triangles.
② $\frac{1}{3}$ 간격으로 접으세요.
   Fold with $\frac{1}{3}$ width on either side.
③ 나머지 부분도 같은 방법으로 접으세요.
   Fold in the same way for the other sides.
④ 안쪽으로 접으세요. 뒷부분도 같은 방법으로 접으세요.
   Fold to inside. Do the same on the other side.
⑤ 안쪽으로 접으세요. 뒷부분도 같은 방법으로 접으세요.
   Fold to inside. Do the same on the other side.

완성 Completion

KOREA JONG IE JUPGI 113

초롱꽃 / Bellflower

〈꽃접기 기본형 2〉에서 시작하세요.
Start from the 〈KKOT JUPGI 2〉.

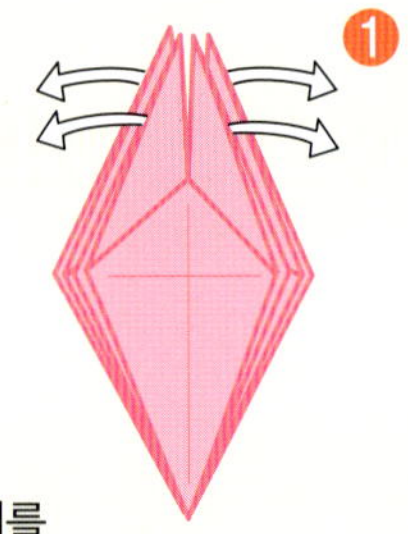

1. 전체를 살짝 펼치세요.
Open all corners carefully.

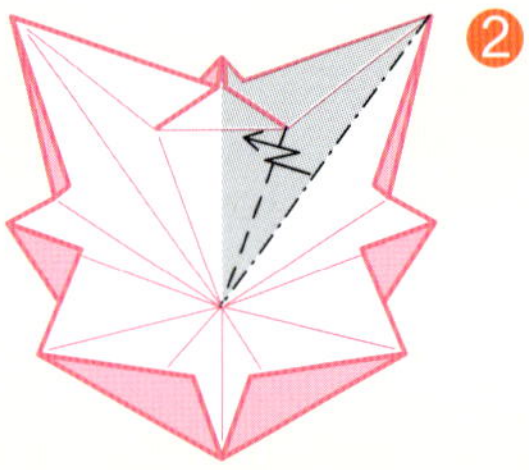

2. 계단접기를 해서 ■ 부분을 겹치세요.
Fold back and forth to be stuck together at dark part. After folding you cannot see the ■ side.

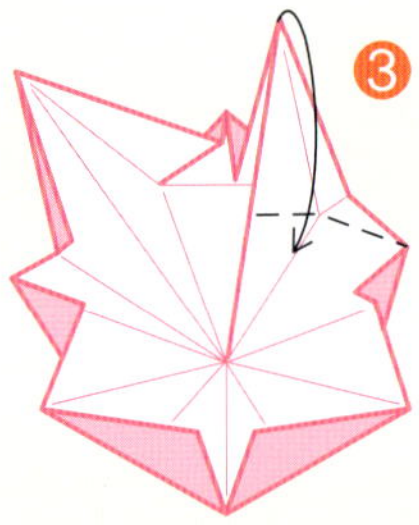

3. 중심을 향해 접어 넣으세요.
Fold down toward the center.

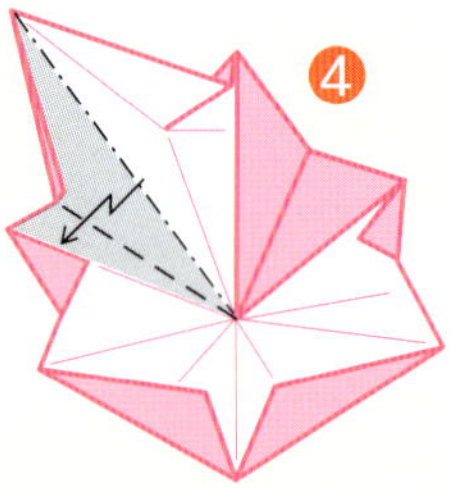

4. 계단접기를 해서 ■ 부분을 겹치세요.
Do the step fold for 3 other parts.

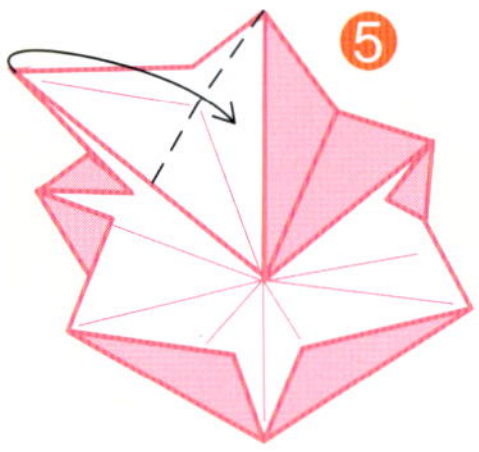

5. 중심을 향해 접어 넣으세요.
Fold down toward the center.

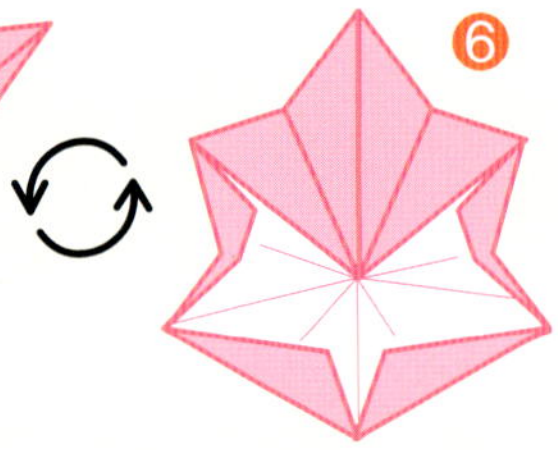

6. 나머지 부분도 모두 같은 방법으로 접으세요.
Do the same for all 2 parts.

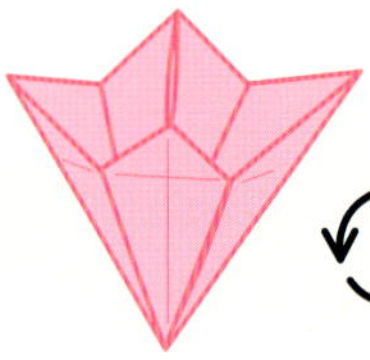

완성 / Completion

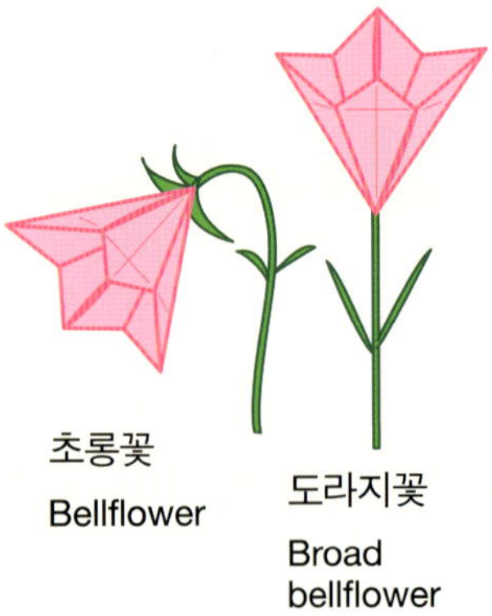

초롱꽃 Bellflower
도라지꽃 Broad bellflower

개구리 / Frog

★ 녹색 색종이로 접으면 정말 개구리 같습니다.
★ Folded in green colored paper, this will resemble a real frog.

〈꽃접기 기본형 1〉에서 시작하세요.
Start from the 〈KKOT JUPGI 1〉.

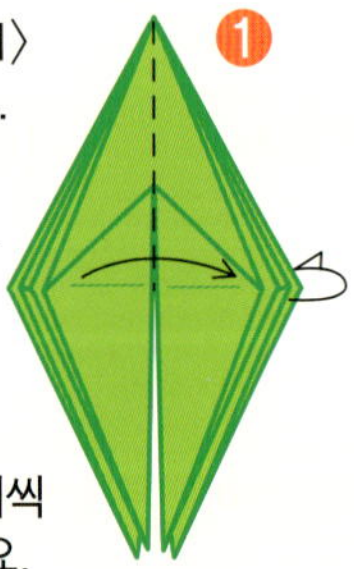

1. 앞뒤 각 한 매씩 접으세요.
Fold following the arrow in the front and back.

2. 나머지 세 부분도 같은 방법으로 접으세요.
Do the same to 3 other sides.

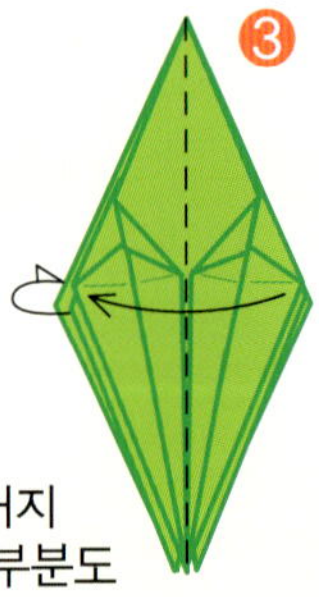

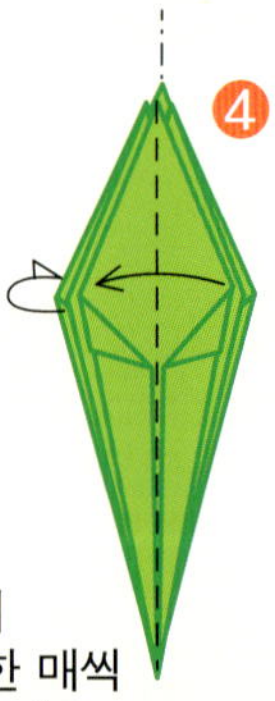

3.

4. 앞뒤 각 한 매씩 접으세요.
Fold down top corners of front and back following the arrow.

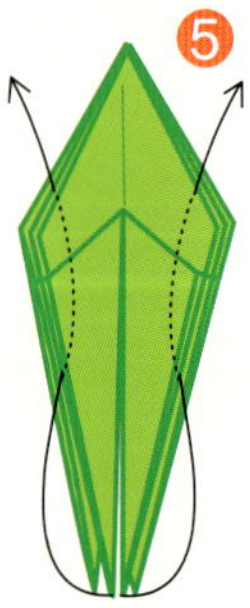

5.

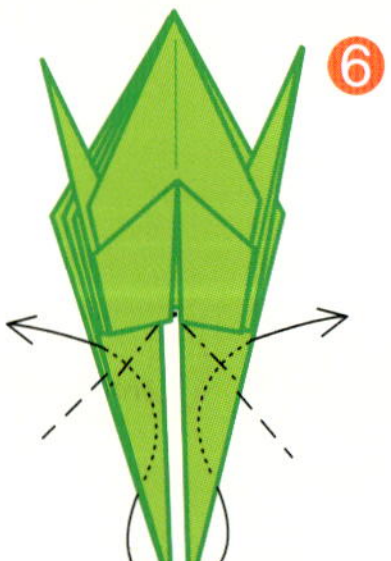

6.

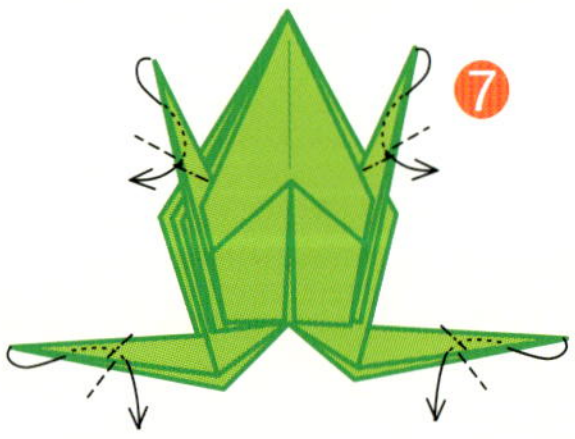

7.

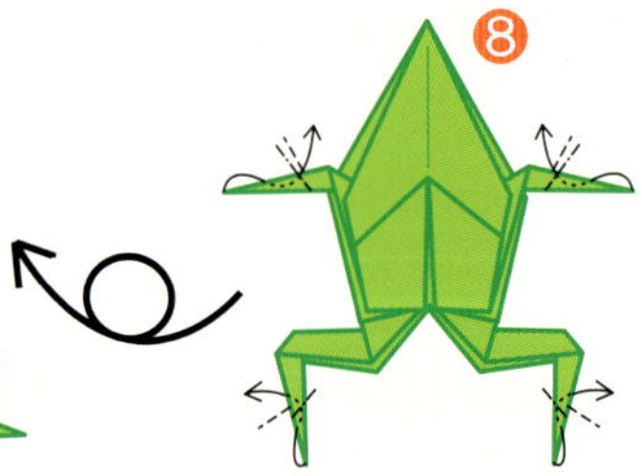

8. 입으로 불어서 입체를 만드세요.
Blow into the body through the bottom.

완성 / Completion

카네이션
Carnation

꽃잎 Petal

① 정사각형 종이를 반으로 접어내린 후 접었다 펴세요.
Do the mountain fold. And fold along the D-line.

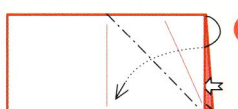
② 안쪽으로 접으세요.
Fold over along the DD-line.

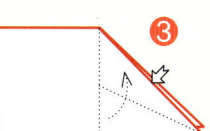
③ 가상선대로 안쪽에서 접어 올리세요.
Along the imaginary line, fold up from inside.

꽃받침 Petal holder

〈삼각주머니접기〉에서 시작하세요.
Start from 〈SAMGAKJUMEONI JUPGI〉.

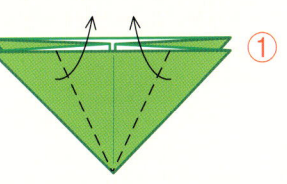
① 앞장의 양쪽을 중심선에 맞춰 비스듬히 접으세요.
Fold along the D-lines to meet at center crease.

④ 앞면의 반을 접어 올리세요.
Fold up the front part along the D-line.

꽃받침 완성
Pental holder Completion

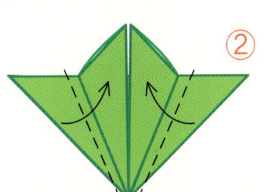
② 여분을 남기고 접으세요.
Fold with some space as shown.

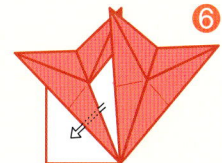
⑤ 같은 모양 5개를 접으세요.
Make 5 of this.

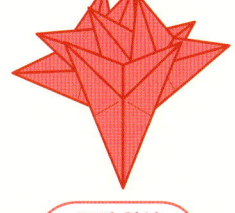
꽃잎 완성
Pental Completion

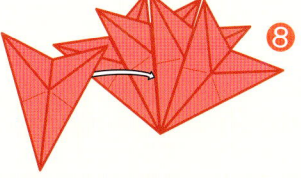
⑧ 앞쪽에 한 장을 붙이세요.
Attach one sheet to the front.

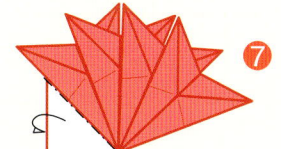
⑦ 4장 조립한 후 뒤로 접으세요.
After putting several of them together, fold back.

완성 Completion

ⓒ 이혜경 / Hye-Kyung Lee

리본
Ribbon

★ 사용하는 종이의 크기 (Size of paper) 가로(wide) : 세로(length) = 1 : 2

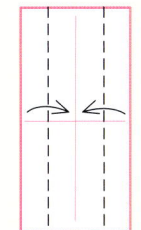 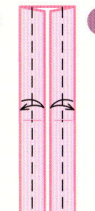    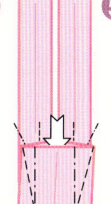

⇨ 안쪽을 펼쳐서 계단접기 하듯 양쪽을 접어 넣으세요.
Step fold. And fold both ends along the D-lines and DD-lines.

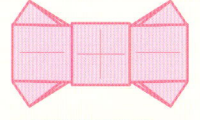 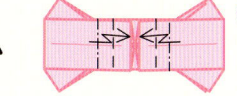 

계단접기하세요.
Step fold.

완성 Completion

ⓒ 김영순 / Young-soon Kim

여러 가지 기본형으로부터 복합된 종이접기

이제까지 10가지 기본형으로 작품들을 접어보아서 접기에 익숙해 졌으므로, 이제부터는 여러 가지 기본형으로 부터 복합된 접기를 하여 종이접기의 다양성을 연구해 보도록 하세요.

딱 지
Ddakji

★ 우리 선조들은 종이를 많이 접으면 슬기로워진다하여 한 장으로 접은 딱지를 지혜지(智慧紙)라고 부르며 전해 내려오고 있습니다. 이 지혜지는 실, 바늘, 물건들을 넣는 색실상자, 실첩 등 여러 가지 생활용품에 이용되었습니다.

★ 종이에 꿈을 적어 접은 후 딱지치기 놀이 (꿈 따먹기:상대편 꿈 알아내기)에도 이용되었습니다.

★ Our ancestors have taught us that paper folding can develop our wisdom, intellect, imagination and creativity. Hence it is called 'Jihyeji' meaning wisdom paper. It can also be used for creating everyday objects such as containers for needle and coloful threads.

★ Use thick paper for ddakji. Playing the game of ddakji is mainly for boys.

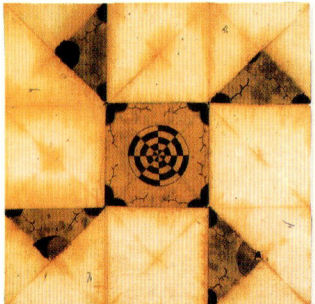

빗접 Comb box

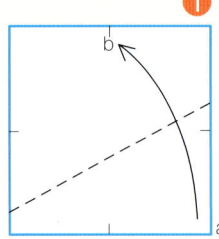

① 네 변에 중심점을 표시한 후 각 a를 b에 정확히 맞춰 접으세요.

Mark the center point on each side of the paper. Fold exactly overlapping a on b.

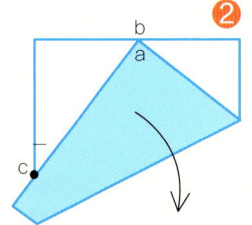

② 점c가 한 변의 $\frac{1}{3}$ 점이므로 연필로 정확하게 표시한 후 다시 펴세요.

c is $\frac{1}{3}$ point of the side. Fold and mark c with a pencil. And unfold.

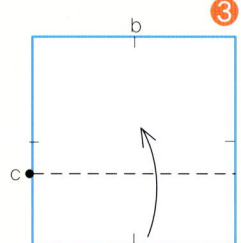

③ 점c를 접어 올리세요.

Fold up along the c line.

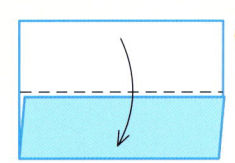

④ 펼치고 세로 부분도 ①~④와 같은 방법으로 접었다 편 선을 만드세요.

Unfold and Repeat ①~④ to make vertical creases.

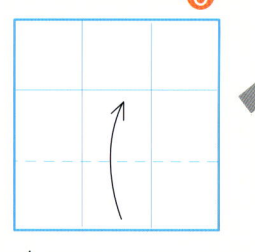

⑥ $\frac{1}{3}$ 선을 접어 올리세요.

Fold up $\frac{1}{3}$ horizontally.

두 장으로 접는 딱지
Folding two sheets of Ddakji

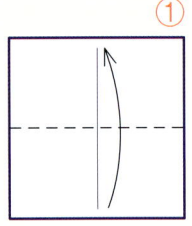

① 반으로 접으세요.
Fold in half.

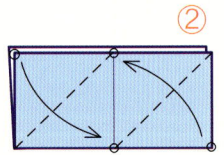

② ○와 ○가 만나도록 접으세요.
Fold so the two little circles will overlap.

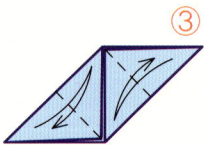

③ 중심선에 맞춰 접었다 펴세요.
Matching at center, fold and unfold.

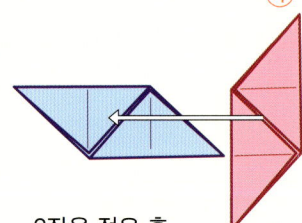

④ 2장을 접은 후, ⑤처럼 겹쳐 놓으세요.
After folding 2 pieces of papers, overlap each other as shown in the picture no ⑤.

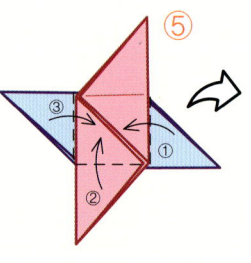

⑤ 접기순서대로 접으세요.
Fold in order.

Combined JONGIE JUPGI (Paper folding) from basic patterns

So far, you have learned the 10 basic folds. Being familiar with the basics, you can now combine them to create new forms, studying their diversity further.

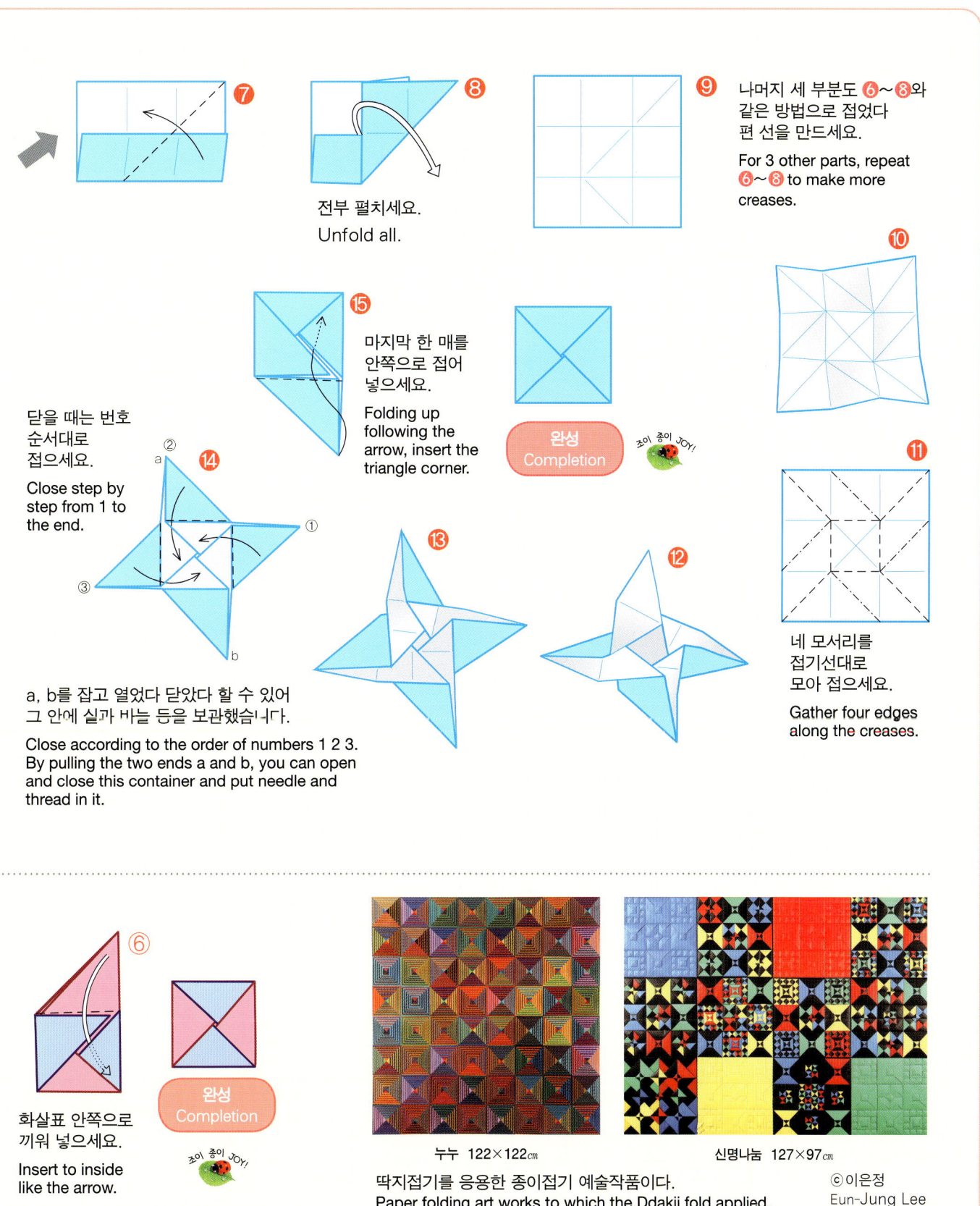

누누 122×122㎝   신명나눔 127×97㎝

딱지접기를 응용한 종이접기 예술작품이다.
Paper folding art works to which the Ddakji fold applied.

ⓒ이은정
Eun-Jung Lee

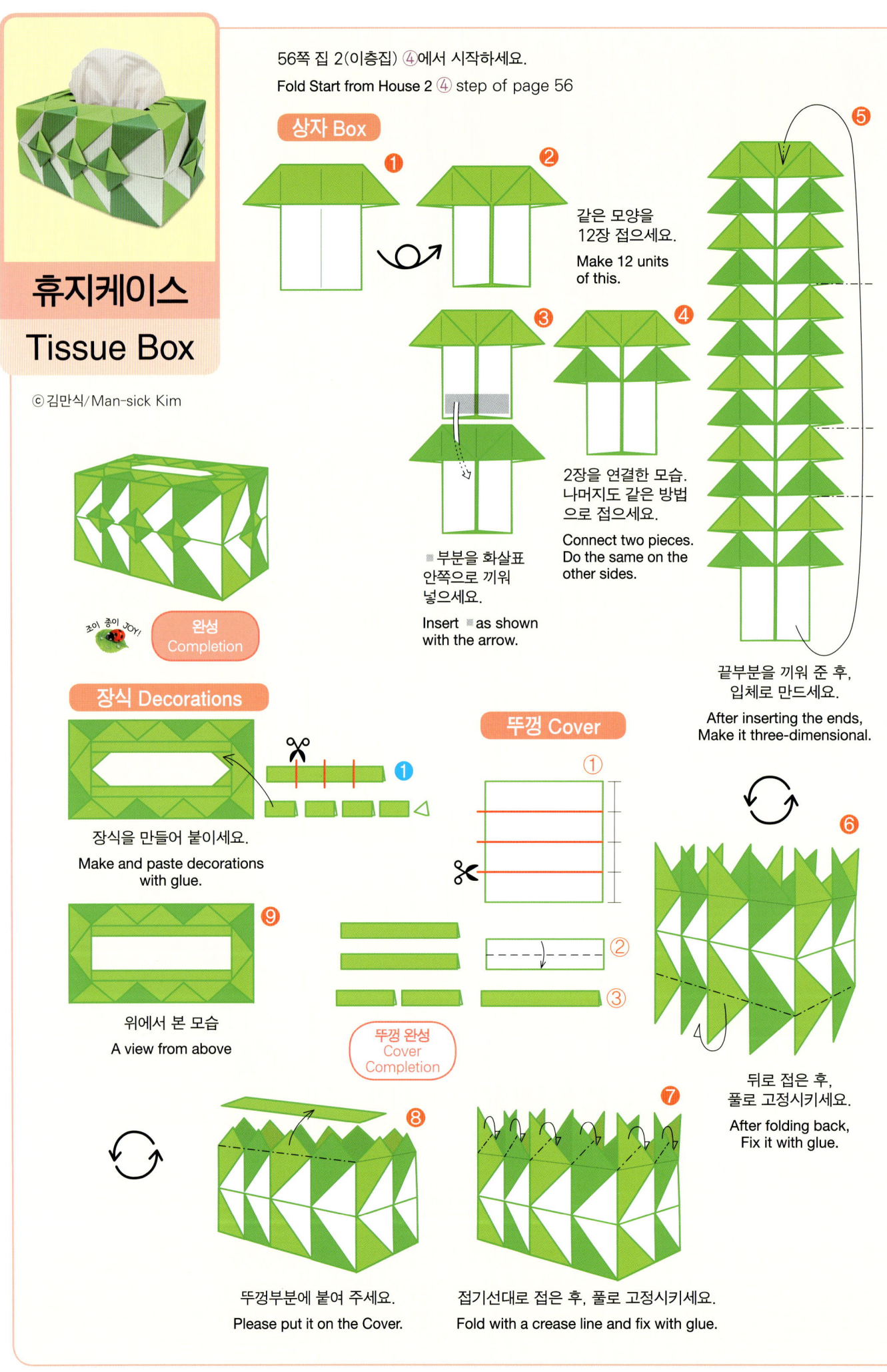

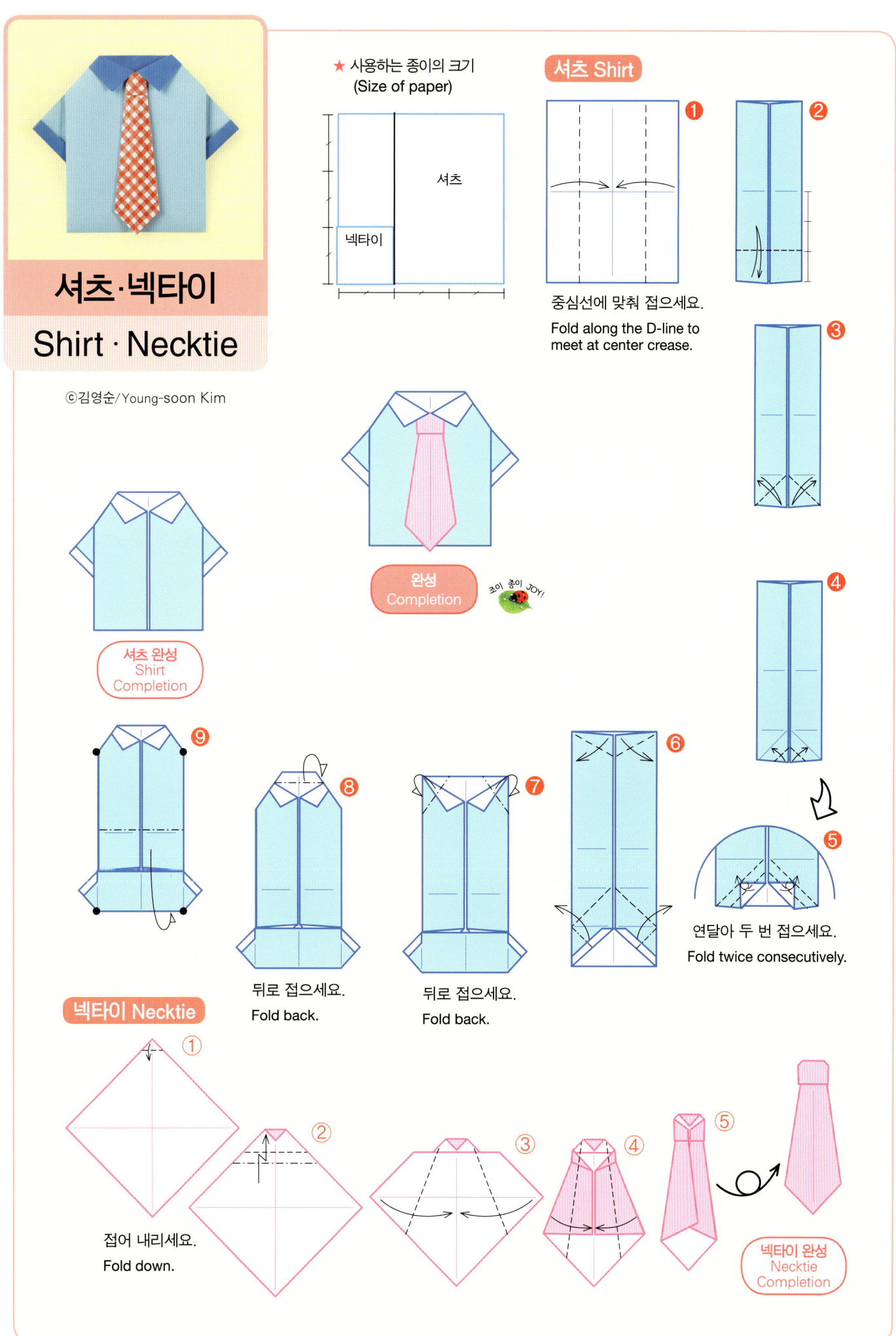

무늬
Pattern

★ 여러 가지 무늬를 접어 색채구성에 이용하거나, 큰 종이로 접어 선물포장에 이용해 보세요.

★ With these folded patterns, you can create new designs of color harmony or use them as decorations for gift wrapping.

A

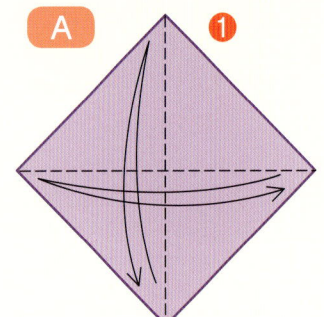

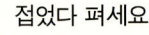

접었다 펴세요.
Fold and unfold as the diagram.

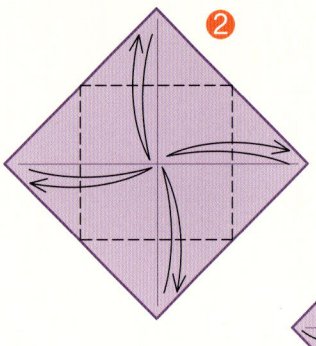

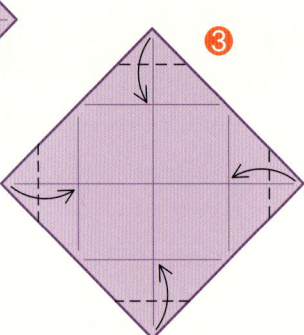

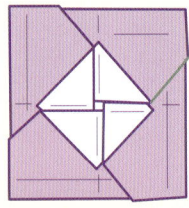

완성 / Completion

안쪽 면에 편지를 써서 선물해 보세요.
Let's mail after writing inside as a gift.

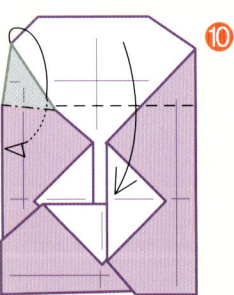

■ 부분을 안쪽으로 접어 넣으세요.
Fold along the d-line by inserting the top triangle following the top arrow.

B

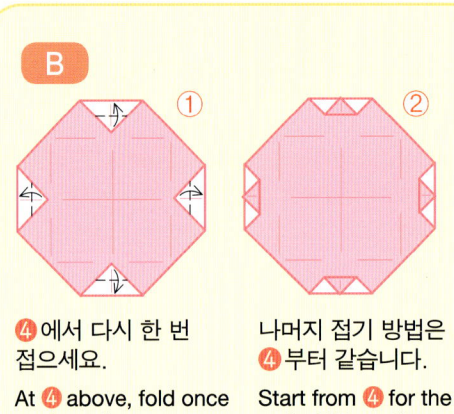

❹에서 다시 한 번 접으세요.
At ❹ above, fold once again at 4 corners.

나머지 접기 방법은 ❹부터 같습니다.
Start from ❹ for the rest of this pattern.

여러 가지 변화를 주어 접어 보세요.
Make variations.

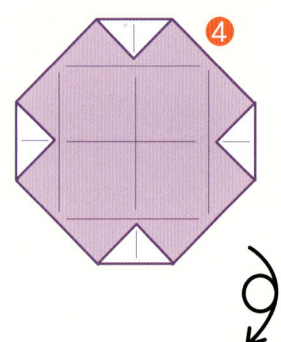

중심선에 맞춰 접으세요.
Fold along the d-line to meet at center crease.

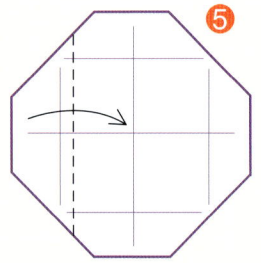

중심선에 맞춰 접으세요.
Fold along the d-line to meet at center crease.

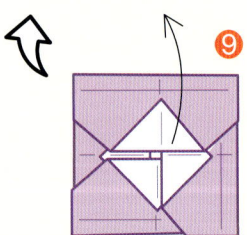

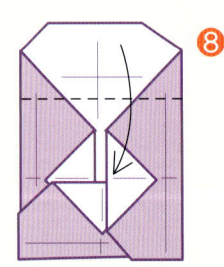

화살표 방향으로 펴세요.
Unfold.

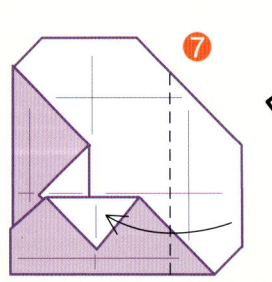

중심선에 맞춰 접으세요.
Fold along the d-line to meet at center crease.

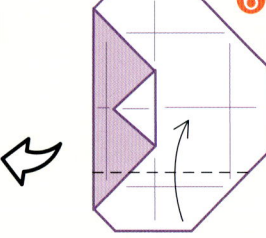

동백꽃 Camellia ㉜

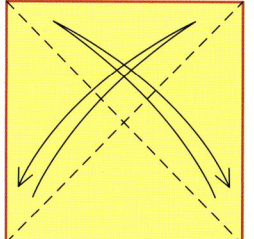

1. 대각선으로 접었다 펴세요.
To make 2 creases, fold and unfold twice.

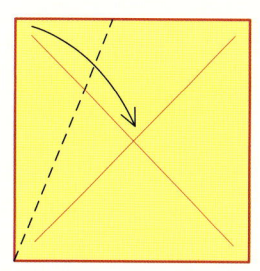

2. 접었다 편 대각선에 맞춰 접으세요.
Fold along the D-line to match at center crease.

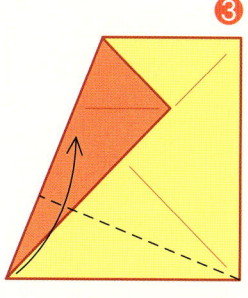

3.

4. 화살표 안쪽을 펼쳐 눌러 접으세요.
Open at ⇨ and keeping center creases aligned, press flat.

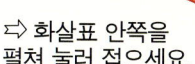

5. 중심선에 맞춰 접으세요.
Fold along the d-line to meet at center crease.

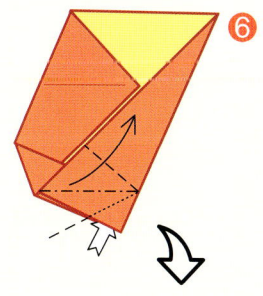

6.

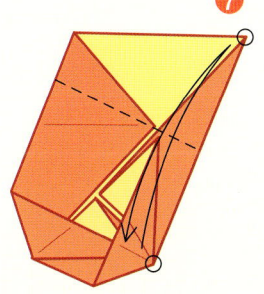

7. 접었다 편 선을 만드세요.
Fold along the D-lines and unfold.

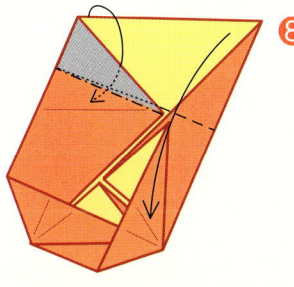

8. ❼에서 만들어진 골짜기 모양 접기선을 산모양 접기선으로 바꾸어 ■ 부분을 안쪽으로 접어 넣으세요.
Change the valley fold crease made in ❼ into the mountain fold crease and fold down, inserting the top left part into the left pocket as shown.

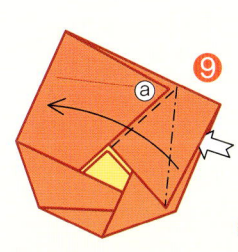

9. 화살표 안쪽을 펼쳐 눌러 접으세요.
Open at ⇨ and keeping center creases aligned, press flat.

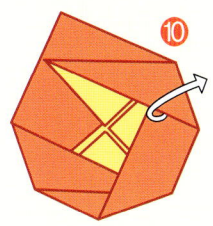

10. 모서리 ⓐ가 위로 나오게 하세요.
Pull out ⓐ to the top.

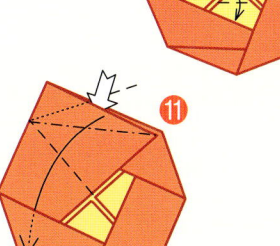

11. 화살표 안쪽을 펼쳐 눌러 접으세요.
Open at ⇨ and keeping center creases aligned, press flat.

12.

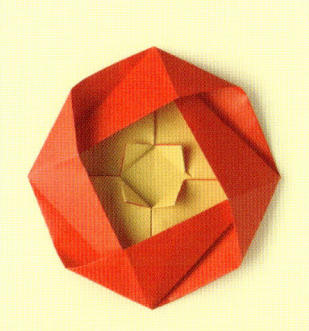

완성 Completion

자동차 바퀴나 코사지로 사용할 수 있습니다.
You can use as wheels or corsages.

KOREA JONG IE JUPGI 121

육면체
Hexahedron

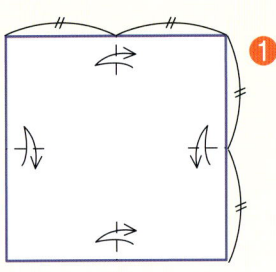

네 변에 이등분선을 살짝 표시해 주세요.

Mark the center point on each side by making 4 creases as shown.

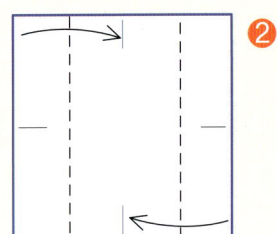

접었다 편 선에 맞춰 접으세요.

Fold along the D-lines meeting at the center crease.

○와 ○가 만나도록 접으세요.

Fold so the two little circles will overlap.

접었다 편 선을 만드세요.

Fold along the D-lines and unfold.

접어 세우세요. 같은 모양 6매를 만드세요.

Fold along the D-lines and let it stand upright. Make 6 of these.

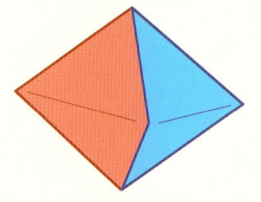
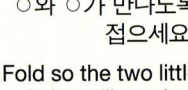
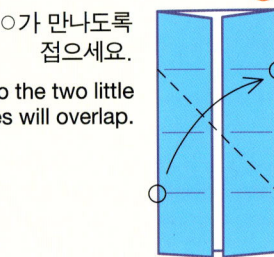
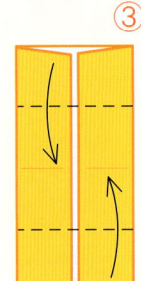

앞뒤로 각각 접었다 편 선을 만드세요. 같은 모양 3매를 만드세요.

Fold the 2 corners and unfold. Make 3 of these.

육면체 완성
Hexahedron Completion

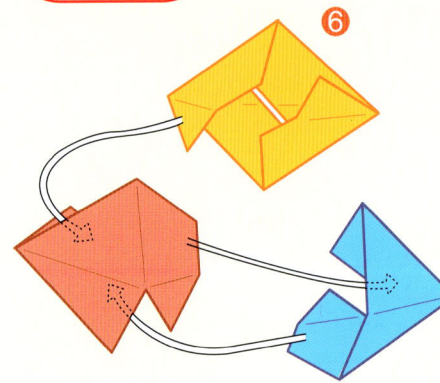

3매를 화살표 방향을 잘 보고 끼워 조립하세요.

Join the 3 units by inserting in the manner shown here.

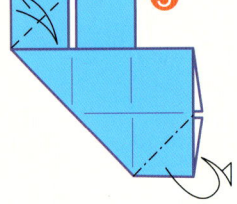
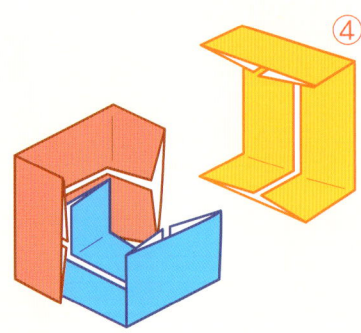

6매를 화살표 방향을 잘보고 끼워 조립하세요.

Look at the diagram carefully and connect the 6 units together in the manner shown here.

정육면체 완성
Cube Completion

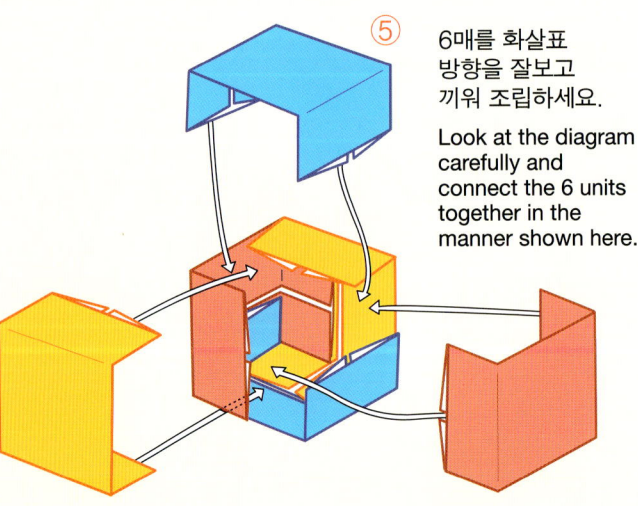

※ 7.5㎝의 색종이로 접으면 가로, 세로, 높이가 각 3.75㎝인 정육면체가 됩니다. 재미있는 주사위놀이를 해 보세요.

※ When you fold this with 7.5㎝ size color paper, you will get a cube with one side of 5㎝. Use it as a dice for playing games.

★ 접는 방법은 간단하나 여러 가지 조립방법과 배색효과를 응용하여 접어 보면 훌륭한 모양의 입체조형 작품을 만들 수 있습니다.
★ The folding method of this object is simple. But you can make variations in assembling the units and making different color harmony for better works of art.

다각다면체
Multigon

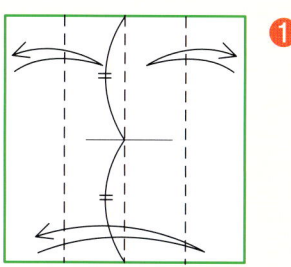

❶ 가로, 세로, 각각 등분선을 잘 보고 접었다 편 선을 만드세요.
Take a good look at the division of the paper. Fold as shown to make a horizontal crease and 3 vertical creases.

❷ 사선으로 등분선에 맞춰 접으세요.
Fold along the D-lines.

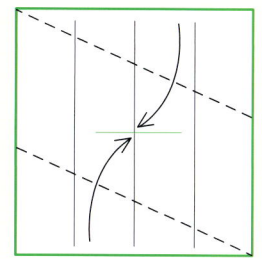

❸ ⇨ 화살표 안쪽을 펼쳐 눌러 접으세요.
Open at ⇨ and fold as shown along the D-lines.

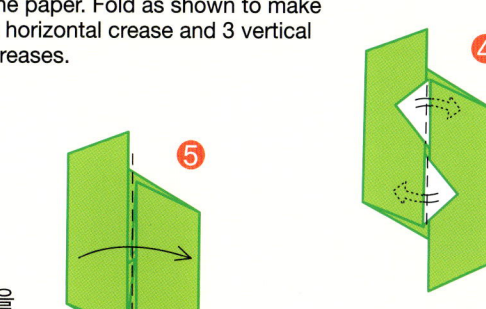

❹ ⇨ 화살표 안쪽으로 접어 넣으세요.
Insert the triangles into each trapezoid following the ⇨.

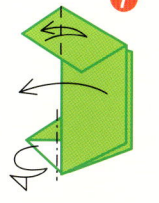

❻ 뒤로 접으세요.
Fold back.

❺ 반을 접으세요.
Fold along the D-line.

❼ 점선 모양대로 접었다 펴세요.
Fold along the d-line and the dd-line. Then unfold.

❽ ■ 부분을 화살표 안쪽으로 끼워 넣으세요.
Insert ■ as shown with the arrow.

❾ 모서리를 화살표 안쪽으로 끼워 넣으세요.
Join the two units together as shown here.

같은 방법으로 36매를 조립하세요.
In the same way, assemble many units to make different multigons as follows.

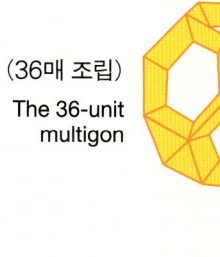

(36매 조립)
The 36-unit multigon

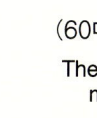

(60매 조립)
The 60-unit multigon

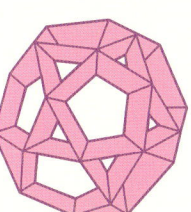

(60매 조립)
The 60-unit multigon

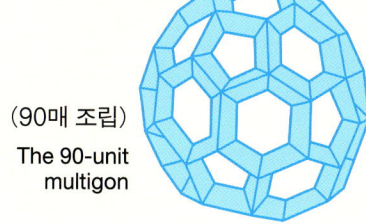

(90매 조립)
The 90-unit multigon

(150매 조립)
The 150-unit multigon

KOREA JONG IE JUPGI

산타클로스 / Santa

몸 Body

〈꽃접기 기본형〉 ❽ 에서 시작하세요.
Start from 〈KKOT JUPGI〉 ❽.

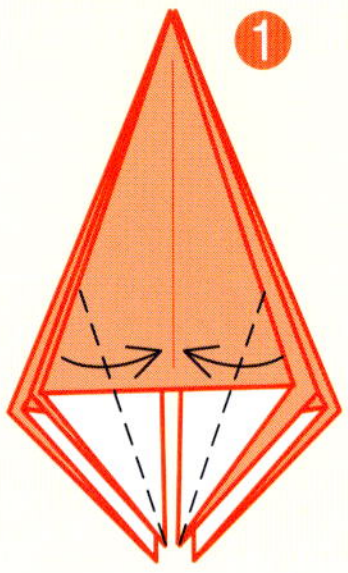

❶ 중심선에 맞춰 접으세요.
Fold along to meet at center.

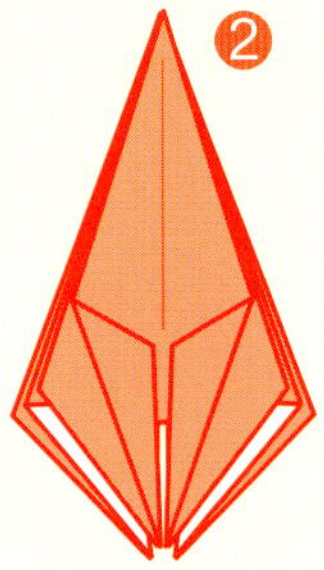

❷ 나머지도 같은 방법으로 접으세요.
Do the same on the other sides.

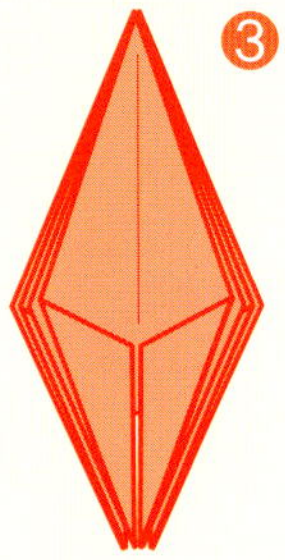

❸ 전부 펼치세요.
Unfold all.

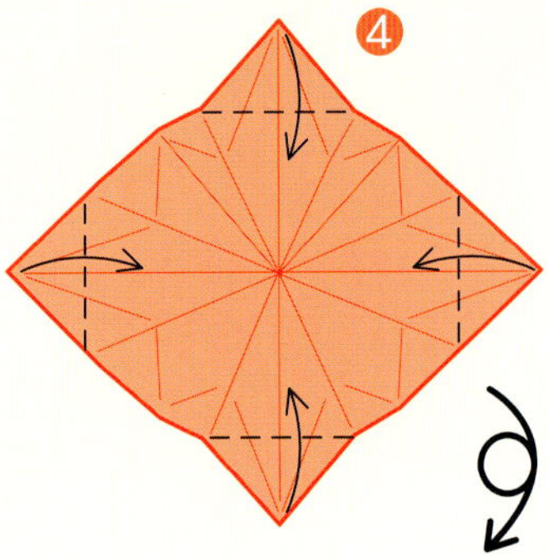

❹

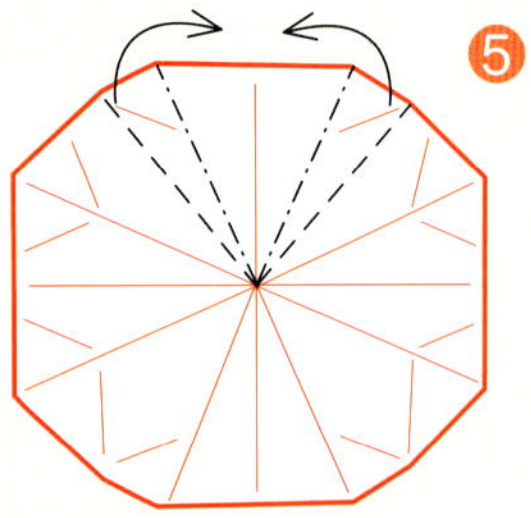

❺ 접기선을 잘 보고 모아 접으세요.
Fold together along the crease lines.

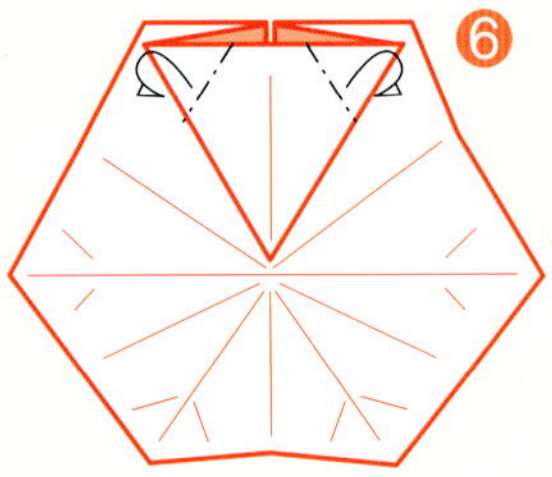

❻

❼

❽

나머지도 같은 방법으로 접으세요. Do the same on the other sides.

❾ 몸 완성 Body Completion

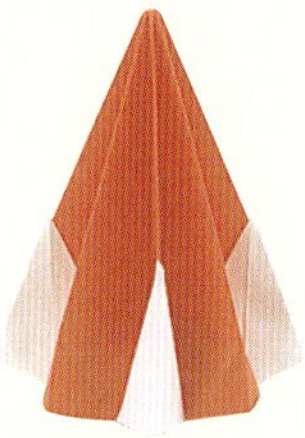

ⓒ 강명옥 / Myung-ok Kang

나무 / Tree

산타클로스 몸 ❹ 에서 시작한 후 계단접기하세요.
After starting from ❹ on Santa do the step fold as shown above.

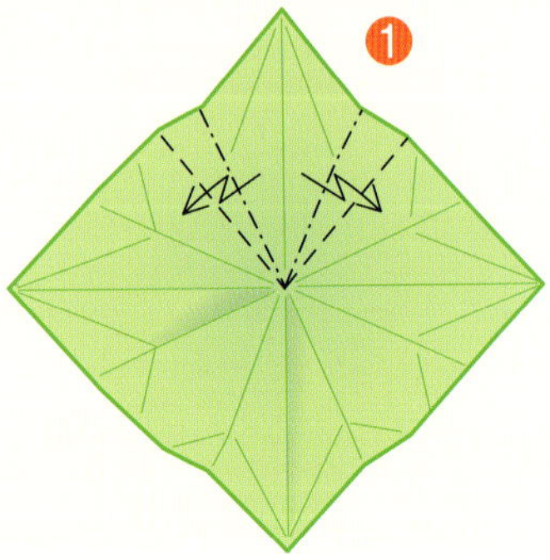

❶

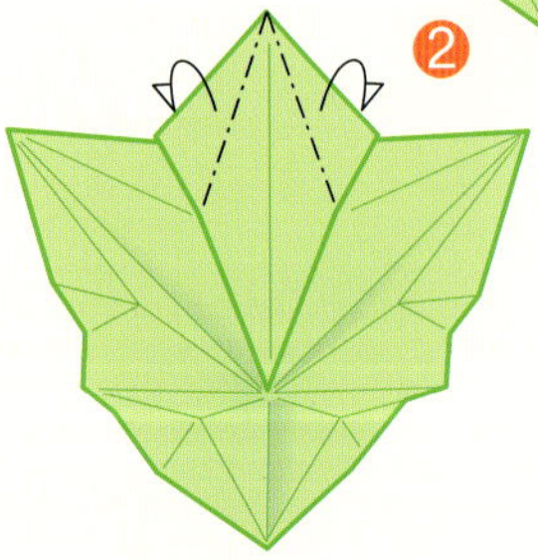

❷ 뒤로 접으세요.
Fold back.

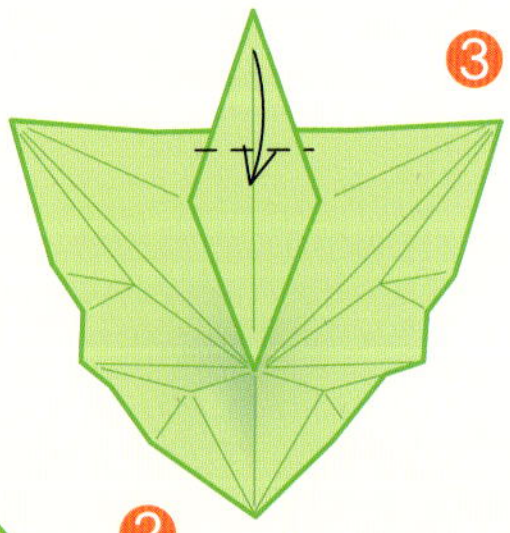

❸ 접어 내리세요.
Fold down.

❹ 그림과 같이 접은 후 양쪽으로 잡아당겨 ❶ 에서 겹쳐 접었던 부분이 펴지게 한다.
After folding like the picture, open from both sides to open unfolded parts picture ❶.

ⓒ 강명옥 / Myung-ok Kang

얼굴 Face

1 앞장만 $\frac{1}{4}$ 접어 올리세요.
Fold up $\frac{1}{4}$ of front side.

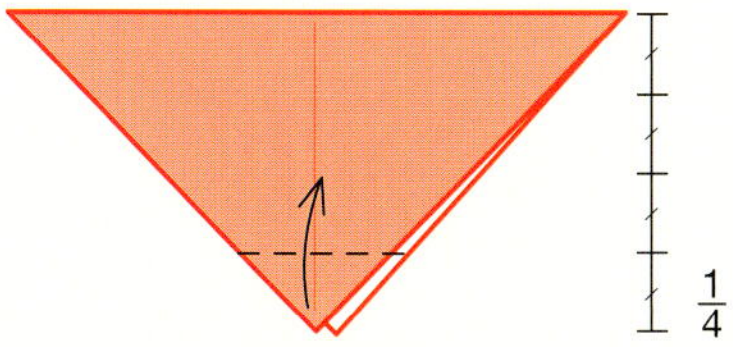

2 연달아 접으세요.
Fold over and over.

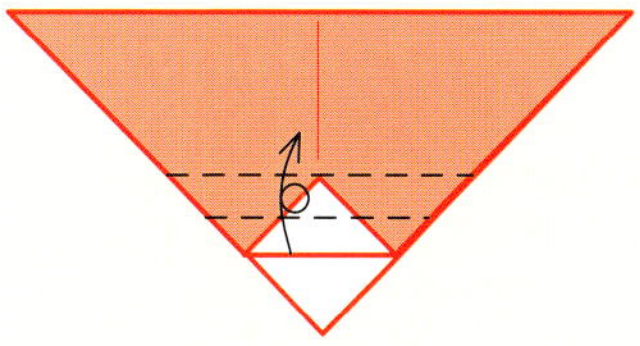

3 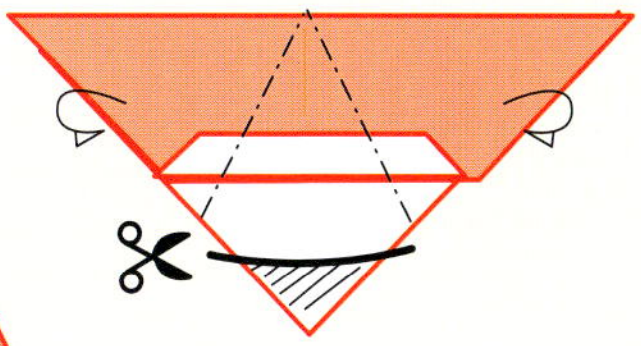 빗금친 부분을 자르고 겹치게 접으세요.
Which has diagonal line's pattern.

4 안쪽으로 접으세요.
Fold to inside.

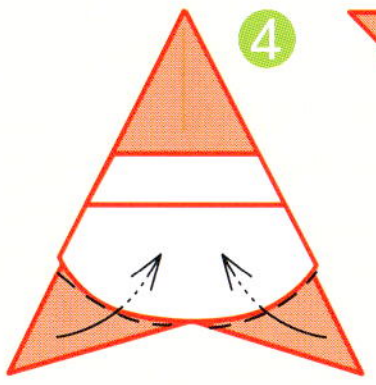

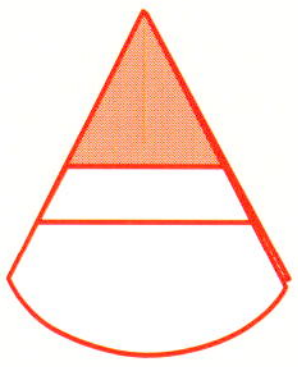

얼굴 완성 / Face Completion

소매 Sleeve

① ② 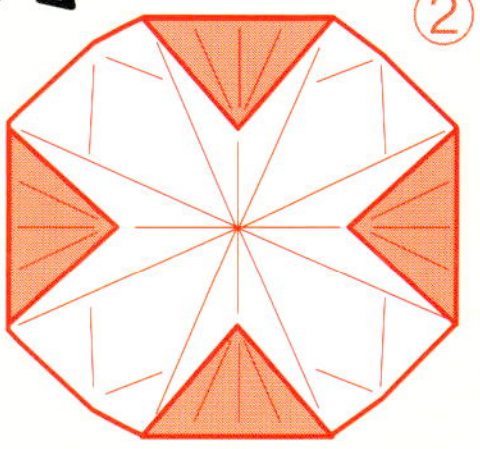 ③

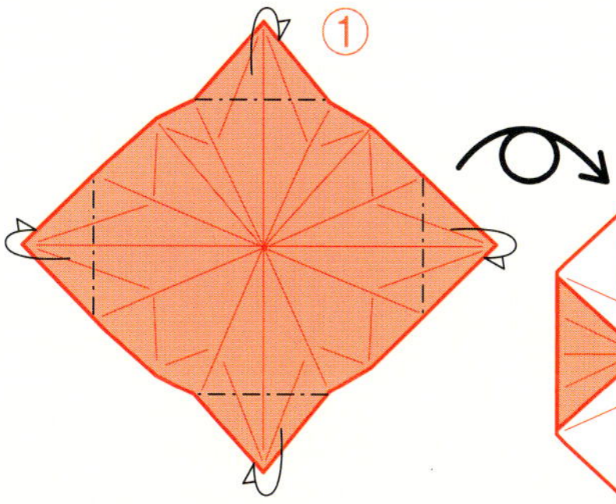

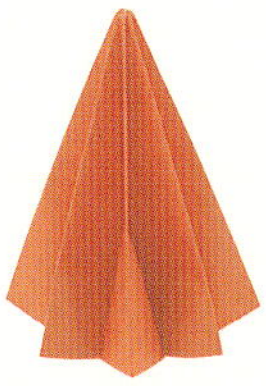

소매 완성 / Sleeve Completion

완성 / Completion

5 나머지도 같은 방법으로 접으세요.
Do the same on the other sides.

6

7 같은 모양을 2개를 만드세요.
Make two of the same shape.

8 나무 크기에 맞게 자른 종이를 원기둥 형태로 만드세요.
Make a cylindrical shape with cut paper fitted into the tree.

완성 / Completion

꽃모빌 ㉝
Flower mobile

★ 꽃모빌은 화려한 아름다움을 탄생시키고, 완성의 기쁨을 주는 매력적인 종이접기 입니다.
★ 아름다운 색으로 접어서 장식과 선물로 활용하세요.
★ The flower mobile is very attractive in that it gives a magnificent beauty and joy upon its completion to the maker and onlooker alike.
★ Use this as a heart-warming gift or festive decoration.

〈사각주머니접기 기본형〉에서 시작하세요.
Start from 〈SAGAKJUMEONI JUPGI〉.

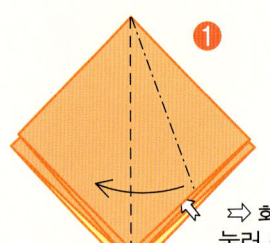

❶ ⇨ 화살표 안쪽을 펼쳐 눌러 접으세요.
Open at ⇨ and keeping center creases aligned, press flat.

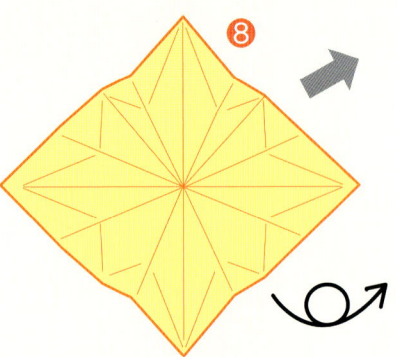

❽

❷ 나머지도 같은 방법으로 접으세요.
Do the same on the other sides.

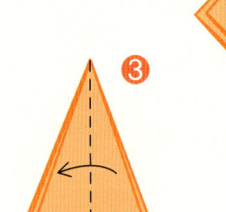

❸ 앞뒤 각각 한 매씩접으세요.
Fold the front and back following the arrows.

❹ 나머지도 같은 방법으로 접으세요.
Do the same on the other sides.

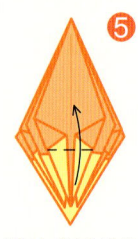

❺ 접어 올리세요.
Fold up.

❻ 나머지도 같은 방법으로 접으세요.
Do the same on the other sides.

❼ 다시 펴세요.
Unfold.

도령과 아씨
Do ryeong and Assi

ⓒ전경자/Kyung-ja Chun

♥ 조립방법 ♥ How to assemble the numerous units

7.5×7.5㎝, 2장
5×5㎝, 2장
15×15㎝, 1장
7.5×7.5㎝, 2장
5×5㎝, 2장

127쪽 ⓰을 크기에 맞는 종이로 접어 사진처럼 붙이세요.
Fold with the right size of ⓰ on page127 and attach them like the picture.

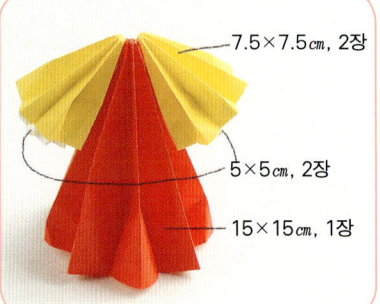

7.5×7.5㎝, 2장
5×5㎝, 2장
15×15㎝, 1장

127쪽 ⓰을 크기에 맞는 종이로 접어 사진처럼 붙이세요.
Fold with the right size of ⓰ on page127 and attach them like the picture.

도령 조끼: 색종이를 반으로 접어 조끼모양으로 오리세요.

아씨 당의: 색종이를 반으로 접어 당의모양으로 오리세요.

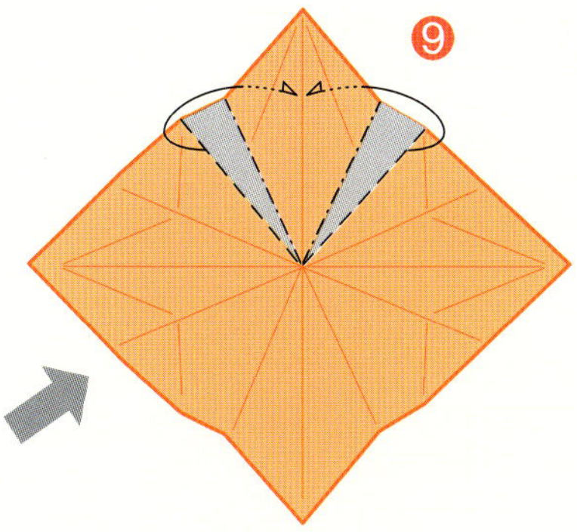

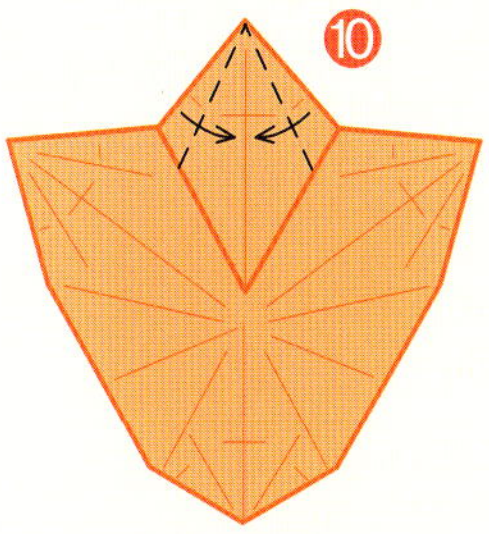

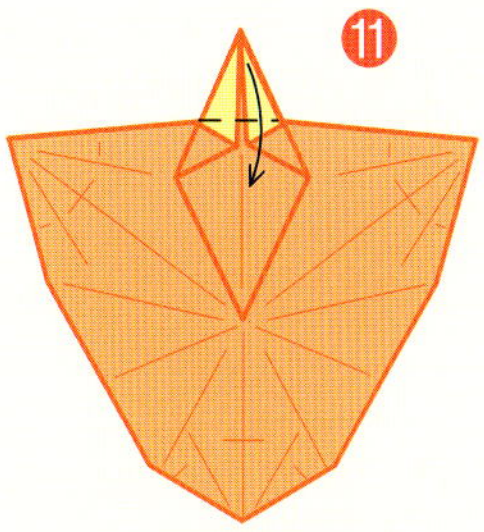

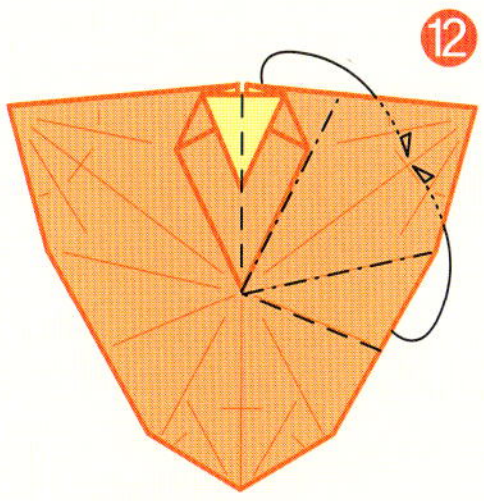

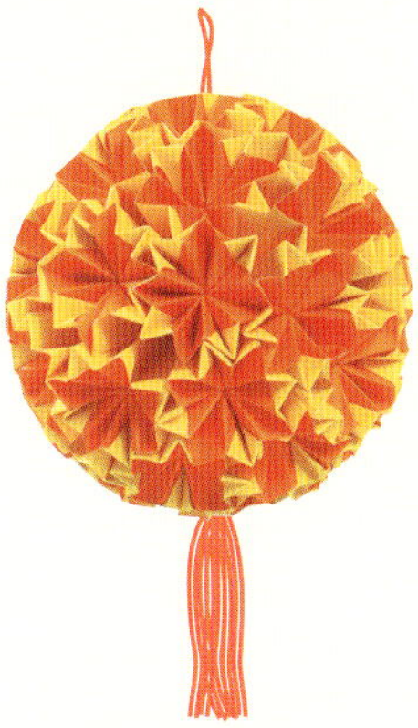

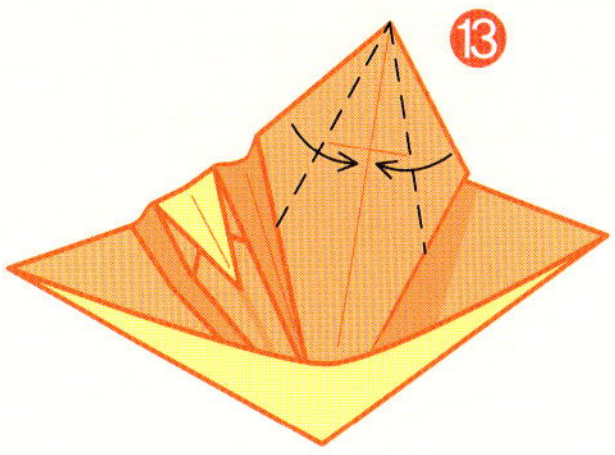

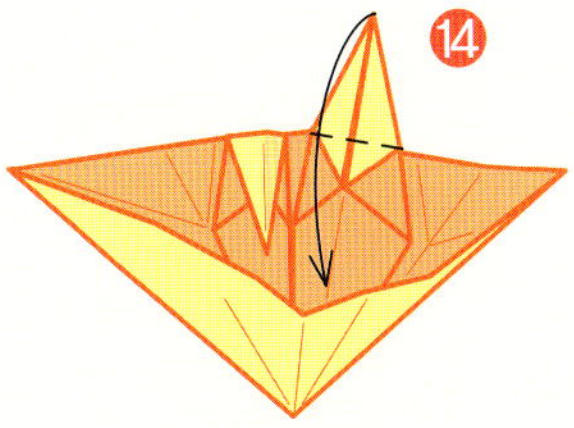

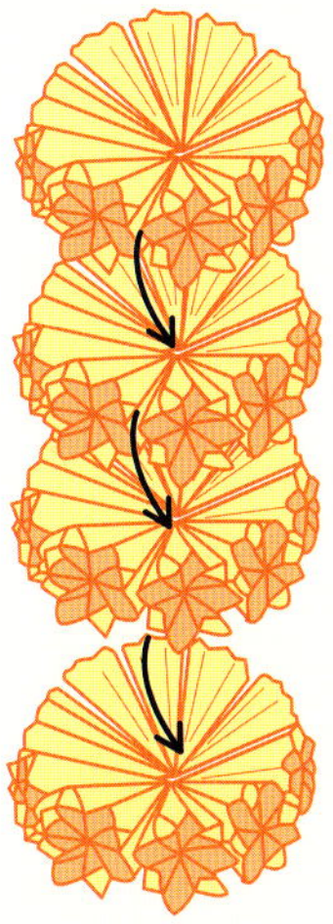

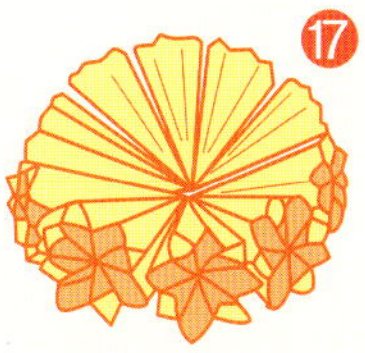

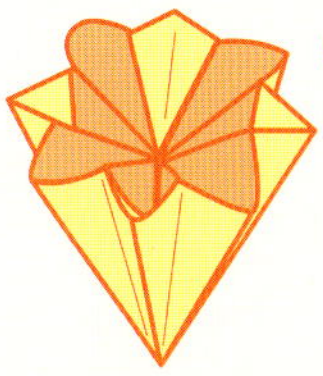

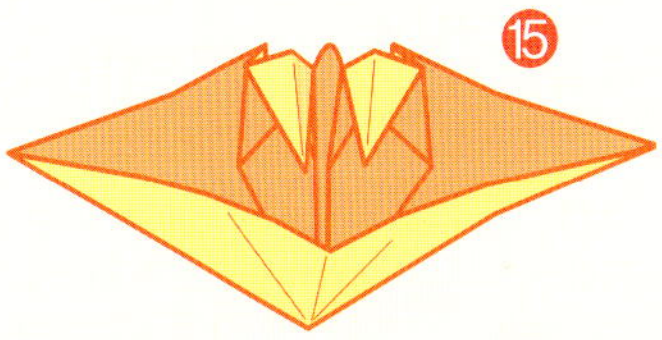

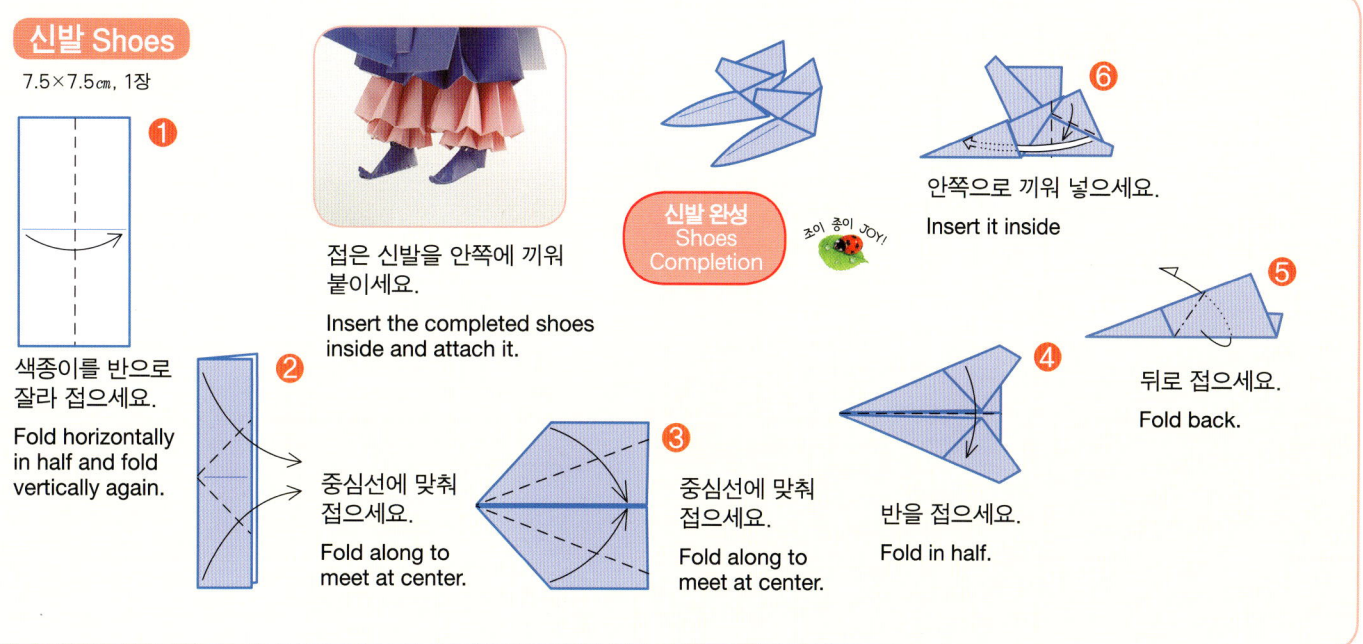

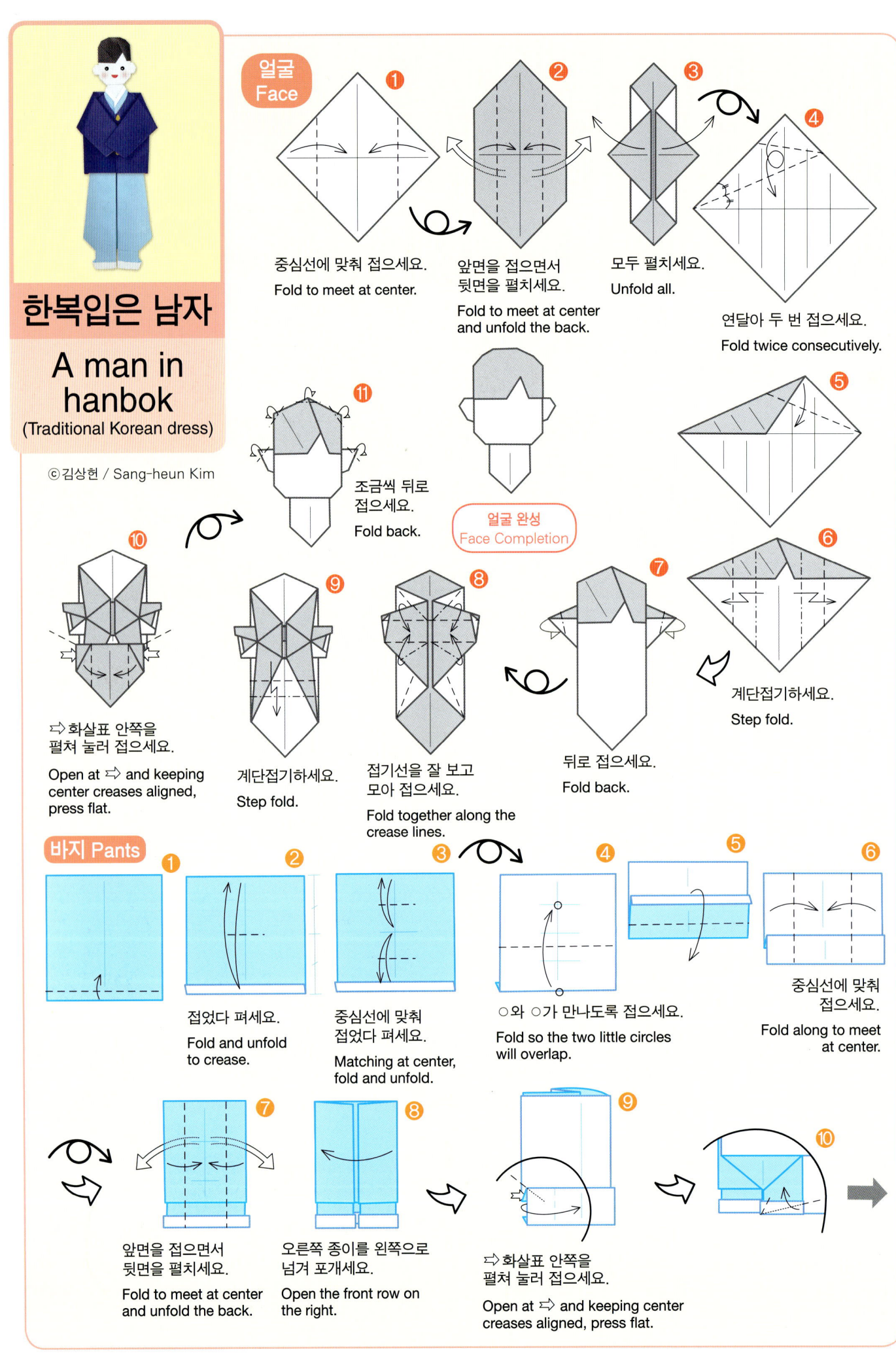

한복입은 여자

A woman in hanbok
(Traditional Korean dress)

ⓒ김상헌 / Sang-heun Kim

얼굴1 Face1 128쪽 남자아이 얼굴 ❻에서 시작하세요.
Start with Face step ❻ of page 128.

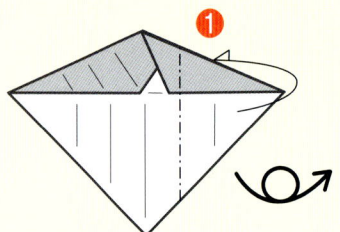
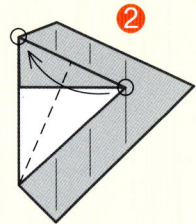
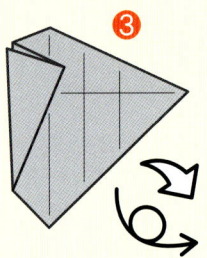
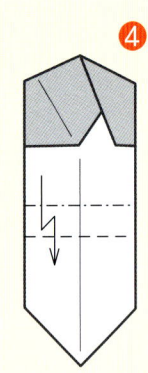

❶ 뒤로 접고 뒤집으세요.
Fold back and Turn over.

❷ ○와 ○가 만나도록 접으세요.
Fold so the two little circles will overlap.

❸ 반대쪽도 ❶~❷와 같은 방법으로 접고 뒤집는다.
Do the same on the other sides.

❹ 계단접기하세요.
Step fold.

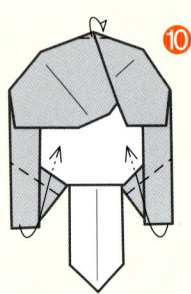
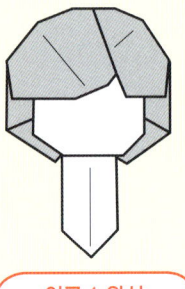
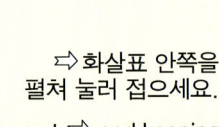
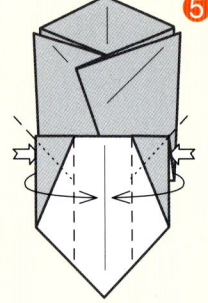

❿ 얼굴을 꾸며주세요.
Decorate a Face.

얼굴 1 완성
Face Completion

❺ ⇨ 화살표 안쪽을 펼쳐 눌러 접으세요.
Open at ⇨ and keeping center creases aligned, press flat.

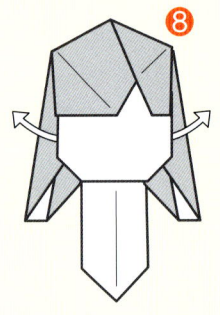
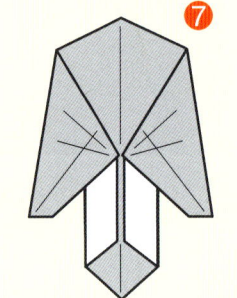

❾ 안쪽으로 접으세요.
Fold up with inside reverse fold.

❽ 화살표 방향으로 빼내세요.
Pull out inner corner in the direction of arrow.

❼

❻ ⇨ 화살표 안쪽을 펼쳐 눌러 접으세요.
Open at ⇨ and keeping center creases aligned, press flat.

얼굴2 Face3 여자 얼굴 1의 ❿부터 시작하세요.
Start with Face 1 step ❿

얼굴3 Face3 여자 머리 1의 ❾부터 시작하세요.
Start with Face 1 step ❾

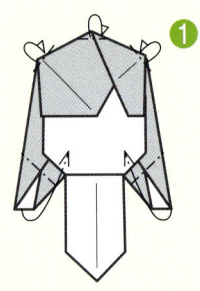
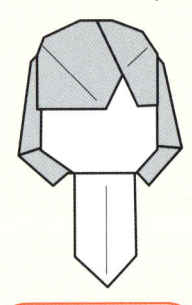
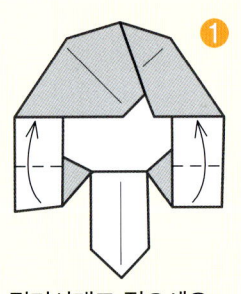
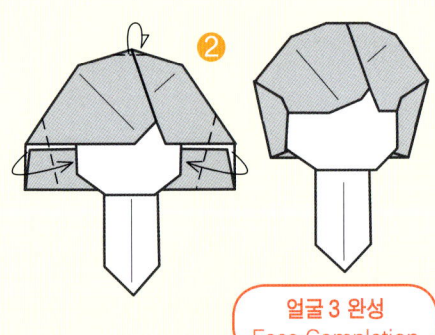

❶ 접기선대로 접으세요.
Fold along the crease line.

얼굴 2 완성
Face Completion

❶ 접기선대로 접으세요.
Fold along the crease line.

❷ 얼굴 3 완성
Face Completion

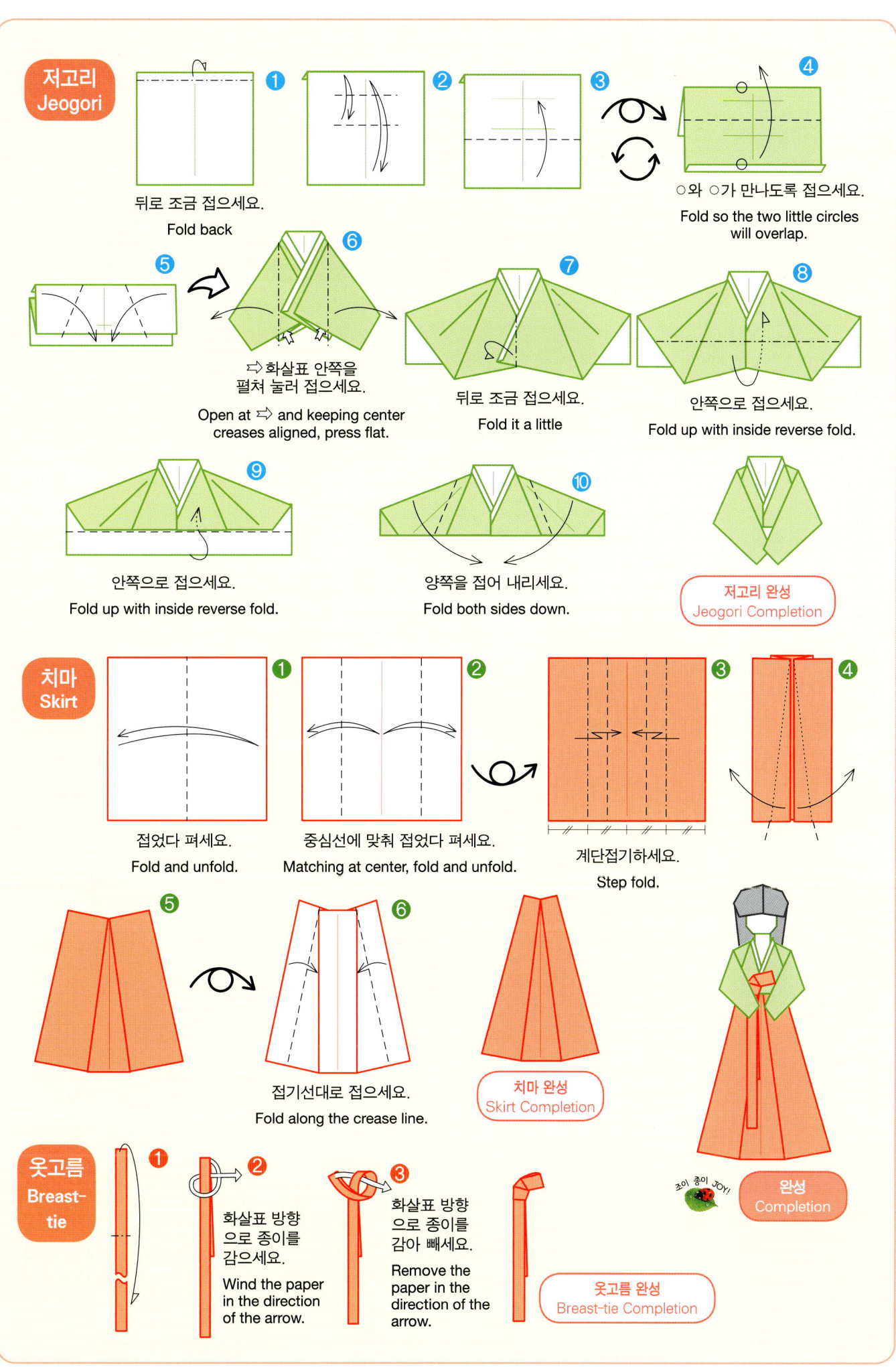

종이접기연구실 1

창의성을 키우는 칠교놀이

Chilgyo nori
A seven-piece puzzle game

칠교놀이는 옛날 우리나라에서 즐기던 민속놀이다. 재미있는 칠교놀이 도구는 〈그림〉과 같이 정사각형을 직각이등변삼각형 큰 것 2개(A), 작은 것 2개(A′), 중간 것 1개(B) 그리고 정사각형 1개(C), 평행사변형 1개(D)로 구성되었으며 목판을 자르거나 종이를 접어서 7개의 조각으로 만들어 인물·동물·식물·기물·건축물·글자 등 여러 가지 형태를 만드는 놀이다.

조각 7개를 다 이용하여 모양을 구성한다 하여 「칠교판(七巧板)」 또는 「칠교도(七巧圖)」라고 한다. 평행사변형이 들어 있어 머리를 잘 써야 짜맞출 수 있는 마술같이 흥미진지한 두뇌개발 놀이다.

Chilgyo nori is a traditional puzzle game once popular in Korea. All you need is to make seven pieces of puzzle(see the paradigm bellow); 2 large pieces of isosceles triangles(A), 2 small pieces of isosceles triangles(A′), 1 piece of equilateral triangle(B), 1 piece of regular square(C) and 1 piece of parallel-ogram(D). For the identification for the puzzle pieces, you choose 7 different kinds of pictures from men, animals, plants, structures or letters. Another name of Chilgyo nori is"Chilgyo to"(7 matching pieces completing the picture).

〈그림〉

The institute for the JONGIE JUPGI (Paper folding) 1

7개 조각을 접는 종이의 크기
The paper size to fold 7 pieces of the papers

위의 종이 비율대로 A, A′, B, C, D 각각의 퍼즐조각을 접으세요.
그 다음 여러가지 모양을 조립해보세요.
As above paper's ratio, fold each puzzle piece, A.A′.B.C.D and then assemble to make various shapes.

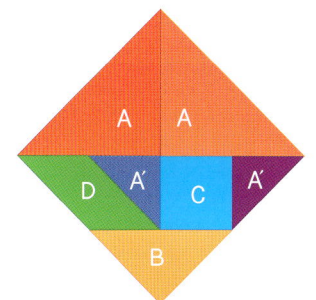 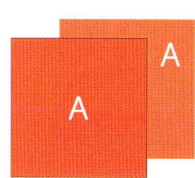  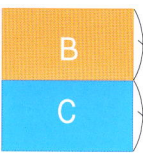

A

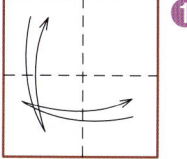 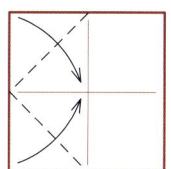 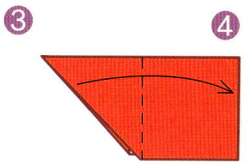 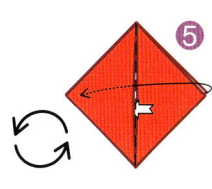

A조각은 A크기의 종이로 접으세요.
Piece A uses A size paper to fold.

⇨ 화살표 안쪽을 벌려 접어 넣으세요.
Fold to insert the right half inside the left at ⇨.

A 완성 Completion

A′ 조각은 $\frac{1}{4}$ 크기인 A′ 종이로 접으세요.
Piece A′ use A′ size paper to fold.

B

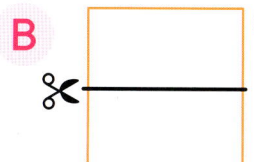 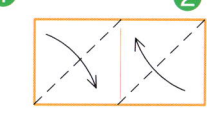 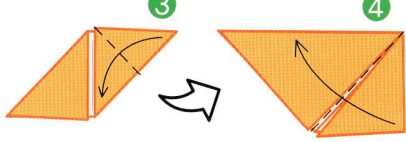 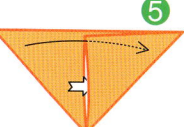

B 조각은 A종이를 반으로 자른 B크기의 종이로 접으세요.
Piece B is piece A cut in half.

⇨ 화살표 안쪽을 벌려 접어 넣으세요.
Open to push the left Part inside the right at ⇨.

B 완성 Completion

C

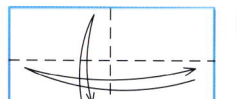 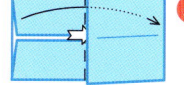  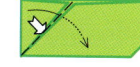

C 조각은 A종이를 반으로 자른 C크기의 종이로 접으세요.
Piece D is piece A cut in half.

C 완성 Completion

⇨ 화살표 안쪽을 벌려 접어 넣으세요.
Open to push the left Part inside the right at ⇨.

D 완성 Completion

⇨ 화살표 안쪽을 벌려 접어 넣으세요.
Open to push the left Part inside the right at ⇨.

 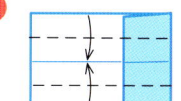 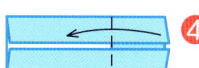 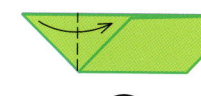

D

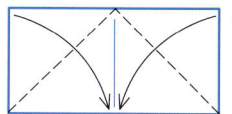 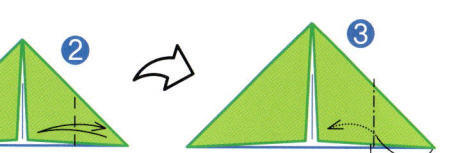 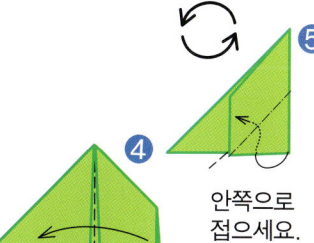

D 조각은 A종이를 반으로 자른 D크기의 종이로 접으세요.
Piece D is piece A cut in half.

안쪽으로 접으세요.
Fold inside.

안쪽으로 접으세요.
Fold inside.

종이접기연구실 2

종이 접어 오리기의 기본형들로 부터의 발전
The geometrical study of paper cutting

- 삼각으로 접을 경우

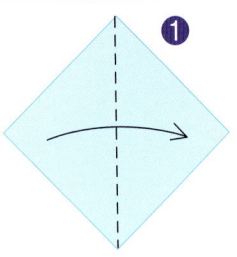 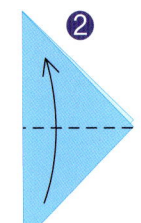 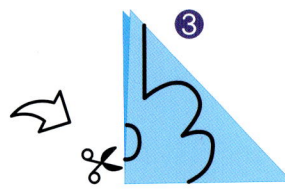 

그림과 같이 오린 다음 펼치세요.
Cut out and open up the paper like the picture.

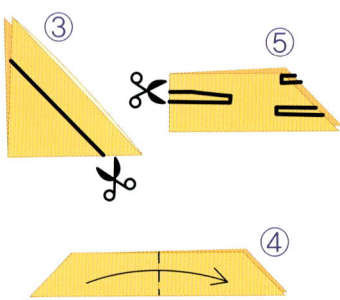  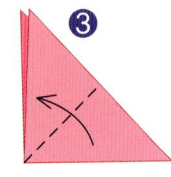  

그림과 같이 오린 다음 펼치세요.
Cut out and open up the paper like the picture.

- 사각으로 접을 경우

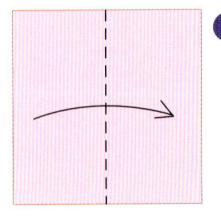 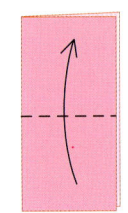 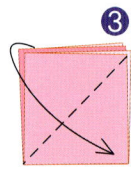  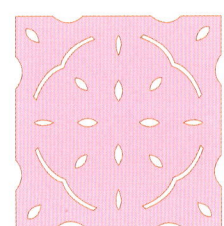

- 문접기로 접을 경우

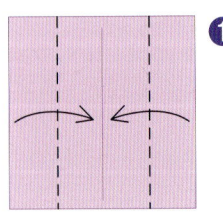 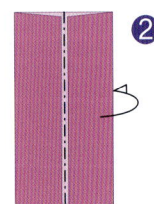 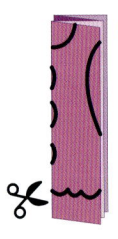 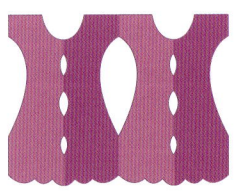

그림과 같이 오린 다음 펼치세요.
Cut out and open up the paper like the picture.

- 연결접기로 접을 경우

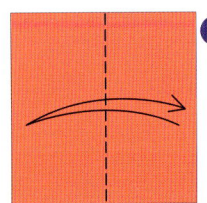 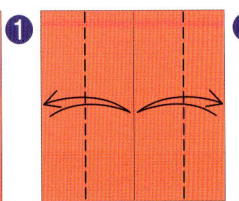 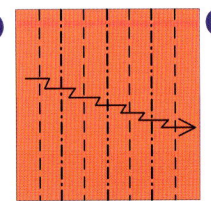 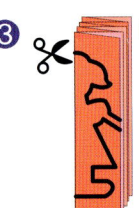 

The institute for the JONGIE JUPGI (Paper folding) 2

• 6등분으로 접을 경우

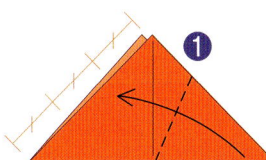  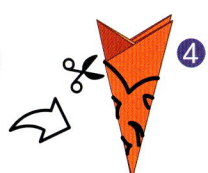

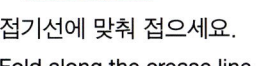

$\frac{1}{3}$ 만큼 접으세요.
Fold about one third of the paper.

접기선에 맞춰 접으세요.
Fold along the crease line.

그림과 같이 오린 다음 펼치세요.
Cut out and open up the paper like the picture.

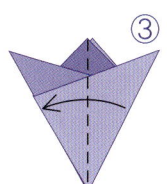 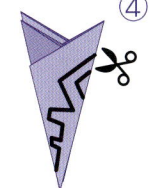 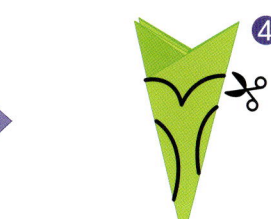

그림과 같이 오린 다음 펼치세요.
Cut out and open up the paper like the picture.

그림과 같이 오린 다음 펼치세요.
Cut out and open up the paper like the picture.

• 삼각주머니로 접을 경우

〈삼각주머니접기 기본형〉에서 시작하세요.
Start from 〈SAMGAKJUMEONI JUPGI〉.

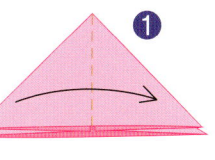 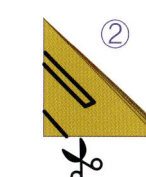 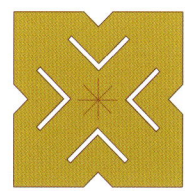

그림과 같이 오린 다음 펼치세요.
Cut out and open up the paper like the picture.

• 사각주머니로 접을 경우

〈사각주머니접기 기본형〉에서 시작하세요.
Start from 〈SAGAKJUMEONI JUPGI〉.

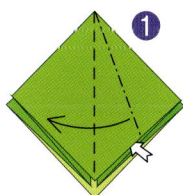 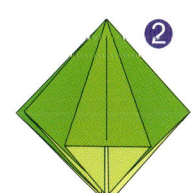 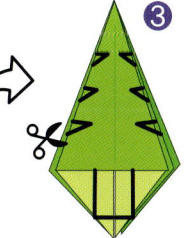

➪ 화살표 안쪽을 펼쳐 눌러 접으세요.
Open at ➪ and fold as shown along the D-lines.

나머지 부분도 같은 방법으로 접으세요.
Fold in same way with the step at the others.

그림과 같이 오린 다음 펼치세요.
Cut out and open up the paper like the picture.

• 10등분으로 접을 경우

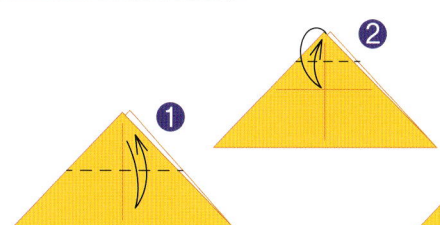 

〈삼각접기 기본형〉에서 시작하세요.
Start from basic 〈SAMGAK JUPGI〉.

그림과 같이 오린 다음 펼치세요.
Cut out and open up the paper like the picture.

종이접기와 어린이 북아트 교육
JONGIE JUPGI and Book Art Education for Children

• 접기 기본형 형태의 책

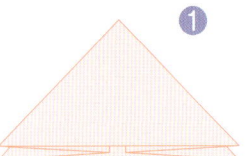

삼각주머니접기 기본형을 4개 접으세요.
Fold 4 triangle bag bases.

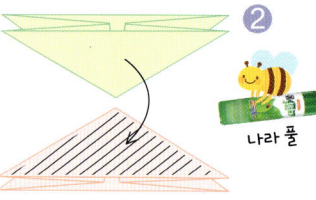

빗금 친 부분에 풀칠하여 4개를 붙이세요.
Make 4units after gluing on the shade parts.

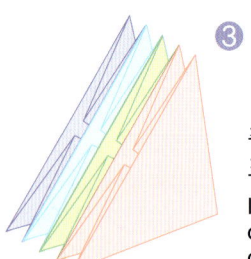

주제를 정하여 내지를 구성하고 표지를 꾸미세요.
Illustrate the inner pages based on subject you choose and decorate the cover.

완성 Completion

• 논밭접기 책

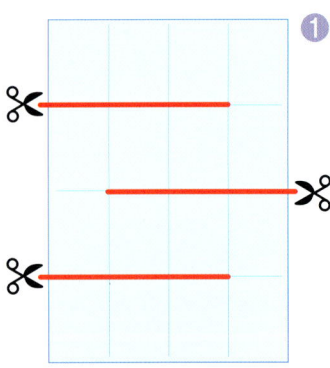

가로세로 4등분하고 표시선대로 자르세요.
Make the crease lines horizontally and vertically as shown picture and Make 3 slits as indicated in the picture.

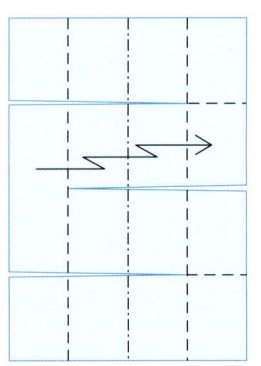

왼쪽에서 오른쪽으로 계단접기를 하세요.
Make a step fold from left to right.

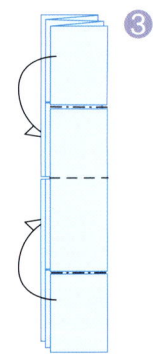

접기선에 따라 접으세요.
Fold along the crease lins.

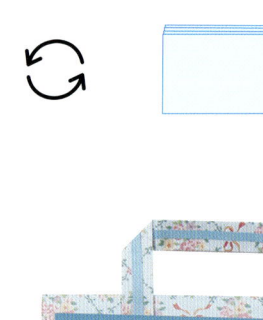

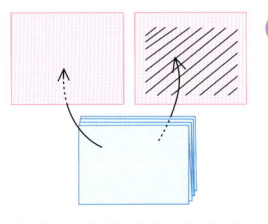

내지 크기에 맞추어 앞뒤 표지를 준비하여 붙이세요.
Prepare the suitable cover which fits neatly over inner pages for the front and the back and put them on it.

손잡이를 만들어 안쪽으로 붙이세요.
Put them inside of the bag after making handles.

완성 Completion

The institute for the JONGIE JUPGI (Paper folding) 3

• 깃발책

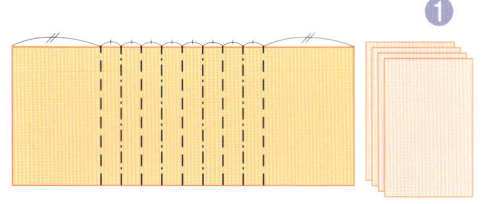

색상지를 그림과 같이 준비하여 접으세요.
Prepare construction paper and fold as the photo shown.

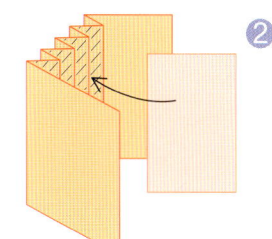

빗금친 부분에 속지를 종이나라〈나라풀〉로 붙이세요.
Put inner pages on the shade parts with Jong Ie Nara's Transparent Glue.

표지를 만들어 앞뒤에 붙이세요.
Make covers and put them on the front and on the back.

완성
Completion

• 집접기 책

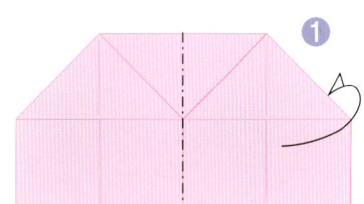

56쪽 집을 접고 뒤로 반을 접으세요.
Make the house like page "56" and fold backwards in half.

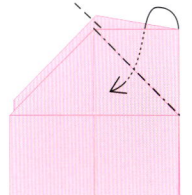

안쪽으로 접으세요.
Fold inwards.

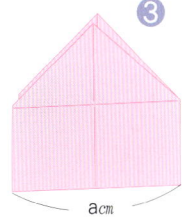

두개를 접으세요
Fold two models.

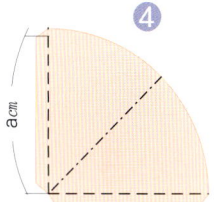

❸의 a와 길이가 같은 바닥을 오리세요.
Cut out into the same as "a"cm of ❸ to make a floor.

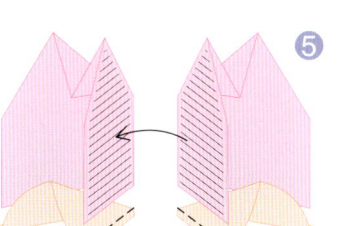

윗부분을 붙이고 바닥도 붙이세요.
Put upper parts together and connect the bottom part with upper parts together.

지붕을 만들고 표지를 꾸미세요.
Make a roof and decorate the outside.

우리집 모습을 꾸며보세요. Decorate the house.

완성
Completion

종이접기의 기하학적 연구

The geometrical study of JONGIE JUPGI

종이접기 매력은 작품을 완성하는 데 있습니다. 종이를 접어 가는 과정에서도 그 묘미를 충분히 느낄 수 있습니다. 한 번 접고 두 번 접어가는 과정에서 어떤 사실을 찾아 낼 수 있는지 생각해 봅시다.

The charm of paper folding lies in the finished work, but the process of paper folding can bring great pleasure as well. Let's think of what one can discover as one folds step by step-first one fold, then another and another and another.

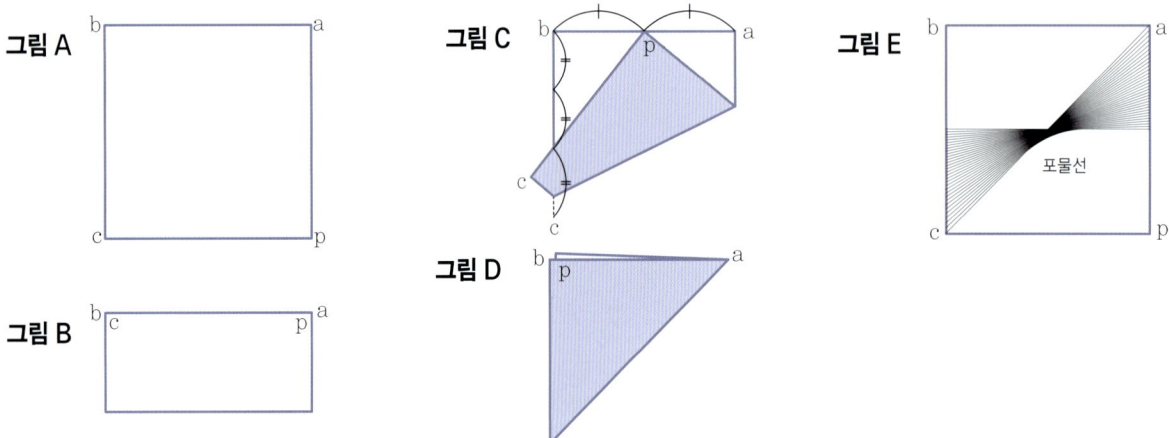

위 그림 A에서 각 p를 변 ab를 따라 접어 이동시켜 보면 그림 B에서 각 p가 a와 만나 직사각형을 이룹니다. 또한 그림 C에서와 같이 각 p를 변 ab의 2등분 지점에 맞춰 보면 변 bc의 3등분 점이 그림처럼 만들어지고, 그림 D에서와 같이 각 p가 b와 만나 이등변삼각형이 됩니다.

또 그림 E를 보면 각 p를 변 ab를 따라 조금씩 이동시켜 접으면 연속해서 접어진 접기선의 무리가 포물선을 만든다는 사실도 발견할 수 있습니다.

From above diagram A, if one moves angle p to edge ab, angle p will meet angle a, and a rectangular shape will form as demonstrated in diagram B. In diagram C, when angle p touches the half way point of edge ab, a point will form on edge bc that will trisect the edge bc. As can be seen in diagram D, when angle p meets angle b, it forms an isosceles triangle.

Also in diagram E, one can find that if one continuously folds a paper by lining up angle p on the ab edge while moving the point of contact in small increments, the group of folded lines will form a parabola.

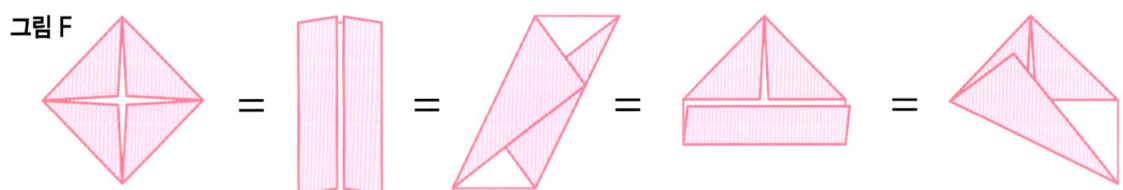

그리고 그림 B는 직사각형, 그림 D는 이등변삼각형으로 면적이 원래 정사각형의 ½이라는 사실을 알 수 있습니다. 그렇다면 정사각형의 면적을 ½로 만드는 방법은 이 두 가지 방법 외에 또 다른 방법은 없는가? 그림 F와 같이 간단한 종이접기를 통해 그 면적을 ½로 나누는 정사각형, 직사각형, 평행사변형, 오각형, 사각형이 만들어 진다는 사실을 알 수 있습니다.

자 그럼, 다음의 '컵' 접는 과정을 통해 기하학적 묘미를 찾아보도록 합시다.

One can easily see that diagram B is a rectangle and diagram D is an isosceles triangle, which is half the dimension of the original square. If someone asks, "Are there any other ways to divide the dimension of a square paper in half?" Then one can show the answer by simply folding papers, as shown in diagram F, into the shapes of a square, rectangle, parallelogram, pentagon, and tetragon.

Now, let's discover the amazing aspects of geometry through the process of 'cup' folding.

The institute for the JONGIE JUPGI (Paper folding) 4

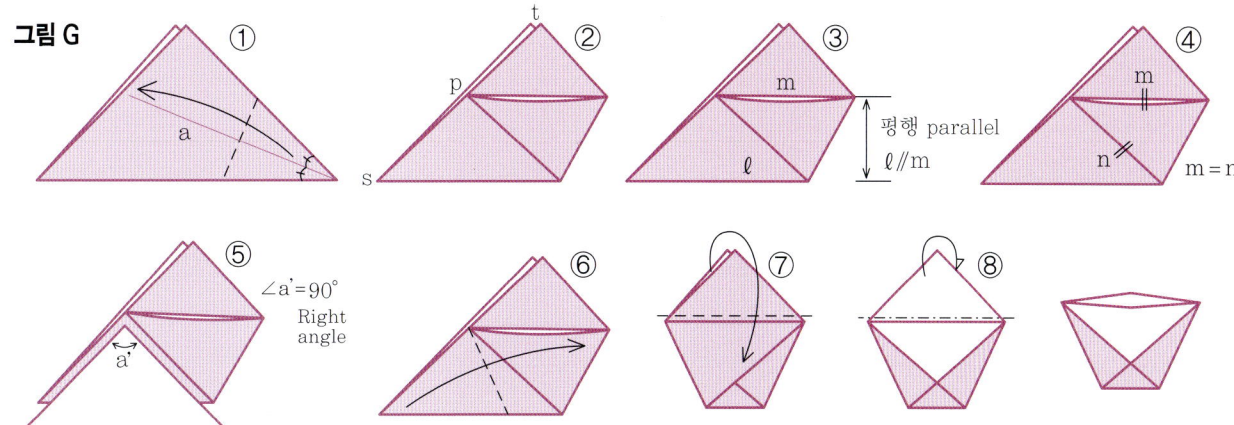

그림 G

▷질문 1 : 그림 ①의 a선을 접지않고 그림 ②와 같이 정확히 접기 위해서는 어떻게 하면 될까요?
▶정 답 : 그림 ③과 같이 m과 l 이 평행이 되도록 접으면 됩니다.
▷질문 2 : 그것을 어떻게 확인할 수 있을까요?
▶정 답 : 그림 ④와 같이 m과 n의 길이를 같게 하면 됩니다.
▷질문 3 : 그림 ③과 ④를 어떻게 다시 확인할 수 있을까요?
▶정 답 : 그림 ⑤와 같이 a'의 각이 직각이면 됩니다.

위의 문답을 살펴보면서 종이접기가 어린이들에게 '생각하는 재미'를 주는 훌륭한 교재가 될 수 있다는 것을 알 수 있습니다.

▷Question 1: How can one fold diagram 2 precisely without creasing line a showing in diagram 1?
▶Answer : Fold side m and side l parallel to each other, as shown in diagram 3.
▷Question 2: How can one be sure of the result?
▶Answer : As one can see in diagram 4, make side m and side l equal in length.
▷Question 3: How can I confirm the results of diagram 3 and diagram 4 again?
▶Answer : One can be sure if angle a is a right angle, as shown in diagram 5.

When one reads the above questions and answers, one can recognize that paper folding can be a good educational tool to instill 'the joy of thinking' in kids.

다음 예는 '삼각형의 내각의 합은 2직각(180°)이다' 라는 것을 종이접기로 증명해 본 것입니다.

The example below proves, through paper folding, that the combined inner angles of a triangle make 180 degrees.

그림 H

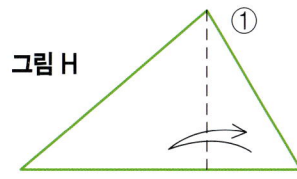
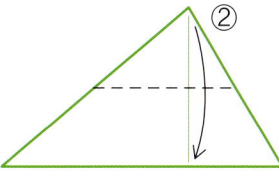
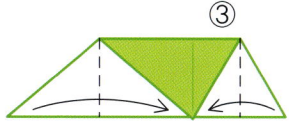

임의의 삼각형을 만들어 수직의 접기선을 만듭니다.
Make any triangle and then crease a perpendicular vertical line.

반을 접습니다.
Fold in half horizontally.

세 개의 각이 한 데 모여 2직각(수직)이 됩니다.
All three angles meet and make a double right angle (straight line).

이와 같이 종이를 접어 보는 과정 속에서 새로운 사실들이 발견됩니다. 종이접기는 새로운 조형예술의 한 분야로서 존재의 가치뿐만 아니라 기하학과 수학에 유효한 교재로 선택되어질 수 있다는 무한한 가능성을 갖게 되는 것이며, 수학과 과학 분야에 이바지 할 수 있도록 계속 연구되어야 할 것입니다.

As one gains new insight into the process of paper folding by keeping at it, one will begin to value it as a newly found art form and discover its endless possibilities as a useful source of knowledge in geometry and mathematics. Paper folding should be studied continuously to assist in further understanding mathematics and science.

여러 가지 종이 형태 연구

Various shapes of paper and study of their various works

종이접기에 주로 사용되는 종이의 모양은 정사각형입니다. 옛날부터 사각형(정사각형, 직사각형)으로 종이접기를 하게 된 이유는 귀찮은 약속을 정할 필요없이 가장 만들기 쉬웠기 때문입니다.

제 1단계 과정으로 사각형의 종이접기에 익숙해지면 제 2단계, 3단계로 발전하면서 사각형 이외의 종이 형태를 직접 만들어 작품을 만드는 데 이용하는 것이 좋습니다. 정사각형 이외의 형태에 관해서는 제각기 갖고 있는 수학적 조건의 성질을 잘 이해한 다음에 종이 형태를 만들어 작품을 만들어야 하겠습니다.

JONGIE JUPGI(Paper folding) uses square paper primarily. The reason for using a perfect square or a rectangle was determined long ago due to the fact that it is the easiest shape to make.

As one becomes familiar with the first step in JONGIE JUPGI(Paper folding), one can proceed to the second step and the third step, and can cut other shapes to use for JONGIE JUPGI(Paper folding).

As far as shapes other than the perfect square are concerned, one can make projects with them after acquiring the knowledge and understanding of their mathematical properties.

여러 가지 종이 형태
The various shape of paper

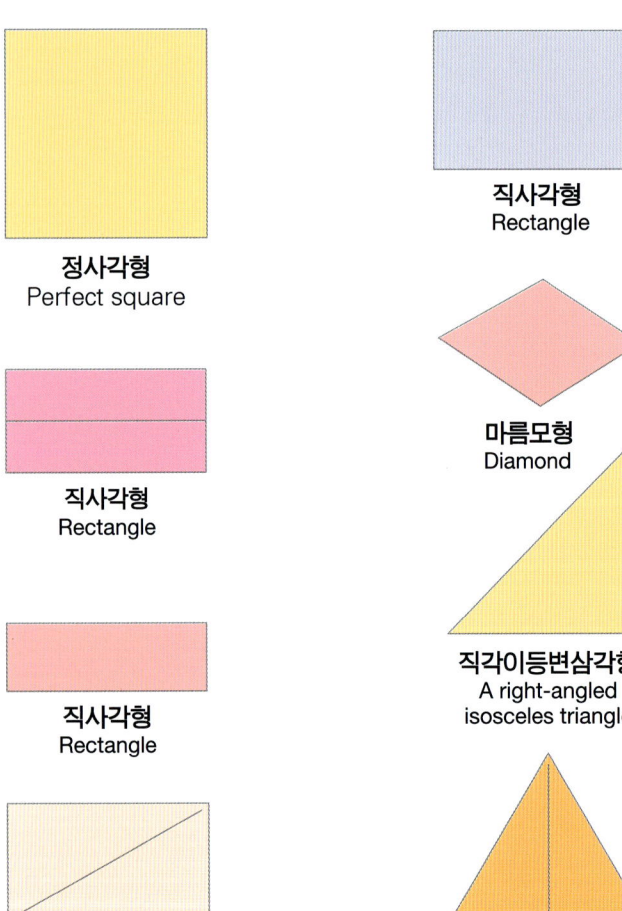
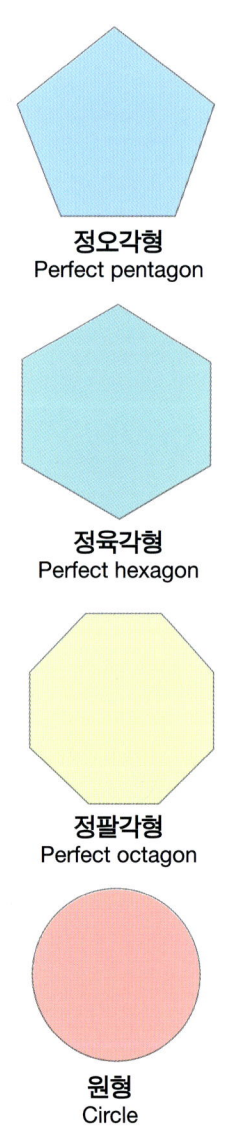

※ 이외에도 많은 형태들이 있습니다. 위의 종이 형태들은 비교적 사용하기 쉬운 것들입니다.

※ There are more shapes, but these are the easiest shapes to use.

The institute for the JONGIE JUPGI (Paper folding) 5

종이의 여러 가지 형태를 만드는 방법
How to make different shapes of paper

정삼각형 만들기 Making a perfect triangle

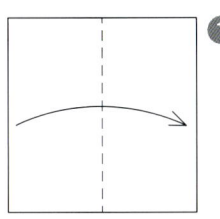 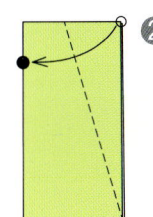 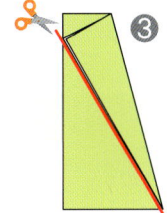 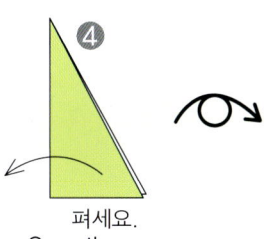 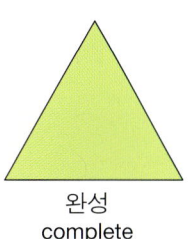

펴세요.
Open the paper.

완성
complete

이등변삼각형 만들기 Making a isosceles triangle

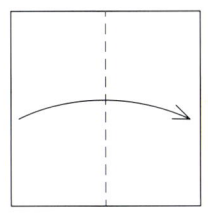 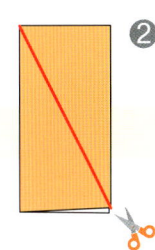 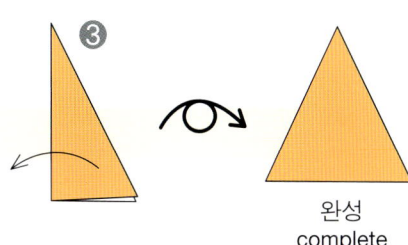

완성
complete

정오각형 만들기 Making a perfect pentagon

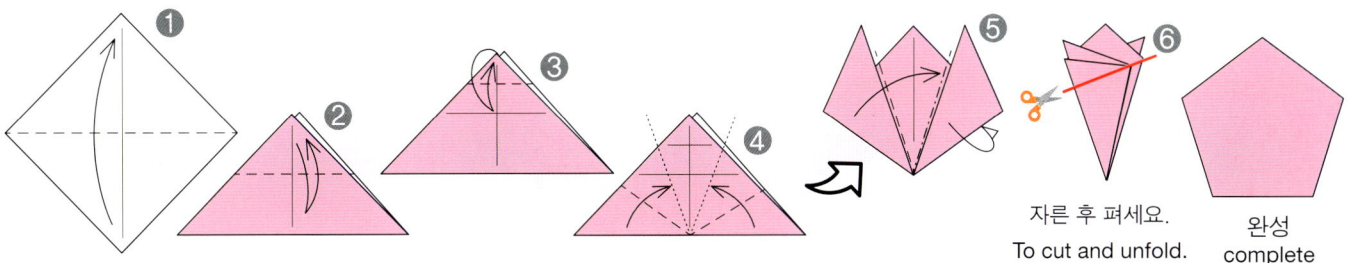

자른 후 펴세요.
To cut and unfold.

완성
complete

정육각형 만들기형 Making a perfect hexagon

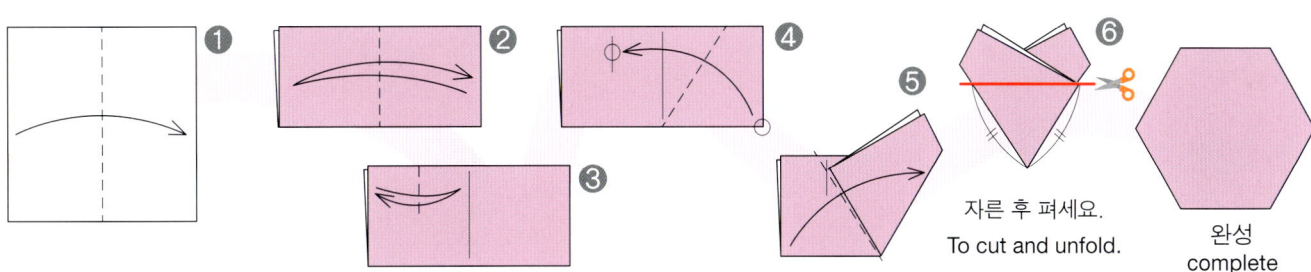

자른 후 펴세요.
To cut and unfold.

완성
complete

정팔각형 만들기 Making a perfect octagon

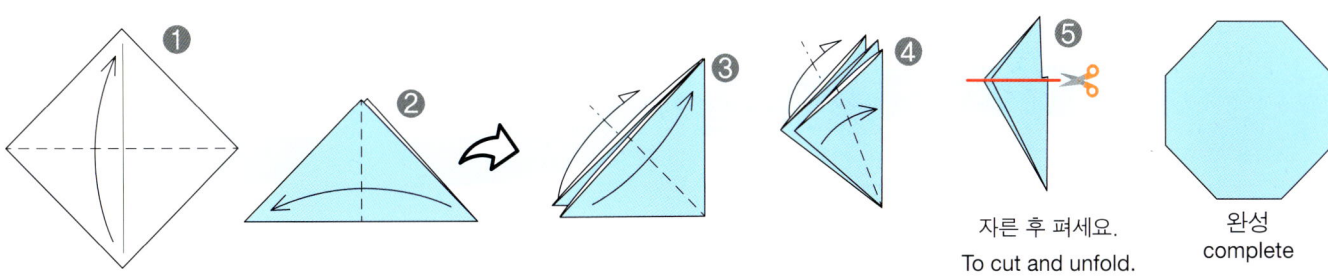

자른 후 펴세요.
To cut and unfold.

완성
complete

종이접기연구실 6 / The institute for the JONGIE JUPGI (Paper folding) 6

여러 가지 종이 형태로 만든 작품의 예 (기본형 접기를 벗어난 비틀어 접기)
The examples of works made from the various paper shapes
(The twisted folding beyond the boundaries of basic folding methods)

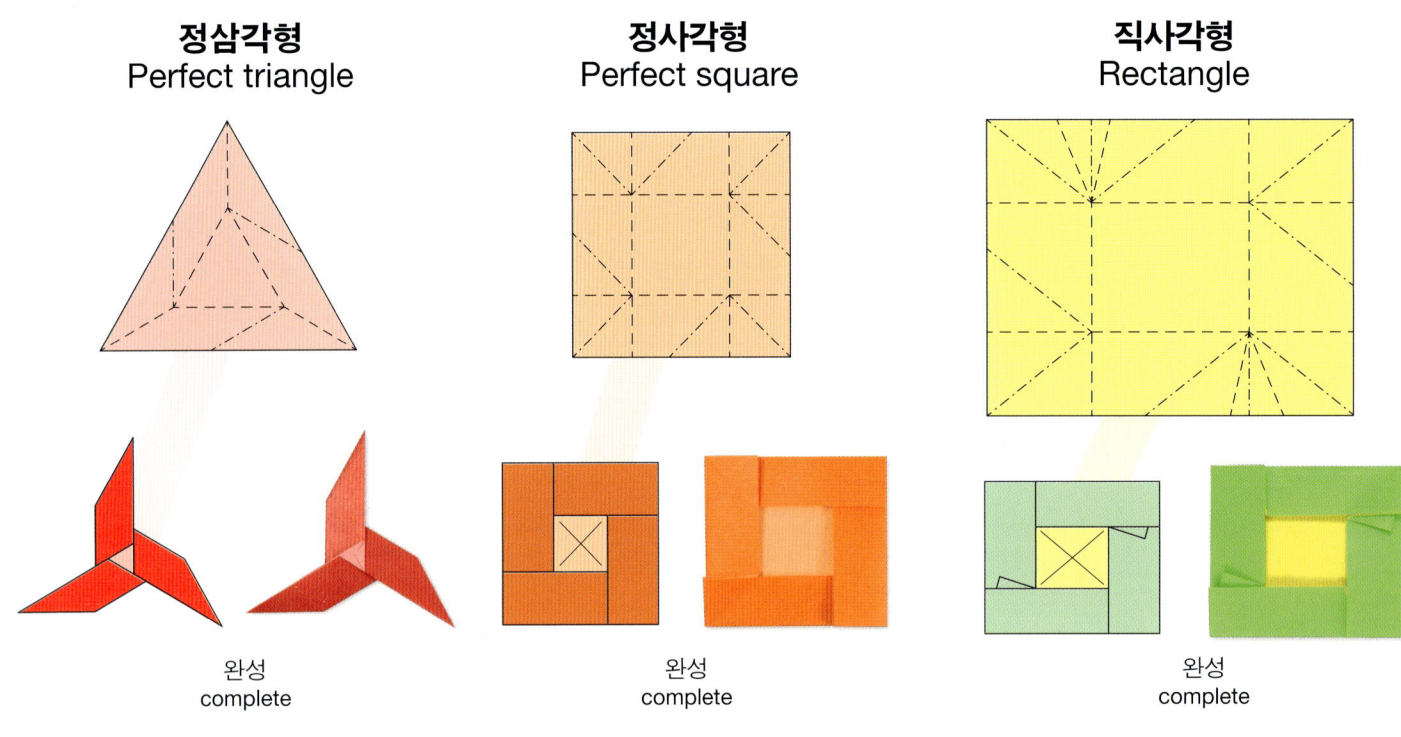

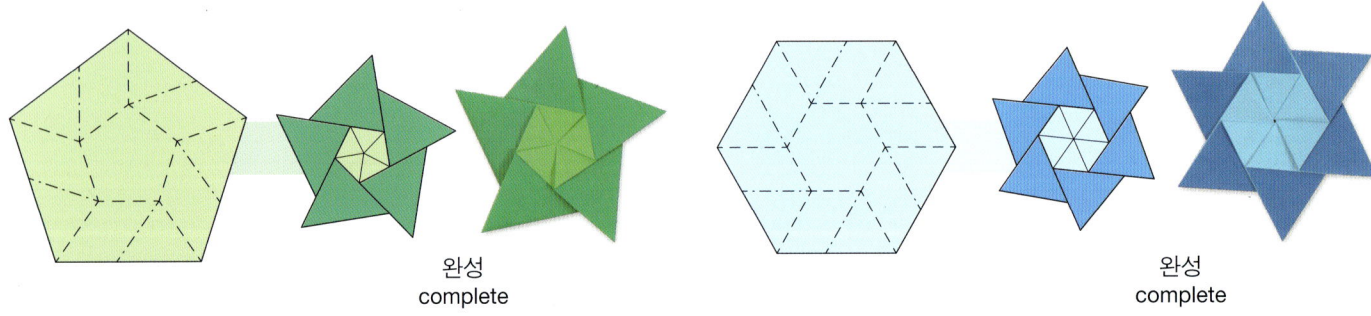

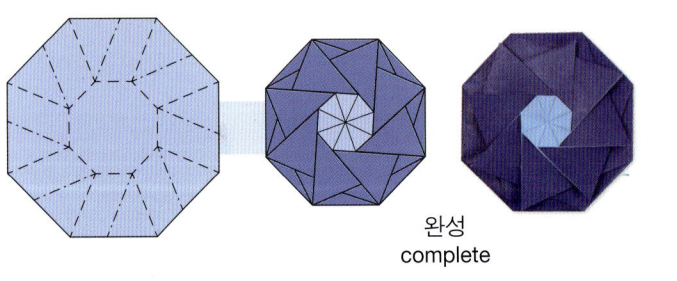

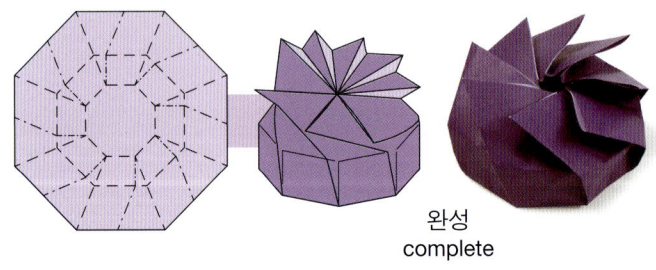

※ 여러 가지 종이 형태로 또 다른 작품을 창작해 보세요.
※ Try to create other works in different shapes of paper.

대한민국 종이문화예술작품 공모대전
Korea paper culture art contest

대한민국 종이문화예술작품공모대전은
세계에서 제일 우수했던 우리나라 종이문화의 전통을 계승하고,
21세기 창조적 종이문화예술산업 발전을 위한 공모대전입니다.

대한민국 종이조형작품 공모전

세계 제일로 우수했던 우리나라 종이접기와 종이문화의 전통을 계승하고, 21세기 창조적 종이문화예술산업 발전을 위한 공모전으로 종이접기와 전통지공예, 현대종이조형 등의 종이조형예술을 생활문화예술로 발전시켜나가고, 전문작가를 발굴육성하기 위한 종이조형작품공모전을 다음과 같이 공모합니다.

출품주제 : 자유주제

출품부문 및 분야 : 개인 또는 공동(3인 이하) 출품
1. 어린이부 - 종이접기 및 종이조형작품
2. 청소년부 - 종이접기 및 종이조형작품
※ 공모참가 및 입상정도 등을 고려하여 지도실적이 우수한 지도교사에게 지도교사상을 수여함.
3. 일반부
  1) 현대분야 : 종이접기, 종이장식, 어린이북아트, 종이조각미술, 스크랩북킹, 생활포장, 북아트, 종이인형 등
  2) 한지분야 : 닥종이조형, 한지그림, 종이장식, 색지공예, 지호공예, 지승공예, 민화 등

※ 본인 창작 작품으로서 다른 공모전 또는 전시회에 출품하지 않은 미발표 작품이어야 함.

출품사항 : 어린이부, 청소년부 – 1인당 2점 이내 / 출품료 없음
일반부 – 1인당 2점 이내 / 1점 20,000원, 2점 30,000원
- 출품료 납입처 : 기업은행 213-080545-04-021 (예금주 : 종이나라)
- 제출물 : 출품작품, 작품컬러사진 1매(3"X 5")
  출품원서(종이나라박물관 네이버 카페에서 다운받아 작성)

출품규격(액자크기 포함) : 어린이부, 청소년부 – 입체작품 : 600×600×500mm 이내
  – 평면작품 : 545×394mm 이내
일반부 – 입체작품 : 1,000×1,000×1,000mm 이내
  – 평면작품 : 1,000×1,000mm 이내

시상내용

1. 어린이부

시상종류	시상 훈격 (예정)	인 원	시상 내역
최우수상	국립과천과학관장상	1	상장 및 상품
우수상	대한민국 종이문화예술작품대전위원장상	2	상장 및 상품
	종이나라 회장상	2	상장 및 상품
장려상	종이문화재단 이사장상	약간명	상장 및 상품
입 선	종이문화재단 이사장상	다수	상장 및 상품
지도교사상	종이문화재단 이사장상	1	상장 및 격려금 50만원

2. 청소년부

시상종류	시상 훈격 (예정)	인 원	시상 내역
최우수상	국립과천과학관장상	1	상장 및 상품
우수상	대한민국 종이문화예술작품대전위원장상	1	상장 및 상품
	한국공예디자인문화진흥원장상	1	상장 및 상품
	종이나라 회장상	1	상장 및 상품
장려상	종이문화재단 이사장상	약간명	상장 및 상품
입 선	종이문화재단 이사장상	다수	상장 및 상품
지도교사상	종이문화재단 이사장상	1	상장 및 격려금 50만원

3. 일반부

시상종류	시상 훈격 (예정)	인 원	시상 내역
대 상	대한민국 종이문화예술작품대전위원장상	1	상장 및 상금 100만원
금 상	국립민속박물관장상	1	상장 및 상금 50만원
은 상	한국공예디자인문화진흥원장상	1	상장 및 상금 30만원
동 상	종이나라 회장상	2	상장 및 상금 20만원
특 상	종이문화재단 이사장상	약간명	상장 및 상품
입 선	종이문화재단 이사장상	다수	상장 및 상품

세계종이접기 창작작품 공모전

종이접기는 과학적 탐구심을 높이고 종이를 기하학적으로 접어 조형하는 예술, 디자인 활동으로 이를 통해 국내 및 국외의 종이접기 창작개발과 세계종이접기문화예술 발전에 이바지하고자 다음과 같이 공모합니다.

출품자격 : 국내 및 국외 누구나
출품부문 : 종이접기 단위 창작작품
출품내용 : 1. 창의적인 종이접기 작품
2. 타인의 작품이나 모방 작품이 아닌 작품
3. 작품이 종이접기의 과학적, 교육적, 문화예술적 가치가 있는 작품
출품방법 : 종이접기 도면과 스크랩 및 완성작품
출품규격 : – 평면작품 : 4절 크기 이내
 – 입체작품 : 350×350×350mm 이내
출품사항 : 1인당 2점 이내 / 출품료 없음

- 제출물 : 완성작품 (종이접기 도면과 스크랩 제출 시 가산점)
  작품컬러사진 1매(3"X5"), 출품원서
  (종이나라박물관 네이버 카페에서 다운받아 작성)

시상내용

시상종류	시상 훈격 (예정)	인 원	시상 내역
대 상	문화체육관광부장관상	1	상장 및 상금 100만원
금 상	문화재청장상	1	상장 및 상금 50만원
	국립중앙박물관장상	1	
은 상	대한민국 종이문화예술작품대전위원장상	2	상장 및 상금 30만원
동 상	종이나라 회장상	2	상장 및 상금 20만원
장려상	종이문화재단 이사장상	약간명	상장 및 상금 10만원
입 선	세계종이접기창작개발원장상	다수	상장 및 상품

■ **작품접수 기간**
매년 9월 ~ 10월 (예정)
(우편접수는 마감일 도착분에 한함 / 일요일, 국가공휴일 휴관)
※ 공모전 별 '개최요강'을 반드시 숙지바라며 미확인에 따른 사항은 일체 책임지지 않음.

■ **접수처**
서울시 중구 장충단로 166 종이나라빌딩 2층
종이나라박물관 ☎02)2279-7901

■ **심사** 매년 10월 (예정)
※ 관련분야 권위자로 심사위원을 구성하여 엄격히 심사함.

■ **심사결과 발표** 종이문화재단 홈페이지 '공지사항'
종이나라박물관 네이버 카페 '공지사항'

■ **시상 일시**
매년 종이문화의 날 (예정)

■ **시상 장소**
종이문화의 날 기념행사장
※ 수상자의 시상식 참여여부는 사전 통보됨.

■ **전시 기간**
매년 10월 ~ 11월 (예정)

■ **전시 장소**
종이나라박물관 전시실

■ **문의**
종이나라박물관 ☎02)2279-7901

■ **주최** 대한민국 종이문화예술작품대전위원회
■ **주관** 종이나라박물관 / 종이문화재단 세계종이접기연합
■ **후원** (예정) 문화체육관광부 · 문화재청 · 국립중앙박물관 · 국립민속박물관 · 국립과천과학관 · KCDF 한국공예·디자인문화진흥원 · kidp 한국디자인진흥원 · 문화유산국민신탁
■ **협찬** 종이나라

종이접기응용·창작작품들

기본형들을 익힌 다음 기본형들을 이용한 다양한 작품을 응용, 창작할 수 있는 능력을 개발하세요.

『대한민국종이접기강사』 124쪽, 산타클로스 응용 **피에로·신랑, 신부** Clown·bride and groom

북 Drum
『대한민국종이접기강사』 116쪽, 딱지 응용작품

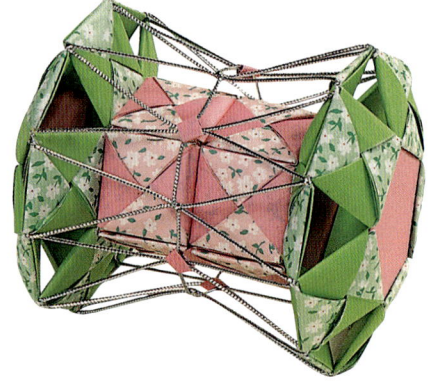

장구 Janggu(Double headed drum)
『대한민국종이접기강사』 116쪽, 딱지 응용작품

외계인 Extraterrestrial
『대한민국종이접기강사』 116쪽, 딱지 응용작품

연꽃 모빌 Lotus Mobile 『대한민국종이접기강사』 58쪽, 배 응용작품

복주머니 가방 Lucky Bag 『대한민국종이접기강사』 62쪽, 복주머니2 응용작품

Application & Creative works

After you have learned the basic folds, try to develop your creative ability and various works by applying the basic forms.

종이접기 창작 김상헌 / Creations of JONGIE JUPGI Sang-heun Kim
종이접기 작품제작 곽정훈 / Productions of JONGIE JUPGI Jeong-hun Kwak

친환경제품 개발과 창조교육에 최선을 다하는

● 100색 색종이 ● 다물 색종이

  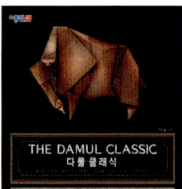 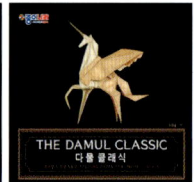 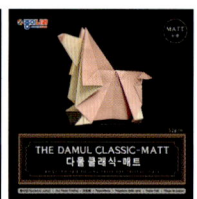 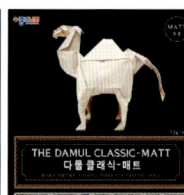 

100색 100컬러색종이	다물 15cm	다물 35cm	다물 50cm	다물 매트 15cm	다물 매트 30cm	다물 매트 45cm
100색 100매 / ₩6,000	10색 10매 / ₩1,000	10색 10매 / ₩4,000	10색 10매 / ₩15,000	10색 10매 / ₩1,000	10색 10매 / ₩4,000	10색 10매 / ₩15,000

● 무늬모아 색종이　　● 엠보아트페이퍼　　　　　　　　　　　● 꽃나래 색종이

| 무늬모아 ①~② / 40색조 40매 / ₩2,500 | 양면엠보아트페이퍼 10색 50매 / ₩10,000 | 8절엠보아트페이퍼 10색 100매 / ₩25,000 | 4절엠보아트페이퍼 10색 50매 / ₩25,000 | 꽃나래(소) ①~④ / 10색조 80매 / 각 ₩1,000 |

● 고깔접기　　● 종이학접기　　● 행운의 별(엄마별)　　● 눈스티커　　　　　　　● 가위

| 10색조 200매 / ₩1,000 | 20색 1000매 / ₩9,000 | 11색 94매입 / ₩1,000 | 눈스티커 ①~③ / 3매입 / 각 ₩1,000 | 학생가위 / ₩1,000 |

종이나라 나라풀은 단단하며 뭉개지지 않으며 강력한 초기접착력으로 두꺼운 종이에도 잘 붙습니다.

종이나라 만능본드는 종이, 스티로폼, 우드락, 나무, 천, 가죽 등을 붙일 때 편리합니다.

물어 풀어 쓰던 한지용 가루풀을 액상형으로 개발한 전문가용 풀입니다.

종이나라 니스는 나무, 지점토, 클레이, 스티로폼, 우드락 등으로 완성한 작품을 오랫동안 보관하고 싶을 때 사용하면 좋습니다.

7F jong ie nara Bldg. 166 Jangchungdan-ro, Jung-gu, Seoul, Korea 04606
Contact Tel : (82-2)2268-5252 Fax : (82-2)2277-5737 E-mail : jongie@jongienara.co.kr

아름다운 세상을 함께 만드는

조이 365+ 『대한민국 대표 종이접기』

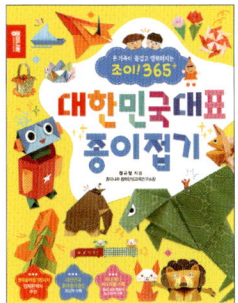

종이접기 초보자는 물론 기본 종이접기 책에 아쉬움을 가진 독자들을 위해 선생님, 학부모, 아이들이 가장 좋아하는 365개가 넘는 인기 종이접기 작품과 100개 이상 활용 아이템을 총망라하여 창의적으로 활용할 수 있습니다.

지은이 정규일 / 값 19,800원

초등수학공부를 위한 『수학종이접기』 개정증보

『수학종이접기지도사』 자격 교재

종이접기를 통해 도형 영역을 흥미롭게 접근하도록 이끌어주는 책입니다. 사각형, 삼각형, 다각형, 원, 합동과 대칭, 기둥과 뿔, 다면체 등을 색종이로 접어 작품을 완성하며 수학과 친해질 수 있습니다.

지은이 오영재 / 값 15,000원

『조이! 종이접기전집』   50여 명의 창작 작가 등의 인기있는 종이접기 작품들

새한류 문화를 창조하며 꿈, 사랑, 평화를 이루는 『조이! 종이접기전집』

「조이! 종이접기전집」은 종이문화재단의 소식지 「종이나라플러스」에 실려있는 50여 명의 창작 작가들의 우수한 창작작품들을 새로이 기획, 편집한 합본으로서 종이접기의 기초 이론을 간략히 소개하고 고깔, 도형과 유닛, 인형, 꽃과 식물, 동물, 계절장식, 생활용품과 북아트 등 다양한 종류의 종이접기의 접기 방법을 상세히 안내하고 있습니다. 작품들을 응용, 활용하면서 창작능력을 키울 수 있도록 하였으며 여가선용의 취미생활과 가정과 각급 학교 사회단체에서 교육활동, 봉사활동, 창작예술활동, 문화예술진흥, 창업, 국제교류활동, 평화운동 등에 도움이 될 것입니다.

지은이 노영혜 / 값 50,000원

『유아창의 종이접기교실』 시리즈   『종이접기 유아』 2·1(마스터) 자격 교재

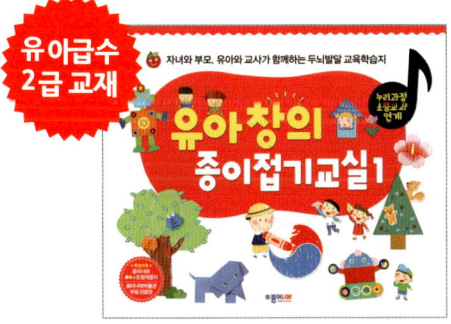
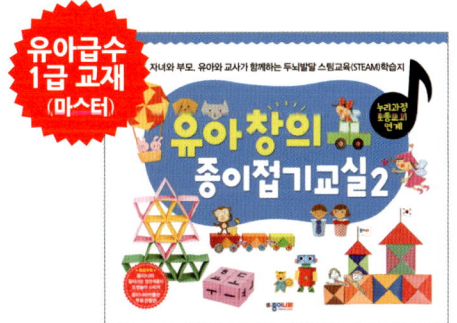

〈유아창의종이접기교실〉시리즈는 유아기의 창의성과 독창성, 상상력을 키워 나갈 수 있도록 구성된 두뇌발달 융합교육 학습지입니다.

〈유아창의종이접기교실〉1·2를 완성하는 동안 유아의 잠재된 능력을 이끌어 자신감을 키워 줄 뿐아니라 〈유아종이접기급수〉 자격증 취득과 메달 수여로 아이들에게 성취감을 줍니다. 누리과정과 초등 1~2학년군 통합교육 과정을 연계하여 구성한 다양한 콘텐츠는 유아가 창의적 인성과 통합능력을 키우며 즐겁게 학습할 수 있는 계기를 마련해 줄 것입니다.

각권 값 15,000원

『신난다! 종이접기 영재교실』 시리즈   『종이접기 영재지도사』『유아·어린이 종이접기 영재』 자격 취득 교재

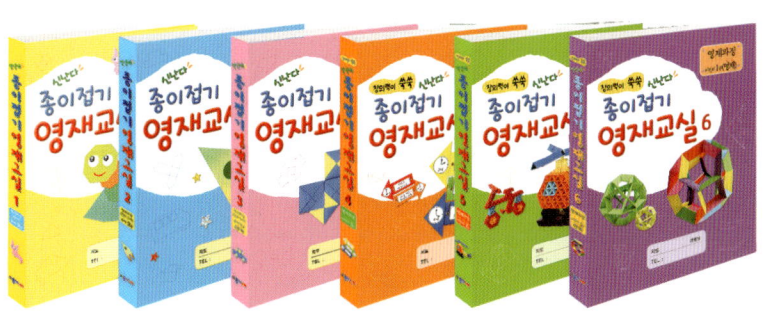

나이와 학년을 뛰어 넘는 힘!
종이접기 영재교육으로 재능, 창의성, 영재성을 길러 인재로!

수학·과학·미술 등 다른 교과와 연계하여 다양한 문제해결을 위해 창의적 설계를 하며 감성적 체험활동을 가능하게 하는 STEAM 교육 방식이 도입되어 아이들이 주입식, 암기적 교육에서 벗어나 즐겁게 집중할 수 있습니다.

각권 값 15,000원

대한민국 종이접기 강사는……

- 내 아이에게 창의성교육을 직접 지도할 수 있습니다.
- 유아, 어린이, 청소년들에게 대한민국「종이접기 급수(마스터)」자격 취득과정을 지도할 수 있습니다.
- 취미생활, 문화예술가로서 국내 및 해외에서 종이접기 문화 활동을 전개할 수 있습니다.
- 1:1 종이접기 개인지도, 홈스쿨, 공부방, 어린이집, 유치원, 각급교육기관, 방과후학교 수업, 사회복지시설, 문화센터등에서 전문가로서 활동할 수 있습니다.
- 국내, 해외에서 문화예술활동과 종이접기문화 세계화와 세계평화운동을 펼쳐나갈 수 있습니다.

★『종이접기 지도를 위한 - 종이접기 교육 지침서』는 수업 목표, 수업 과정의 기본 방향이 제시되어 있어 종이접기를 지도할 때 바르고 효과적으로 지도할 수 있습니다.

★『똑똑한 어린이 급수종이접기 3급』책으로 어린이들에게 대한민국「어린이종이접기 3급」급수자격을 지도할 수 있습니다.

시니어를 위한 추가 혜택

시니어(65세 이상 어르신) : 대한민국『종이접기 강사』자격검정료 50% 할인
시니어 대한민국『종이접기 강사』자격 취득자의 지도를 받은 어린이 :
대한민국『어린이종이접기 3급』급수 자격 검정료 50% 할인(1회 한함)

자격신청문의 : 종이문화재단 국내외 종이문화교육원, 지부 또는 사무처 | TEL : 02)2279-7900 | FAX : 02)2279-8333
www.paperculture.or.kr | www.jongiejupgi.com

『대한민국 종이접기강사』독학교재

『대한민국종이접기강사』- 종이접기 지도서와 동영상 CD,
종이나라색종이, 나라풀과 자격심사 제출 때 필요한
화일과 스티커 등이 들어있는 교재입니다.
시간에 구애없이 동영상을 보며 따라 접으며
쉽게 종이접기를 배우고
〈대한민국종이접기강사〉자격을 취득할 수 있습니다.

독학교재 값 49,000원 / 발행 종이나라
판매처_전국유명서점 및 종이나라 박물관 샵,
종이문화재단 국내외 종이문화교육원, 지부, 공방

대한민국 종이접기강사 는……

유아·어린이·청소년 「대한민국 종이접기급수(마스터)」
자격 과정을 지도할 수 있습니다.

● 두뇌계발·정서함양·창의성을 기르는

**유아 종이접기 마스터
어린이 종이접기 마스터
청소년 종이접기 마스터
자격증!**

종이접기는 수학, 과학, 예술이며 지혜와 평화를 상징합니다.

즐거운 놀이문화를 체험하게 하며 두뇌계발, 창조력, 집중력, 정서함양, 창의인성을 길러줍니다.
위의 자격증 과정에 합격하면 종이문화재단(세계종이접기연합)에서 인증하는
「급수증」, 「단증」, 「마스터자격증」 과 「메달」이 수여됩니다.

연령별 자격 취득 과정

- 유　아 : 2급 ──────→ 1급(유　아 종이접기마스터)
- 어린이 : 3급 → 2급 → 1급(어린이 종이접기마스터)
- 청소년 : 1급 → 1단 → 2단(청소년 종이접기마스터)

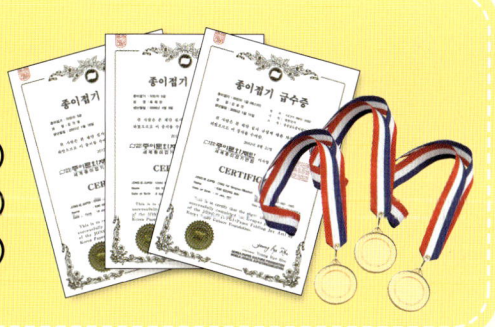

 종이문화재단 선정도서·종이접기 학습지 부분 **1위**

어린이종이접기 3급, 2급 1급(마스터) 자격 대비 교재

『똑똑한 어린이 K종이접기급수』시리즈

스스로 학습이 가능한 급수교재

「어린이 종이접기 마스터」자격을 목표로
준비하여 스스로 학습할 수 있는
훌륭한 길잡이입니다.

종이접기 활동의 기본이 되는 도면을 익히고
활용할 수 있습니다.

두뇌계발, 창의성 계발에 도움이 되며
정서함양에도 좋은 학습교재입니다.

**판매처_전국 유명서점 및 문방구
값 각 10,000원 / 종이나라**

어린이종이접기 3급
→

어린이종이접기 2급
→

어린이종이접기 1급(마스터)

종이접기강사 자격   코스

「대한민국 종이접기 강사」 자격취득 독학코스는

◆ 종이접기 전문가가 되기 위한 기회를 부여하기 위한 코스로써
종이접기 선생님·취미생활·문화예술가·창업·민간 외교가 등으로 발전할 수 있습니다.

◆ 국내·해외에서 활약하는 「대한민국 종이접기 강사」는
국내 뿐 아니라 해외에서도 종이접기 보급활동과 지도를 담당할 수 있습니다.
자녀교육·교육기관·복지시설·문화센터 등에서 활동 할 수 있습니다.

◆ 「대한민국 종이접기 강사」는 차녀 창의성 교육 유아·어린이·청소년들에게 급수종이접기 자격지도를 할 수 있습니다.

■「대한민국 종이접기 강사」가 되려면

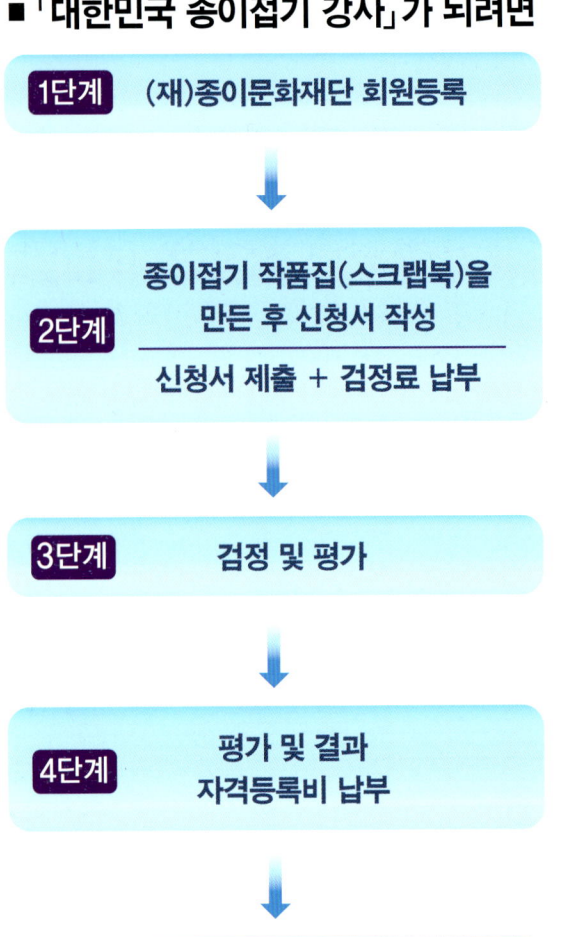

▶ 17세 이상 누구나
▶ (재)종이문화재단 전국종이문화교육원·지부나 공방 또는 재단 사무처에서 상담 ▶ 재단회원등록비 30,000원 가입

▶ 「대한민국종이접기강사」에 게제된(24~25쪽 참조)
　❀ ❁ 표시 작품 스크랩제출
▶ 책 뒷면의 「종이접기 강사인정신청서」와 함께 (재)종이문화재단 국내, 해외종이문화교육원·지부나 공방 또는 지부가 없는 지역은 재단 본부 사무처로 제출
▶ 작품제출과 함께 검정료 40,000원 납부
　학생할인(학생증복사제출) 검정료 30,000원 납부

▶ 실기·필기 검정

▶ 약 1개월 후, 심사결과 통보
▶ 합격하신 분은 「대한민국 종이접기 강사」 자격등록비 20,000원을 (재)종이문화재단 전국종이문화교육원·지부 및 공방 또는 지부가 없는 지역은 재단사무처로 납부

▶ 「대한민국 종이접기 강사」 인증서와 종이접기지도를 위한 「종이접기 교육 지침서」 수여함.

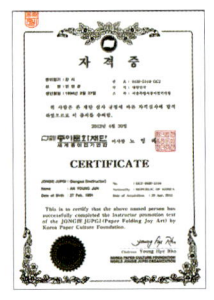 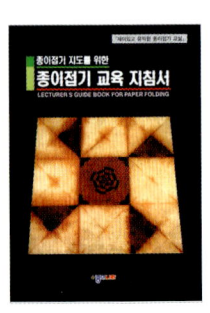

※ 「대한민국종이접기강사」 자격취득을 위하여 학습이 필요한 분들은 국내, 해외외 종이문화재단 종이문화교육원·지부·공방·지도양성 특활회원, 종이문화재단 평생교육원에서 「접는 법」과 이론·실기 시험에 합격할 수 있도록 지도(특강·강좌 등)을 받을 수 있습니다.

(04606) 서울 중구 장충단로 166 종이나라빌딩 3층 **종이문화재단 사무처**　TEL 02)2279-7900　FAX 02)2279-8333
홈페이지 : www.paperculture.or.kr　www.jongiejupgi.com

종이문화로 세계화를, 종이접기로 평화를!
재단법인 종이문화재단
세 계 종 이 접 기 연 합

KOREA JONGIE JUPGI GANGSA (PAPER FOLDING INSTRUCTOR) QUALIFICATION COURSE

SELF-TAUGHT TEXTBOOK

SELF-TAUGHT COURSE FOR 「KOREA JONGIE JUPGI GANGSA」QUALIFICATION IS

♦ As a course offering an opportunity for being a paper folding specialist, applicants can be teachers, civil diplomats, and culture artists or can establish paper folding business in the course.

♦ Korean Paper Folding Instructors who have performed well overseas
The instructor is allowed to teach not only in Korea but in foreign countries. Also, the instructor is able to teach in education centers, cultural centers and welfare facilities.

♦ With Korea Jongie Jupgi Gangsa, applicants can have instructions on Level Paper Folding Qualification for infants, children and juveniles

■ To be a KOREA JONGIE JUPGI GANGSA (Paper Folding Instructor)

Step 1 Apply for membership of Korea Paper Culture Foundation

▶ Anyone more than 17-year-old
▶ Consultation in Korea Paper Culture Foundation Paper Culture Education Center or its branches nationwide or Paper Folding Institutes and Korea Paper Culture Foundation's office ▶Registration with the foundation member registration fee, 30,000 won.

Step 2 Fill out the application form after making a paper folding art work collection (scrap book)
Submit the application form + Send the assessment fee

▶ Submit scraps of art works which have the marks on page no. 24~25
▶ Submit Paper Folding Admission Application on the back of the book to Korea Paper Culture Foundation Paper Culture Education Center or its domestic, foreign branches or Paper Folding Institutes, or submit it to the foundation's headquarter.
▶ The evaluation fee, 40,000 won shall be paid along with art woks
  Student discount (Required Student ID), the evaluation fee, 30,000 won shall be paid

Step 3 Verification & Evaluation

▶ Taking a written test and a practical test

Step 4 Evaluation & Final Report Registration fee for the qualification shall be paid

▶ Applicants will be notified the assessment result after about 1month
▶ Those who passed the assessment shall send [Korea Paper Folding Instructor] registration fee for the qualification, 20,000won to Korea Paper Culture Foundation Paper Culture Education Center or its branches nationwide or Paper Folding Institutes or the foundation's headquarter.

Step 5 Award certificate of the instructor

▶ Award [KOREA JONGIE JUPGI GANGSA] Certificate and [Lecturer's guide book for paper folding] for paper folding instructions.

※Those who need to gain qualification for [KOREA JONIE JUPGI GANGSA] may receive instructions (lectures, special lectures) on [how to fold] in order to pass the written & practical assessment in Korea Paper Culture Foundation Paper Culture Education Center or its branches nationwide or Paper Folding Institutes or Korea Paper Culture Foundation Lifelong Education Center.

3F Jong Ie Nara Bldg. 166 Jangchungdan-ro, Jung-gu, Seoul, Korea 04606 TEL (82-2)2279-7900 FAX (82-2)2279-8333
homepage : www.paperculture.or.kr   www.jongiejupgi.com

KOREA PAPER CULTURE FOUNDATION
WORLD JONGIE JUPGI ORGANIZATION

"종이문화재단 · 세계종이접기연합에서는
국내 · 해외 지부장, 종이문화교육원 원장님,
종이공방 대표, 지도자
회원님들을 모십니다."

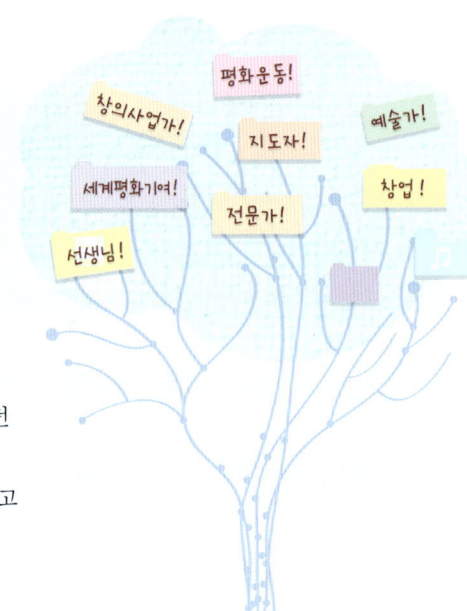

세계 제일이었던 우리의 전통 종이접기와 종이문화를 부활시키고 재창조하기 위해 종이문화가 폐허였던
1987년, 종이접기 국민운동으로 씨를 뿌리고 우리는 함께 심혈을 기울여 종이문화의 꽃을 피웠습니다.
종이문화재단 · 세계종이접기연합은 그것을 바탕으로 선조들이 이끌었던 종이문화 강국의 자리를 굳히고
국가 발전과 민족번영에 기여할 수 있는 종이문화 예술산업의 육성과 중흥으로 새 한류를 창조하며
국제교류활동으로 세계평화운동에 앞장 서 나아가고자합니다.

 종이문화재단 KOREA PAPER CULTURE FOUNDATION · **세계종이접기연합** WORLD JONGIE JUPGI ORANIZATION 에서 펼치는 활동

- ■ 「종이문화재단소식」 발행
  - 평생교육을 리드하며 종이문화전문정보를 게재
  - (무크지 「종이나라 플러스」 제공)
- ■ 종이문화 확산과 보존 사업
  - 국내외 종이문화 관련역사 발굴
  - 국내외 종이문화 관련 조사연구 및 세미나
  - 국내외 종이문화 복원 및 보급
- ■ 종이문화 인프라 구축 사업
  - 한지문화산업 진흥사업
  - 세계화를 위한 국제 문화 교류 및 홍보,
    전시, 축제, 공모전
- ■ 종이문화 지원기능 강화사업
  - 종이문화대상 제정
  - 우수출판 지원 및 발행 사업 및 창작지원 사업
  - 소외계층을 위한 지원 및 재능기부, 봉사활동 등
  - 국내 · 해외 우수인재들을 위한 장학제도 운영
- ■ 종이나라 박물관 운영사업
  - 종이문화예술작품공모 / 국내 · 국제자료관 운영
  - 종이문화 라이브러리 DB구축 사업
  - 세계종이접기 창작작품 공모 등 특별전 개최

- ■ 평생교육원 (Culture & Art academy) 운영
  - 창의성으로 인재를 길러내기 위한 종이접기영재교육
  - 종이접기, 종이문화 지도자 및 문화예술 최고위 과정
  - 종이문화교육 개발 및 연구사업 / 교사 교원 직무연수 / 워크샵
- ■ 인재양성과 종이문화재창조 · 세계화를 위한 경쟁력있는 자격증 수여
  - 종이접기 강사, 사범, 지도사범 자격 제도
    (유아종이접기 과정 – 2급, 1급 : 마스터)
    (어린이 종이접기 과정 – 3급, 2급, 1급 : 마스터)
    (청소년 종이접기 과정 – 1급, 1단, 2단 : 마스터)
  - 종이접기 영재지도사 2급, 1급, 마스터 자격제도
    (유아 · 어린이 종이접기 영재과정 – 3급, 2급, 1급 : 영재)
    (청소년 종이접기 영재과정 – 1단, 2단, 영재)
  - 영어 종이접기 지도사 2급, 1급, 마스터 자격제도
    (유아 영어 종이접기 과정 – 2급, 1급 : 마스터)
    (어린이 영어 종이접기 과정 – 3급, 2급, 1급 : 마스터)
  - 종이접기, 종이접기영재, 영어종이접기, 수학종이접기, 시니어조이아트,
    종이미술심리지도, 성경종이접기, 한지그림, 종이그림아트, 북아트, 어린이
    북아트, 클레이아트, 쿠키클레이아트, 클레이영재, 종이조각미술, 스크랩북킹,
    종이조형, 색지공예, 지승공예, 지호공예, 닥종이인형, 현대인형, 고지공예, 민화,
    선물포장, 종이장식, 비즈아트, 꽃누르미, 순은공예, 풍선아트, POP, 폼아트,
    초크아트, 캘리그라피, 종이조형미술, 독서논술, 토탈공예 등 각 분야별자격
- ■ 기타 종이문화재단과 세계종이접기연합의 설립 목적달성과 새 한류를
  창조하며 세계화를 위한 국제교류활동 및 부대사업

 국내 · 해외 지부장 · 종이문화교육원 원장 · 종이공방대표 · 지도양성특활등록강사 · 회원님들께 드리는 특전

- 1:1 지도, 공부방, 방과후학교 수업, 각급 교육기관, 문화센터 등에서 지도교사활동 및 종이문화예술산업 창업
- 분야별 자격 취득과 「종이접기영재교실」 운영
- 유아 · 어린이 · 청소년 급수, 단, 마스터, 영재과정 양성
- 일반인 종이접기, 종이문화 분야별 지도자 양성
- 워크숍, 세미나, 문화예술, 심포지움, 민간외교 국제교류활동, 해외 정보 수집 · 탐방 등
- 종이문화재단 · 세계종이접기연합에서 펼치는 활동 및 평화운동, 재능기부, 봉사활동, 종이문화 산업 중흥 등 세계화를 위한 활동에 참여
- 기타 혜택 사항은 홈페이지 참고

지부, 종이문화교육원, 종이공방 개설 가능지역 • 현재 개설되어 있는 곳을 제외한 국내 · 해외 각 지역

 연회비 안내 (※ 우리나라 종이접기, 종이문화산업 발전과 세계화를 위한 활동에 쓰여지고 있습니다.)

일반회원 30,000원(연)	어린이 지도양성특활 등록강사(지도자)회비(연)	100,000원	회비 송금처
학생회원 20,000원(연)	일반인 종이문화영역 지도양성특활 등록강사(지도자)회비(연)	100,000원	국민은행 491001-01-141963
단체회원 100,000원(연)	일반인 종이접기영역 지도양성특활 등록강사(지도자)회비(연)	100,000원	예금주) 종이문화재단
후원회원 100,000원 이상(연)	지부 · 종이공방 · 종이문화교육원 등록회비(연)	200,000원	

서울특별시 중구 장충단로 166 종이나라빌딩 3층
Tel : 02-2279-7900 Fax : 02-2279-8333

www.paperculture.or.kr
www.jongiejupgi.com

대한민국 종이접기강사 ■, 종이접기 청소년1급 ■
KOREA JONGIE JUPGI GANGSA, KOREA JONGIE JUPGI TEENAGER 1st GEUPSU AUTHORIZATION APPLICATION

(★실기 검정 Practical Tast : ❀ 평면 Mark, ❀ 입체 Pop-out Mark)   ※신청하시는 급수 □에 체크 ✓해주세요.

구분 Item no.	월 month	일 date	학습 내용 self-learning content	확인 check	구분 Item no.	월 month	일 date	학습 내용 self-learning content	확인 check
1			삼각접기 SAMGAK JUPGI 튤립 Tulip		18			고기접기 GOGI JUPGI 도깨비 Hobgoblin	
2			삼각접기 SAMGAK JUPGI 매미 Cicada		19			쌍배접기 SSANGBAE JUPGI 나비 Butterfly	
3			삼각접기 SAMGAK JUPGI 컵 Cup		20			쌍배접기 SSANGBAE JUPGI 모빌 Mobile	
4			삼각접기 SAMGAK JUPGI 거북 Turtle		21			쌍배접기 SSANGBAE JUPGI 보물선 Treasure boa	
5			아이스크림접기 ICE-CREAM JUPGI 나무 Tree		22			삼각주머니접기 SAMGAKJUMEONI JUPGI 교회 Church	
6			아이스크림접기 ICE-CREAM JUPGI 백조 Swan		23			삼각주머니접기 SAMGAKJUMEONI JUPGI 개구리 Frog	
7			아이스크림접기 ICE-CREAM JUPGI 앵무새 Parrot		24			사각주머니접기 SAGAKJUMEONI JUPGI 꽃바구니 Flower basket	
8			문접기 MUN JUPGI 컵 Cup		25			사각주머니접기 SAGAKJUMEONI JUPGI 수국 Hydrangea	
9			문접기 MUN JUPGI 피아노 Piano		26			학접기 HAK JUPGI 학 Crane	
10			문접기 MUN JUPGI 복주머니 Lucky Bag 1		27			학접기 HAK JUPGI 별 Star	
11			문접기 MUN JUPGI 고깔1 Gokkal 1		28			꽃접기 KKOT JUPGI 창포 Lily	
12			문접기 MUN JUPGI 지방 Ancestral tablet		29			꽃접기 KKOT JUPGI 개구리 Frog	
13			방석접기 BANGSOK JUPGI 바람개비 Pinwheel		30			응용작품 APPLIED WORK 딱지 Ddakji	
14			방석접기 BANGSOK JUPGI 상자 Box		31			응용작품 APPLIED WORK 무늬 Pattern	
15			방석접기 BANGSOK JUPGI 바지저고리 Baji Jeogori		32			응용작품 APPLIED WORK 동백꽃 Camellia	
16			고기접기 GOGI JUPGI 물개 Seal		33			응용작품 APPLIED WORK 꽃모빌 Flower mobile	
17			고기접기 GOGI JUPGI 개 Dog		34			★ 필기 검정 Written Test	

대한민국 종이접기강사 ■, 종이접기 청소년1급 ■
KOREA JONGIE JUPGI GANGSA, KOREA JONGIE JUPGI TEENAGER 1st GEUPSU AUTHORIZATION APPLICATION

신청자 기재란 Description part for applicants	신청인 성명 Name	한글		English			
	생년월일 Date of birth			나 이 age			사진첨부 Photo required (3cm × 4cm)
	주 소 Address	우편번호 ZIP Code (-)					
	학 교 명 Name of clloge/School			학교연락처 Phone number			
	전 화 번 호 Phone number	자택 Home		이동전화 Cellphone			
		직장 Office		E-mail			
	회원등록번호 Registration Membership No.			회원구분 Division	☐ 학생 Students ☐ 일반 General ☐ 특활 Special ☐ 기타 Other		
	필기·실기 검정장소 Examination site	☐ 필기면제 Written test Exemption ☐ 실기면제 Practical test Exemption ☐ 기타 ( ) Other					

Workshop·Education·Chapter 종이문화재단·지부·교육원기재	명 칭 Name of Branch		Except where Workshop 종이문화재단·지부·교육원없는지역 ·Education·Chapter	기관 명칭 Organization Name	
	성 명 Name of Banch Manager			지도양성특활회원 선생님 성명 Name of teacher	
	년등록회원번호 Banch One year Registration Membership No.			지도양성특활회원 년등록회원번호 One year Registration Membership No.	
	전 화 번 호 Phone number	(자 택) Home (핸드폰) Cellphone		전 화 번 호 Phone number	(자 택) Home (핸드폰) Cellphone

대한민국 「종이접기강사」, 「종이접기 청소년1급」 자격심사를 받고자 소정의 서류를 갖추어 제출합니다.
I'm submitting all documents to take the assessment to be qualified for
KOREA JONGIE JUPGI GANGSA(Paper Folding Instructor) or KOREA JONGIE JUPGI TEENAGER 1st GEUPSU

※「종이접기 청소년1급」은 만 17세 이상이 되면 소정의 절차를 거쳐「종이접기강사」자격으로 전환 할 수 있습니다.
If [JONGIE JUPGI TEENAGER 1st GEUPSU]is 17 years old or more through a predetermined procedure
You can switch to the [KOREA JONGIE JUPGI GANGS] qualification.

접수 확인 Confirmation	년(Year) 월(Month) 일(Day)
	신청자 성명 Applicants Name (인) Sign

재단법인 종이문화재단 KOREA PAPER CULTURE FOUNDATION
세 계 종 이 접 기 연 합 WORLD JONGIE JUPGI ORGANIZATION

주소 : (04606) 서울 중구 장충단로 166 종이나라빌딩 3층
3F Jong Ie Nara Bldg. 166 Jangchungdan-ro, Jung-gu, Seoul, Korea 04606
TEL 02)2279-7900   FAX 02)2279-8333
www.paperculture.or.kr   www.jongiejupgi.com

종이접기지도서
JONGIE JUPGI GUIDBOOK
대한민국 종이접기강사
KOREA JONG IE JUPGI GANGSA (PAPER FOLDING INSTRUCTOR)

한반도평화통일과 세계평화기원
고깔팔천만개접어 모으기 운동 동영상

Y스페셜 동영상

종이문화예술작품공모대전
수상 갤러리 동영상

초 판 1쇄 발행 : 1990년 10월 20일	초 판 30쇄 발행 : 2005년 4월 20일
1차 개정 1쇄 발행 : 2005년 7월 15일	1차 개정 17쇄 발행 : 2010년 10월 29일
2차 개정 1쇄 발행 : 2014년 2월 17일	2차 개정 11쇄 발행 : 2020년 11월 20일
3차 개정 1쇄 발행 : 2023년 7월 7일	3차 개정 4쇄 발행 : 2025년 11월 20일

지 은 이 : 노영혜 / Young-hye Rho   펴 낸 이 : 정규일 / Kyu-il Jung

번 역 · 홍연숙 / Yun-sook Hong	종이접기창작 · 김상헌 / Sang-heun Kim	종이접기작품 · 백창건 / Chang-kun Back
박석기 / Suk-ki Park	김영순 / Young-soon Kim	유영주 / Young-joo Yoo
조민정 / Min-jung Cho	전경자 / Kyung-ja Chun	곽정훈 / Jeong-hun Kwak
엥겔 길레스 / Angel Giles	강명옥 / Myung-ok Kang	김미애 / Mi-ae Kim
니콜라스 그리피스 / Nicholas Griffiths	곽정훈 / Jeong-hun Kwak	종이접어오리기작품 · 이순례 / Soon-rea Lee
종이접기문화 캠페인 : 김재은 / Jae-un Kim	이혜경 / Hye-kung Lee	종이접기동화 · 선안나 / An-na Sun
	김만식 / Man-sick Kim	종이접기동화작품 · 김미애 / Mi-ae Kim

사진자료 : 김경, 간송미술관 / Kim Kyong, Kansong Museum

펴 낸 곳 : (주)종이나라 (04606) 서울시 중구 장충단로 166 종이나라빌딩

사 무 실 : 7F, Jong Ie Nara Bldg. 166 Jangchungdan-ro, Jung-gu, Seoul, (Seoul 04606 Korea)
            TEL : (02)2264-7667,   FAX : (02)2264-0671   www.jongienara.co.kr

등   록 : 1990년 3월 27일 제1호   주문번호 : CAD00331
정   가 : 20,000원

ⓒ 이 책의 저작권은 (주)종이나라에 있으므로 무단전재와 복제를 금합니다.
　이 책은 지은이의 뜻에 따라 저작료를 종이문화발전을 위한 후원 활동으로 쓰여지고 있습니다.
Copyrightⓒ 2005 by Young-hye Rho, JONG IE NARA. co,. Ltd. All rights reserved. No part of this publication may be reproduced or transmitted in any form or by any means, including photocopy or information storage and retrieval system without written permission.
It is author's wish that "Any profit arising on sales of this publication be used solely for the promotion of paper culture in korea."